河北省休闲农业产业竞争力研究

王丽丽 ◎ 著

中国社会科学出版社

图书在版编目(CIP)数据

河北省休闲农业产业竞争力研究／王丽丽著.—北京：中国社会科学出版社，2018.8
ISBN 978-7-5203-2959-0

Ⅰ.①河… Ⅱ.①王… Ⅲ.①观光农业-农业发展-竞争力-研究-河北 Ⅳ.①F327.22

中国版本图书馆 CIP 数据核字（2018）第 180421 号

出 版 人	赵剑英
责任编辑	任　明
责任校对	朱妍洁
责任印制	李寡寡
出　　版	中国社会科学出版社
社　　址	北京鼓楼西大街甲 158 号
邮　　编	100720
网　　址	http：//www.csspw.cn
发 行 部	010-84083685
门 市 部	010-84029450
经　　销	新华书店及其他书店
印刷装订	北京君升印刷有限公司
版　　次	2018 年 8 月第 1 版
印　　次	2018 年 8 月第 1 次印刷
开　　本	710×1000　1/16
印　　张	18
插　　页	2
字　　数	295 千字
定　　价	85.00 元

凡购买中国社会科学出版社图书，如有质量问题请与本社营销中心联系调换
电话：010-84083683
版权所有　侵权必究

序　言

休闲农业从自发萌芽阶段的星星之火发展到当前如火如荼的燎原之势，在我国不过是近二三十年的事情。因其具有横连一、二、三次产业，纵贯生产、生活、生态与生命感知，经济、社会、生态与文化的效益共生机制，在城镇居民旅游休闲需求不断高涨和政府的高度重视与推动之下，成为肩负农业转型升级和旅游休闲创新的新兴产业。

河北省的休闲农业自2006年进入规范化发展阶段以来，取得了可喜的成绩，但距离成为强农富民的绿色支柱产业尚有较大的提升空间。与此同时，已有文献对河北省休闲农业产业竞争力的系统研究较为鲜见。本书以京津冀协同发展为研究背景，以河北省休闲农业产业竞争力为研究对象，借鉴钻石理论的模型体系安排内容框架，克服了钻石模型缺乏产业竞争力评价体系的不足，构建了休闲农业产业竞争力评价指标体系，对全国30个省份（西藏因数据不全除外）的休闲农业产业竞争力进行了定量计算与排序，在与国内先进省市以及京津进行比较分析的基础上，提出提升河北省休闲农业产业竞争力的路径与对策，不仅丰富了此方面的研究内容，也为政府管理部门和经营者提供了决策参考。

王丽丽博士踏实勤奋、严谨认真、谦虚好学的作风是本书完成的重要保证。在撰写过程中，文献综述、数据获取与计量分析都是需要付出大量时间，克服诸多困难才能完成的。作者广泛阅读了国内外休闲农业的相关文献，进行了详尽的评述，奠定了深厚的理论基础。由于休闲农业是一个农业与旅游交叉而生的新型农业产业，数据统计标准既不完善也不统一，为数据的获取带来了很多困难。作者一方面多次到农业和旅游管理部门进行咨询了解，尽可能多地获得更加全面和客观的官方数据；另一方面，选取不同地区、各种模式的典型性休闲农业园区进行大量的实地考察和调研，获取丰富的微观数据与第一手资料。为了弥补计量统计分析方法的欠缺，不仅购阅相关书籍边学边练，还积极求教于计量学方面的教师，甚至是学生。一分耕耘一分收获，历经五年的时间，终于成稿。

本书理论基础扎实，逻辑简明清晰，分析全面系统，尤其是对京津冀休闲农业生产要素、市场需求、相关产业、企业竞争力等方面的比较分析，弥补了以往对河北省休闲农业产业竞争力的研究不足。王丽丽博士在河北农业大学商学院农林经济管理专业攻读博士学位期间，已经在国内核心期刊上发表了三篇学术论文，目前又有博士论文出版（由河北经贸大学学术著作出版基金资助），我作为其第一指导老师，深感欣慰，特以此序贺勉。

赵慧峰

2017 年 7 月于保定

目 录

第一章　绪论 (1)

第一节　研究背景 (2)

　一　产业背景：农业的转型升级 (2)

　二　市场背景：居民休闲消费的需要 (4)

　三　区域背景：京津冀协同发展 (5)

　四　社会背景：休闲农业与美丽乡村建设的相辅相成 (6)

第二节　研究目的与意义 (8)

　一　理论意义 (8)

　二　实践意义 (9)

第三节　国内外研究述评 (9)

　一　国内外对休闲农业的研究述评 (9)

　二　国内外对产业竞争力的研究述评 (28)

第四节　研究思路与研究内容 (31)

　一　研究思路 (31)

　二　研究内容 (31)

第五节　研究方法与技术路线 (33)

　一　研究方法 (33)

　二　技术路线 (34)

第六节　创新点 (35)

第二章　相关概念界定与理论基础 (36)

第一节　相关概念界定 (36)

　一　休闲农业 (36)

　二　产业竞争力 (44)

　三　休闲农业产业竞争力 (45)

第二节　相关理论基础 (46)

　一　钻石理论 (46)

二　农业多功能性理论 …………………………………………… (49)
　　三　休闲经济理论 ……………………………………………… (51)
　　四　协同理论 …………………………………………………… (53)
　　五　生态补偿理论 ……………………………………………… (53)
　　六　产业集群理论 ……………………………………………… (55)
　　七　体验经济理论 ……………………………………………… (56)
　本章小结 …………………………………………………………… (58)
第三章　河北省休闲农业的发展现状 …………………………………… (59)
　第一节　河北省休闲农业的发展阶段 ………………………………… (59)
　　一　农家乐萌芽起步阶段 ……………………………………… (59)
　　二　乡村旅游初步发展阶段 …………………………………… (60)
　　三　乡村旅游与观光农业快速发展阶段 ……………………… (60)
　　四　休闲农业规范提升阶段 …………………………………… (61)
　第二节　河北省休闲农业的发展模式 ………………………………… (61)
　　一　农业科教观光园模式 ……………………………………… (62)
　　二　城市郊区模式 ……………………………………………… (62)
　　三　景区带动模式 ……………………………………………… (63)
　　四　特色资源带动模式 ………………………………………… (63)
　　五　生态文明村模式 …………………………………………… (64)
　　六　农业产业基地模式 ………………………………………… (64)
　　七　特色小镇模式 ……………………………………………… (65)
　第三节　河北省休闲农业发展概况 …………………………………… (65)
　　一　河北省休闲农业整体发展概况 …………………………… (66)
　　二　河北省各地市休闲农业发展情况 ………………………… (69)
　第四节　河北省休闲农业存在的问题及其成因分析 ………………… (74)
　　一　存在的问题 ………………………………………………… (74)
　　二　成因分析 …………………………………………………… (76)
　本章小结 …………………………………………………………… (77)
第四章　河北省休闲农业的生产要素分析 ……………………………… (79)
　第一节　休闲农业生产要素的内涵及外延界定 ……………………… (79)
　第二节　河北省休闲农业生产要素的类型 …………………………… (80)
　　一　农村生态资源 ……………………………………………… (80)

二　农业生产资源 …………………………………………… (84)
　　三　农民生活资源 …………………………………………… (86)
　　四　农耕民俗文化资源 ……………………………………… (88)
第三节　京津冀休闲农业生产要素的比较与评价 ……………… (91)
　　一　京津冀农村生态资源的比较与评价 …………………… (91)
　　二　京津冀农业生产资源的比较与评价 …………………… (97)
　　三　京津冀农民生活资源的比较与评价 …………………… (103)
　　四　京津冀农耕民俗文化资源的比较与评价 ……………… (106)
第四节　河北省休闲农业生产要素开发利用中的主要问题 …… (107)
　　一　缺乏对农村生态资源的保护意识 ……………………… (108)
　　二　缺乏对农业生产资源的长期投资机制 ………………… (108)
　　三　缺乏对农民生活资源的创意呈现 ……………………… (109)
　　四　缺乏对农耕民俗文化资源的深度挖掘 ………………… (110)
本章小结 ……………………………………………………………… (111)

第五章　河北省休闲农业的市场需求分析 ………………………… (112)
第一节　河北省休闲农业市场需求的定义与数据来源 ………… (112)
　　一　河北省休闲农业市场需求的定义 ……………………… (112)
　　二　河北省休闲农业市场需求的数据来源 ………………… (113)
第二节　河北省休闲农业市场需求的现状分析 ………………… (113)
　　一　河北省休闲农业市场需求的规模 ……………………… (113)
　　二　河北省休闲农业市场需求的结构 ……………………… (115)
　　三　河北省休闲农业市场需求影响因素的计量分析 ……… (116)
　　四　河北省休闲农业市场需求的满意度评价 ……………… (122)
　　五　河北省休闲农业市场需求的成长性分析 ……………… (124)
　　六　河北省休闲农业市场需求的特征 ……………………… (126)
第三节　河北省休闲农业市场需求的发展趋势 ………………… (127)
　　一　规模扩展潜力无穷 ……………………………………… (127)
　　二　结构由共性浅层动机向个性深层动机转化 …………… (127)
　　三　影响因素由粗泛到精细的变化 ………………………… (127)
　　四　"软实力"将成为未来竞争的焦点 …………………… (128)
　　五　即将迈入高速成长的新阶段 …………………………… (128)
本章小结 ……………………………………………………………… (128)

第六章　河北省休闲农业的相关产业分析 ………………………（130）
　第一节　河北省休闲农业与相关产业的关联度分析 ……………（130）
　　一　方法的选择 ………………………………………………（130）
　　二　数据来源 …………………………………………………（131）
　　三　计算过程 …………………………………………………（131）
　　四　结论与讨论 ………………………………………………（133）
　第二节　相关产业对河北省休闲农业的影响 ……………………（135）
　　一　旅游业对河北省休闲农业的影响 ………………………（135）
　　二　农产品加工业对河北省休闲农业的影响 ………………（138）
　　三　文化产业对河北省休闲农业的影响 ……………………（139）
　　四　信息产业对河北省休闲农业的影响 ……………………（141）
　　五　交通运输业对河北省休闲农业的影响 …………………（143）
　本章小结 ……………………………………………………………（145）

第七章　河北省休闲农业的企业战略、结构与同业竞争分析 ……（147）
　第一节　河北省休闲农业的企业战略分析 ………………………（147）
　　一　企业战略的内涵与结构 …………………………………（147）
　　二　河北省休闲农业的企业战略分析 ………………………（149）
　第二节　河北省休闲农业的企业结构分析 ………………………（152）
　　一　河北省休闲农业企业结构的类型 ………………………（152）
　　二　河北省休闲农业企业结构类型的比较分析 ……………（154）
　第三节　河北省休闲农业企业的同业竞争分析 …………………（160）
　　一　河北省休闲农业企业的竞争者分析 ……………………（160）
　　二　河北省休闲农业企业的竞争战略分析 …………………（164）
　本章小结 ……………………………………………………………（174）

第八章　河北省休闲农业之机会和政府因素分析 …………………（177）
　第一节　河北省休闲农业的机会因素分析 ………………………（177）
　　一　政府高度重视，提出休闲农业发展的新要求 …………（177）
　　二　京津冀协同发展，为休闲农业发展提供了新机遇 ………（178）
　　三　农业供给侧结构性改革，为休闲农业发展注入新活力 …（178）
　第二节　河北省休闲农业的政府因素分析 ………………………（178）
　　一　影响的进展：政策演进的三个阶段 ……………………（179）
　　二　存在的问题：政府角色的三个"位"差 …………………（183）

三　改进的方向：构建四"型"政府 …………………………（184）
　本章小结 …………………………………………………………（187）
第九章　河北省休闲农业产业竞争力的实证分析与提升对策 ……（188）
　第一节　休闲农业产业竞争力评价指标体系的构建 ……………（188）
　第二节　河北省休闲农业产业竞争力的实证分析 ………………（192）
　　一　熵值法的基本原理与计算步骤 ……………………………（192）
　　二　数据说明 ……………………………………………………（194）
　　三　计算结果的分析 ……………………………………………（194）
　　四　结论与启示 …………………………………………………（212）
　第三节　提升河北省休闲农业产业竞争力的对策建议 …………（216）
　　一　指导思想和原则 ……………………………………………（216）
　　二　对策建议 ……………………………………………………（218）
　本章小结 …………………………………………………………（226）
第十章　主要结论与研究展望 ………………………………………（230）
　第一节　主要结论 …………………………………………………（230）
　第二节　研究展望 …………………………………………………（234）

附录1　调查问卷 ……………………………………………………（236）
附录2　国家层面休闲农业相关政策文件 …………………………（240）
附录3　河北省休闲农业相关政策文件 ……………………………（248）
附录4　休闲农业产业竞争力评价体系各指标的原始数据
　　　　（2014年） ……………………………………………………（253）

参考文献 ………………………………………………………………（258）

后记 ……………………………………………………………………（271）

图表目录

图 1-1　2006—2015 年三次产业增加值占河北省生产总值的
比重 …………………………………………………………（3）
图 1-2　技术路线 ………………………………………………………（34）
图 2-1　钻石模型 ………………………………………………………（47）
图 3-1　河北省各地市休闲农业评优总数分布 ………………………（70）
图 3-2　河北省各地市休闲农业示范点分布 …………………………（71）
图 3-3　河北省各地市休闲农业示范县分布 …………………………（72）
图 3-4　河北省各地市休闲农业国家级星级企业分布 ………………（73）
图 3-5　河北省各地市休闲农业省级星级企业分布 …………………（73）
图 4-1　河北省休闲农业生产要素结构 ………………………………（81）
图 4-2　京津冀水资源总量的比较 ……………………………………（93）
图 4-3　京津冀人均水资源量的比较 …………………………………（94）
图 4-4　京津冀二氧化硫排放量的比较 ………………………………（95）
图 4-5　京津冀氮氧化物排放量的比较 ………………………………（96）
图 4-6　京津冀烟（粉）尘排放量的比较 ……………………………（96）
图 4-7　京津冀农作物播种总面积的比较 ……………………………（98）
图 4-8　京津冀第一产业从业人员的比较 ……………………………（99）
图 4-9　京津冀全年金融机构贷款余额的比较 ………………………（99）
图 4-10　京津冀农林牧渔业固定资产投资的比较 …………………（100）
图 4-11　京津冀全社会基础设施投资的比较 ………………………（100）
图 4-12　京津冀技术市场成交额与 R&D 经费支出之比的
比较 ………………………………………………………（102）
图 4-13　京津冀国内专利授权量的比较 ……………………………（102）
图 7-1　分析竞争者的步骤 ……………………………………………（161）
图 9-1　休闲农业产业竞争力 4 个关键影响因素的权重 …………（196）

图9-2	京津冀休闲农业产业竞争力与第一、二梯队省份的比较	(204)
图9-3	京津冀生产要素的权重与前十名省市的比较	(204)
图9-4	京津冀市场需求的权重与前十名省市的比较	(205)
图9-5	京津冀相关产业的权重与前十名省市的比较	(205)
图9-6	京津冀企业战略与结构及同业竞争的权重与全国前十名省份的比较	(206)
图9-7	京津冀休闲农业产业竞争力综合评价得分	(207)

表1-1	京津冀休闲农业协同发展的进程与主要成果	(5)
表3-1	全国及京津冀国家级休闲农业示范点、示范县和星级企业的个数	(69)
表3-2	河北省各地市休闲农业发展情况汇总	(69)
表4-1	河北省生物资源分类汇总	(83)
表4-2	1978—2014年河北省农业劳动力占全省就业总人数的比例	(85)
表4-3	京津冀地理区位的比较	(91)
表4-4	京津冀地形地貌的比较	(92)
表4-5	京津冀气候资源和生物资源的比较	(93)
表4-6	2005—2015年京津冀年均农业用水总量、年均生态用水总量的比较	(94)
表4-7	2005—2014年京津冀R&D经费支出和技术市场成交额的比较	(101)
表4-8	京津冀农耕民俗文化资源的比较	(107)
表5-1	河北省休闲农业市场需求的动机类型	(115)
表5-2	模型变量的定义与统计结果	(118)
表5-3	样本基本信息	(120)
表5-4	河北省休闲农业市场需求的影响因素	(120)
表5-5	满意度的调查统计结果	(124)
表6-1	2013—2015年河北省休闲农业与相关产业的产值	(131)
表6-2	数列的初值化处理	(132)

表 6-3	绝对差	(132)
表 7-1	河北省国家级和省级休闲农业示范点企业结构分类	(152)
表 7-2	企业结构类型的数量与占比	(154)
表 7-3	河北省休闲农业竞争战略的选择	(168)
表 7-4	河北省休闲农业市场利基者的专业化竞争战略	(171)
表 9-1	休闲农业产业竞争力评价指标体系	(190)
表 9-2	休闲农业产业竞争力各评价指标的熵值、差异系数和权重	(194)
表 9-3	生产要素三级指标的权重与名次	(197)
表 9-4	市场需求三级指标的权重与名次	(198)
表 9-5	相关产业三级指标的权重与名次	(200)
表 9-6	企业战略、结构与同业竞争三级指标的权重与名次	(201)
表 9-7	国内30个省市休闲农业产业竞争力以及4个影响因素的权重排名与梯队划分	(202)
表 9-8	京津冀二级指标的权重	(207)
表 9-9	京津冀生产要素三级指标的权重	(208)
表 9-10	京津冀市场需求三级指标的权重	(209)
表 9-11	京津冀相关产业三级指标的权重	(210)
表 9-12	京津冀企业战略与结构及同业竞争的三级指标的权重	(211)
表 9-13	对二级指标权重的分析结论与启示	(212)
表 9-14	对三级指标权重的分析结论与启示	(212)
表 9-15	京津冀与国内先进省市的比较分析结论与启示	(214)
表 9-16	京津冀之间二级指标权重的比较分析结论与启示	(214)
表 9-17	京津冀生产要素三级指标权重的比较分析结论与启示	(215)
表 9-18	京津冀市场需求三级指标权重的比较分析结论与启示	(215)
表 9-19	京津冀相关产业三级指标权重的比较分析结论与启示	(215)

表 9-20 京津冀企业战略与结构及同业竞争三级指标权重的
比较分析结论与启示 …………………………………（216）
表 9-21 河北省农业特色产业的区域、模式及休闲农业本土
竞争优势 ……………………………………………（217）

第一章 绪论

休闲农业是社会经济发展到一定阶段的必然产物，往往是在农业式微、农村凋敝、农民收入减少的情况下，由政府推动和需求拉动催生而起。休闲农业在国外已有约150年的发展历史，而我国对它的认知和实践仅有短短30年左右的时间，是一个名副其实的朝阳产业。作为一个传统农业大国，在"中高速、优结构、新动力、多挑战"的经济新常态之下以及"十三五"规划启程之年，农业转型升级、农民就业增收、农村繁荣美丽，依然是我国面临的诸多问题之首，正如2016年中央一号文件所言明的"任何时候都不能忽视农业、忘记农民、淡漠农村"。与此同时，我国正在健步跨入全民旅游时代并成长为新兴的旅游大国，居民可支配收入的持续增长，带薪休假制度的逐步落实以及交通拥堵、环境恶化、压力巨大、人情冷漠等"城市病"的困扰，促使国人的旅游休闲偏好正在发生着巨变。人们对以往那种慢旅快游、走马观花、被动服从、完全程式化的旅游休闲方式诟病颇多，转而青睐亲近自然、感知农本、体验农事、自助自由的快旅慢游新方式。农业与旅游休闲的结合开启了休闲农业的时代大幕，其横连一、二、三次产业，纵贯生产、生活、生态与生命感知，经济、社会、生态与文化的效益共生机制，使之一经产生便以不可阻挡之势席卷大江南北，成为农业转型升级和旅游休闲创新的重要抓手。尤其是对于作为京津冀协同发展的关键一极、正在进行产业结构深度调整和经济绿色崛起的河北省来说，正值京津冀协同发展的实质性推进阶段和我国现代农业"十三五"规划的启动之年，研究如何提升河北省休闲农业的产业竞争力，加大对农业多种功能的拓展力度，推进农业供给侧结构性改革，提高农业综合效益和竞争力，走出一条以绿色、生态、科技和创新为核心的兴农之路，是极具现实性和迫切性的研究课题。

第一节 研究背景

一 产业背景：农业的转型升级

农业是以动物、植物和微生物为劳动对象，以土地为基本生产资料，通过人工培育和饲养，以取得人们需要的产品的物质生产部门。[①] 在中国这样一个人多地少的大国里，农业作为第一产业，提供支撑国民经济建设与发展的基础产品，始终具有不可取代的战略地位和重要作用。但在农业发展中仍存在诸多问题，如土地规模小而散，生产效率低；农业科技成果少，转化率低；生产成本不断提高，经济效益低；大量农民弃农务工导致农业从业人员结构失衡，整体素质低；粗放式耕种对生态环境的破坏遗患无穷，可持续发展能力降低等。这些问题一方面严重阻碍着农业现代化的进程，另一方面又转而成为推动农业转型升级的内驱力。在经历了伏羲尝百草的原始农业阶段、自给自足小农经济模式的传统农业阶段、以工业和市场经济模式为基础追求产业效益的现代农业发展阶段后，农业必然走向以规模集约、科技支撑、绿色生态、文化传承、创意体验为发展手段的着眼于人与自然和谐共生的休闲农业发展阶段。[②]

河北省虽然是传统农业大省，却并不是农业强省，三次产业增加值占全省生产总值的比重就是有力的证明。总体上来看（见图1-1），第二产业独占半壁江山，尤其是钢铁、水泥等重工业成为主体产业，导致河北省成为资源和能源消耗大省，伴生而来的就是生态环境的不堪重负与日益恶化。2006—2014年第二产业增加值占全省生产总值的比重均在50%以上，2015年开始出现转折，由2014年的51.1%降到了48.3%，下降了2.8个百分点，是近10年以来的首次跌至50%以下。与此相对应，第三产业则强势增长了3个百分点。这一变化正是2014年京津冀协同发展战略启动之后，"减二增三"产业结构调整效果的初步显现。但农业的持续式微以及生态环境的倒逼，促使河北省政府逐步认识到了休闲农业无可比拟的多重功能、长袖广

[①] 《农业——在线辞海》（http://www.xiexingcun.com/cihai/N/N0569.htm）。
[②] 张剑：《发展休闲农业促进传统农业转型升级》，2012年2月11日，中国乡村发现（http://www.zgxcfx.com/Article/41581.html）。

舒的三产联动能力以及在食品安全、生态环保、文化传承等方面的正外部性,因而对其高度重视并厚望相寄。2015年,休闲农业被首次写进河北省委一号文件,提出了用一、二、三产业融合发展的理念、开放的理念发展农业,开发农业多种功能,大力发展休闲旅游农业、生态循环农业和一、二、三产业融合的都市农业。2016年河北省委一号文件更加明确地提出要"大力发展休闲农业,依托农村绿水青山、田园风光、乡土文化等资源,推进农业与旅游、教育、文化、健康养老等产业深度融合,加快发展休闲度假、旅游观光、养生养老、创意农业、农耕体验,重点建设一批特色小镇、魅力村庄和健康养生基地,打造一批休闲农业与乡村旅游示范县与示范点,推进景区与周边村庄一体规划、一体建设、一体管理。2016年重点打造12个休闲农业和乡村旅游示范区,到2020年认定100个休闲农业和乡村旅游示范带,建成30条农业休闲旅游精品线路"。显而易见,休闲农业已被列为河北省的重点发展产业,并成为优化产业结构、转变农业发展方式、增加农民收入、建设美丽乡村的创新路径。①

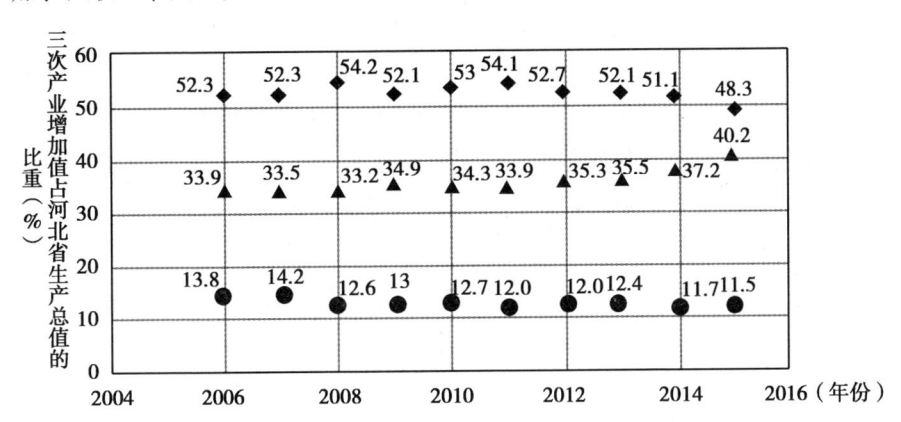

图1-1 2006—2015年三次产业增加值占河北省生产总值的比重

资料来源:2006—2015年《河北省社会发展与统计公报》。

① 《今年河北省委一号文件印发6方面创新加快发展现代农业》,2015年2月5日,河北新闻网(http://hebei.hebnews.cn)。

二　市场背景：居民休闲消费的需要

一旦消费者具备了有钱、有闲、有车、有欲求等条件，自然而然就会产生休闲消费的旺盛需求。目前，河北省在这些方面的条件均已具备，休闲需求日益高涨，成为休闲农业快速发展的"四轮"驱动。

首先，有钱了。根据国际经验，人均 GDP 达到 1000 美元时，观光性旅游急剧膨胀；人均 GDP 达到 2000 美元时，基本形成对休闲服务的多样性需求和多样化选择；人均收入达到 3000 美元时，人们就会产生度假需求[1]。根据国家及京津冀三省市统计局公布的数据，2015 年我国城镇居民人均可支配收入达到 31195 元，其中京津冀城镇居民人均可支配收入分别为 52859 元、34101 元和 26152 元，都远超休闲度假的收入要求。可支配收入的大幅增加，使得人们的消费结构转向发展型和享受型，用于休闲和娱乐的消费支出必然会随之提高，为河北省休闲农业的发展提供了坚强的经济支撑。

其次，有闲了。目前，城镇居民可自由支配时间越来越多，双休日与法定节假日累计达到 115 天。其中，除了春节和国庆节是 7 天的小长假之外，其余均为 1 天的短假，双休日占 104 天，成为人们休闲时间的主力。而休闲农业大多位于城市郊区，车程以 1—2 小时之内居多，1—2 日游的时间长度，恰好可以满足城镇居民周末或短假的短途旅游需求。带薪休假制度的逐步落实和 2.5 天休假模式的探索，必将更大程度地刺激周末短途旅游休闲需求的暴涨，为河北省休闲农业的发展提供了必要的时间保障。

再次，有车了。私家车无疑给有钱有闲一族的旅游休闲插上了翅膀。根据京津冀统计公报公布的数据，2015 年三地私家轿车拥有量分别为 316.5 万辆、165.51 万辆和 621.4 万辆，总数达到 1103.41 万辆，给人们利用周末和短假进行休闲农业自驾游带来了极大的便利。与此同时，随着交通一体化作为京津冀协同发展的破冰先锋，快速便捷、四通八达的京津冀"一小时交通圈"的建设，将彻底解决曾经严重制约京津冀的"断头路""一公里壁垒"等交通断崖问题，为河北省休闲农业拓展京津市场创造了有利条件。

最后，有欲求。有人且有需求动机是构成市场的重要因素。休闲农业

---

[1] 陈磊、刘志青、赵邦宏：《中国休闲农业发展研究》，《湖北农业科学》2012 年第 12 期。

以普遍压力较大的城镇居民为主要目标消费群体,从不能输在起跑线的孩子们,到努力打拼渴求事业成功的年轻人,再到年龄和经验都积淀深厚肩负家国中流砥柱的中年人,以及希望享受高品质晚年生活的老年人,无一不是终日忙碌在钢筋水泥铸成的林海之中,虽然物质渐丰,但精神饥渴。在休闲逐渐成为一种生活方式走向大众化的趋势之下,到农村去感受完全不同的天地,成为高压力、高收入、高消费的城市"三高"人群内心最为强烈的渴望。截至2015年年底,京津冀人口总数过亿,城镇人口数量超七千万,占全国城镇人口的近1/10,成为河北省休闲农业的主要客源市场。

三　区域背景：京津冀协同发展

2014年2月,习近平总书记在北京主持召开座谈会,亲自担纲谋划京津冀协同发展,并提升到重大国家战略的高度。2015年4月30日,中央政治局会议审议并通过了《京津冀协同发展规划纲要》,提出"要立足各自比较优势、立足现代产业分工要求、立足区域优势互补原则、立足合作共赢理念,以资源环境承载能力为基础、以京津冀城市群建设为载体、以优化区域分工和产业布局为重点、以资源要素空间统筹规划利用为主线、以构建长效体制机制为抓手,努力形成京津冀目标同向、措施一体、优势互补、互利共赢的协同发展新格局,打造中国经济发展新的支撑带"。目前三地已经在京津冀交通一体化、生态环境保护、产业升级转移等重点领域率先取得了突破。与此同时,这一战略也为京津冀休闲农业产业的协同发展创造了极为有利的条件。在三地相关部门的协同推进中,短短两年多的时间,就已经在利益冲突最小、最易合作共赢与率先而行的休闲农业方面取得了可喜的阶段性成果(见表1-1)。

表1-1　　　　京津冀休闲农业协同发展的进程与主要成果

时间	主要成果
2014年年初	京津冀开始共推休闲农业与乡村旅游精品线路的尝试,以期实现市场、信息、资源和线路的共享
2015年1月23—25日	举办了首届京津冀休闲农业一体化发展高峰论坛,就休闲农业一体化发展的总体思路、功能定位、发展模式、规划布局、协同机制、政策创新、资源评价与开发潜力、线路规划与设计、精品线路联合促销机制、合作共赢与创新机制以及成立京津冀休闲农业协作发展联盟体等内容进行了探讨

续表

时间	主要成果
2015年4月14日	召开了"京津冀休闲农业一体化发展战略研讨会",在5个方面进行了探讨:一是介绍了京津冀休闲农业一体化发展规划研究框架;二是建议建立联席会议制度,协调制定推进一体化发展的相关政策,研究部署重大活动和工作措施;三是编制《京津冀休闲农业发展规划》;四是组织开展一体化协同发展交流、培训、研讨、会展等活动;五是打造宣传展示平台,举办各类推介会、博览会、农事节庆活动、创意大赛等活动,加大公益性宣传
2015年3—5月	举办第三届北京农业嘉年华,立足与京津冀功能定位相结合,将三地协同发展休闲农业推向一个高峰
2015年7月	启动首届北京农园节,通过线上线下的活动,在促进农民增收致富、推进京津冀休闲农业协同发展和发展都市型现代农业方面取得了积极的成效
2015年9月	京津冀共同研究制定《京津冀休闲农业协同发展产业规划》,并将推出"京津冀休闲农业与乡村旅游"精品线路,打造京津冀休闲农业旅游圈
2016年5月10日	京津冀推选出运河文化、潮白生态、塞外风情、山野林趣、民族文化、山海风情、田园农情品鉴、温泉美食体验和山水画廊风情等线路共9条休闲农业精品线路
2016年5月18日	第二届北京农业节推出了农业季主题活动内容、京津冀采摘一卡通及市民农园两大服务平台,并就"去农庄网"成为北京农园节唯一指定电商合作伙伴达成了协议
2016年11月3日	京津冀三地签署了《休闲农业协同发展框架协议》,旨在依托京津冀三地的地缘优势、资源禀赋、市场优势和创新优势,按照"市场导向、优势互补、资源共享、特色鲜明、共赢发展"的原则,巩固深化合作领域,创新合作推进机制,推进京津冀休闲农业协同发展

资料来源:本研究整理。

基于上述在京津冀协同发展背景下,三地间对休闲农业协同发展快速推进的进程与成果,有必要对河北省在区域融合发展中如何提升休闲农业产业竞争力进行深入而系统的研究。

四 社会背景:休闲农业与美丽乡村建设的相辅相成

2015年中央一号文件提出:中国要强,农业必须强;中国要富,农民必须富;中国要美,农村必须美。建设美丽乡村,实现经济文明、政治文明、文化文明和生态文明四大目标,离不开特定产业的支撑,而休闲农业的功能和目标与此完全契合一致。

首先,从经济文明角度看,休闲农业有利于农民脱贫增收。休闲农业一方面可以为农民提供在家门口就业增收的机会;另一方面,农民可以通过把土地流转给休闲农业园区获得旱涝保收的固定财产性收入，还可以到休闲农业企业参加劳动和培训，转变为农业产业工人获得工资性收入，甚至通过入股实现"租金+薪金+股金"的三重收入保障。

其次，从政治文明角度看，休闲农业对目前农村普遍存在的青壮年离农弃农，只剩"386199"群体留守"空心村"等社会问题也提供了最佳解决途径。通过为农民提供在家门口就业的机会，能够阖家团圆、婚姻幸福、照顾老人、陪伴孩子，满足农民守地顾家并脱贫致富的双重愿望。在经济收入、生活质量、幸福指数、知识水平、素质修养等方面都有了一定程度的提高之后，对农村的社会稳定、树立主体意识、积极参与民主管理都是非常有利的。

再次，从文化文明角度看，文化是休闲农业的灵魂所在，休闲农业是农业文化的重要载体。农耕文化和民风民俗都是农村的宝贵财富，更是中华文明的根基。随着新生代农民主力军的进城务工，这些优秀的文化面临断链的危机。休闲农业通过对优秀传统文化的深度挖掘、传承发扬，一方面滋润着农民的精神世界，激发农民的自信心和自豪感；另一方面以其独特性、民族性、纯朴自然性对城市居民形成不可阻挡的吸引力，使其体会到农村文化的通俗易懂而又饱含哲理，感知到农业是中华民族传统文化生生不息的源泉，自觉成为优秀农耕文化的接棒者和传承者。不仅能够推动乡村文化文明的发扬光大，而且也能带动城镇文化文明的丰富与繁荣。

最后，从生态文明的角度看，休闲农业有利于改善当前饱受摧残的生态系统。不堪重负的生态环境的"报复"，让人们意识到重视生态文明建设的重要性。2013年以来，全国大气污染最严重的城市中河北省每月都占5—7个，虽然京津两市采取了污染企业外迁、机动车摇号限行等多项措施，但效果仍不理想。要改善大气环境和生态质量，需要京津冀联手治理，大力发展休闲农业成为一条具有可持续性的解决途径。休闲农业通过对农业资源的合理利用，科学规划，广泛采用生物、信息、物理等领域的先进技术，尊重自然规律，利用生物链条防治病虫害，杜绝农药化肥等污染源，生产绿色有机农产品，与自然和谐相处，共生共进。可以说休闲农业本身就是一种生态经济，一个个休闲农业园区连点成线，变成捍卫城市的绿色屏障和生态卫士，可以长期有效地逐步修复受损严重的生态系统。

综上所述，河北省休闲农业的发展有其独特的背景，是农业转型升级、居民休闲消费、京津冀协同发展以及美丽乡村建设的共同需要，大力发展休闲农业已成定势。系统分析河北省休闲农业产业竞争优势的影响因素，判别优势与劣势所在，找出提升产业竞争力的瓶颈与路径，促其成为可持续发展的绿色支柱产业，正是本研究的初衷。

第二节 研究目的与意义

继 2007 年、2010 年和 2015 年中央一号文件倡导开发农业多功能，力推休闲农业之后，2016 年中央一号文件更是鲜明地提出要使休闲农业成为繁荣农村、富裕农民的新兴支柱产业。河北省休闲农业起步虽然不晚，但在周边省市已经认识到休闲农业的重要作用，通过政策引导其规范化快速成长之时，却因未能引起省政府的重视而错失了一次建立竞争优势的机会，导致产业整体发展水平和竞争力相对较低。当前恰逢农业现代化的"十三五"启动之年以及京津冀协同发展战略的重要推进阶段，河北省也正在大刀阔斧地进行产业结构优化调整，以期实现经济的绿色崛起。在这一背景下，研究河北省如何利用这千载一遇的化蝶之机，突破地域约束，在更为广阔也更具挑战性的京津冀平台上，面对新环境、新条件和新挑战，在系统分析竞争优势影响因素的基础上，提出提升河北省休闲农业产业竞争力的对策建议，具有重要的理论意义与实践意义。

一 理论意义

河北省虽然是传统农业大省，但并非现代意义上的农业强省。尤其是在过去仅以 GDP 论强弱的政策驱动下，河北省形成了偏"重"的产业结构，以重工业为核心的第二产业独占半壁江山，而农业发展却日益呈现疲态，服务业的活力也无法释放。伴随着农业生产中坚力量和新生代农民的离农弃农，农村成为老弱病残坚守的阵地，或以简单粗放的方式耕种，或者干脆撂荒，某种程度上依靠政府的财政补贴维持发展。2015 年，休闲农业第一次被写进河北省委一号文件，标志着其在河北省崭新阶段的开启。2016 年再次成为河北省委一号文件的热点，提出要依托农村各种资源，探寻产业融合路径，打造特色化休闲农业产业，大力发展休闲农业的要求。值此关键时刻，融会贯通钻石理论、农业多功能性理论、休闲经济理论、协同理论、生态补偿理论、产业集群理论以及体验经济理论的精华，结合休闲农业的产业特性，按照钻石模型的"4+2"框架，对河北省休闲农业竞争优势的影响因素进行定性与定量相结合的系统分析，进而找出提升产业竞争力的路径与对策，将使休闲农业的理论研究更加丰富和完善。

二 实践意义

当前，京津冀协同发展国家战略已从顶层设计阶段进入实质推进阶段。河北省利用这次难得的机遇，大力培育和发展科技创新、生态环保、城乡共进、文化传承的绿色产业，休闲农业的产业属性使其自然而然地成为完成这一任务的最佳产业。在农业部发布的《全国休闲农业"十二五"规划》中曾赋予休闲农业非常明确的发展目标：到2015年，休闲农业成为横跨农村一、二、三产业的新兴产业，成为促进农民就业增收和满足居民休闲需求的民生产业，成为缓解资源约束和保护生态环境的绿色产业，成为发展新型消费业态和扩大内需的支柱产业[①]。在"十三五"开启之年的2016年中央一号文件再次提出要使休闲农业成为繁荣农村、富裕农民的新兴支柱产业。说明休闲农业不仅正当其时，而且任重道远。在京津冀协同发展深入推进，三地一体化进程不断加速的背景下，研究河北省休闲农业如何利用机遇，找准竞争优势所在，实现与京津的错位互补与深度融合，快速高效地提升产业竞争力，提出有针对性的对策建议，对河北省休闲农业的发展实践将会产生积极的指导作用。

第三节 国内外研究述评

根据本书的研究目的，主要从休闲农业和产业竞争力两个方面对国内外的相关研究进行述评，以期全面了解相关领域的研究动态，归纳已有的研究成果，并从中汲取理论营养，发现研究不足，为本书的写作奠定基础。

一 国内外对休闲农业的研究述评

目前，国际上并没有对休闲农业（Leisure agriculture）、农业旅游

---

① 《农业部关于印发〈全国休闲农业发展"十二五"规划〉的通知》，2011年8月23日，农业部官网（http://www.moa.gov.cn/govpublic/XZQYJ/201108/t20110823_2181550.htm）。

（Agri-tourism）、乡村旅游（Rural tourism）、农场旅游（Farm tourism）等概念作出统一的界定。欧美国家习惯于称作乡村旅游，而亚洲的国家和地区则更多使用"休闲农业"的概念。虽叫法不一，各有侧重，但内涵大同小异，在此均翻译和理解为休闲农业。

国外休闲农业至今已有约150年的发展历史，大体经历了以下四个阶段：一是萌芽阶段（19世纪后期至20世纪初期）。比较公认的起源标志是1865年意大利成立的"农业与旅游全国协会"组织和介绍城市游客去农村旅游，到20世纪30年代，这一现象不仅在欧洲快速成长，而且扩展延伸到美洲和亚洲的部分国家。这些来自城市富裕阶层的游客，或者食宿在农民的农场，参与农场劳动，或者在农民的土地上搭起帐篷野营，享受田园风光和农家美食，而农场主则只收取客人少量的食宿费。此时并没有产生休闲农业的概念，农场也没有专门的服务和娱乐设施，完全是一种自发萌芽状态。二是观光阶段（20世纪60—70年代）。休闲农业在强劲需求拉动下得以真正发展，农场主们逐渐认识到了这是增加额外收入的新途径，于是在农业生产的基础上开发出观光农园，观光内容也日益丰富，粮食果蔬、花草林木、家禽家畜都成为观光项目。这一阶段的休闲农业活动以观光为主，并呈现游、购、食、住等多种方式相结合的发展趋势。三是度假阶段。20世纪80年代以来，人们的旅游需求发生转变，由单纯的观光转向度假休闲。游客停留的时间延长，休闲的内容要求也更深刻丰富。这一阶段观光农园中增加了大量可供娱乐、度假的设施，加强了游客的参与性；四是租赁阶段。观光和度假的休闲农场目前在国外有了许多成熟的典范，而租赁则是一种产生时间较短的新型经营方式。租赁是农场主将农园分割成不同的地块并出租给不同需求的顾客，平常由农场主负责打理，假日则由承租者自己管理，既满足了旅游者亲身体验农趣的需求，也大大增加了经营者的收入。租赁目前在日本、法国、瑞士等国家发展较快，是适应体验经济要求的发展新方向。

休闲农业在我国的发展只是近二三十年的事情，起步虽晚，各省市之间的发展也是参差不齐，但发展态势非常迅猛，大致经历了以下四个发展阶段：第一阶段是萌芽催生期（1980—1990年）。20世纪80年代，生态农业悄然兴起，形成了立体循环养殖多级利用等一系列生态农业技术和生态农业体系,催生了庭院经济的迅速发展,为休闲农业打下了良好物质基础。① 但由于此时的生态农业中并没有涉及旅游休闲消费的内容,加之城镇居民收入的普遍偏低以及休闲时间的不充足,使这些生态农业试点基地只能作为休闲农业的准备和催生动力因素,尚未形成真正意义上的休闲农业产业。第二阶段是初步发展期(1990—2000年)。20世纪90年代初,中国庭院经济迅速发展,一些具有敏感商业意识的农民将自家庭院改造成能够感受农村自然风景、田园风光、体验农家快乐的居所,为农家乐的诞生奠定了基础。这一时期,休闲农业的表现形式主要为以农家庭院和自有住房为载体并逐步发展为涵盖农林牧渔的农家乐,构建了休闲农业的基本平台和产业基础。第三阶段是快速发展期(2000—2010年)。进入21世纪,全国各地涌现出大量的休闲农庄(园区)、民俗文化村等以满足民众对娱乐观光等方面的需求,实现了休闲农业的快速发展。第四阶段是规范发展期(2010年以后)。从2010年开始,农业部和国家旅游局等政府部门开始介入对休闲农业产业的指导和规范化管理,从而使我国的休闲农业迈入了规范发展期②。

国内外休闲农业的快速发展引发了学者们的研究关注,本书按照钻石模型影响产业竞争力的六个因素(生产要素、市场需求、相关产业、企业战略与企业结构及同业竞争、机会和政府)的顺序对国内外的相关研究进行述评。

(一) 国内外对休闲农业生产要素的研究述评

国外对休闲农业生产要素的研究:Hohnhlz 提出尽量保持乡村环境的原貌、传统文化的风貌和社会经济结构,反而会吸引越来越多的旅游客源。③ 藤田武弘也指出,日本休闲农业产品开发成功的关键在于有效利用当地的区域设施资源、自然环境及传统文化。④ 而文化则是发展休闲农业的核心要素,对文化遗产的挖掘开发,推动乡村与外界的社会文化交流是

---

① 高志强:《农业生态与环境保护》,中国农业出版社2011年版,第115—131页。

② 高志强、高倩文:《休闲农业的产业特征及其演化过程研究》,《农业经济》2012年第8期。

③ Hohnhlz, J. H., Agritourism-a New Sector of Rural Integrated Development: Malaysia and Germany as Case Studies, *Appl, Gergr, &. Develop*, No. 44, 1994.

④ [日]藤田武弘、杨月妮:《休闲农业发展之日本借鉴》,《农村工作通讯》2009年第7期。

休闲农业吸引顾客并保持其独特性的关键要素,这是很多学者的共识。[1]但同时一些学者也提出了要注意休闲农业发展对乡村文化会带来入侵和破坏等负面作用的观点。[2] 此外,Brian Ilbery(2011)提出休闲农业跨区域旅游资源的整合对促进休闲农业发展有积极价值,但要以相关地区欢迎的态度作为促进跨区域合作伙伴关系建立的基础,并且要以突破现有行政区划的限制和相关部门间的协调障碍作为关键点。[3]

国内对休闲农业生产要素的研究:休闲农业的生产要素即用于休闲农业发展的各种资源。2010年之前的国内文献主要以资源分类方面的研究成果最多,2010年之后关注点随着休闲农业发展而逐步延展到对于劳动力、资本、技术、信息等具体生产要素方面。第一,有关休闲农业的资源,国内学者从不同角度进行了分类汇总。其中较具代表性的观点有:卞六安(1980)将休闲农业资源分为环境景观、农、林、牧、渔、农村文物、农村活动七类[4];叶美秀从生态、生产、生活层面进行了分类[5];何平从自然资源、生态资源、生产资料和生产活动、农业文化和生活方式四个维度分类。[6] 第二,在劳动力资源研究方面。国内学者针对休闲农业从业人员整体素质普遍偏低的现状,提出了在加强对农民培训的同时,还要

---

[1] Oppermann, M., Rural Tourism in Southern Germany, *Annals of Tourism Research*, Vol. 23, No. 1, 1996; World Tourism Organization, *Rural Tourism: A Solution for Employment, Local Development and Environment*, Madrid: WTO 1997; Nilsson, P. A., Staying On Farms—An Ideological Background, *Annals of Tourism Research*, Vol. 29, No. 1, 2002.

[2] Macbeth, J., *Planning in Action: A Report and Reflections on Sustainable Tourism in the Ex-Shire of Omeo*, Australia Sydney: Irwin Publishers, 1997, pp. 145-152; Ian Knowd, Ruraltourism: panacea and paradox (http://www.hsc.csu.edu.au/geography/activity/local/tourism/FRURALTO. pdf).

[3] Brian Ilbery and Gunjan Saxena, Integrated Rural Tourism in the English-Welsh Cross-border Region: An Analysis of Strategic, Administrative and Personal Challenges, *Regional studies*, Vol. 45, No. 8, 2011.

[4] 卞六安:《台湾农家要览》,台湾农家要览策划委员会编辑委员会,1980年,第49—50页。

[5] 叶美秀:《休闲农业区游憩形式发展与体验探讨》,第一届造园景观与环境规划设计研讨会论文(台湾),1996年,第450页。

[6] 何平:《农业生态旅游资源及其分析》,《社会科学家》2002年第1期。

采取措施吸纳高素质人才[1]，从整体上提升休闲农业劳动者综合素质和能力的建议。第三，针对资金不足导致经营主体的投资实力与消费者对休闲农业软硬件需求不匹配的问题[2]，国内学者也提出了诸多建议。如加大招商引资力度[3]，吸引和利用国内外企业或公司的资金[4]，以股份制或合资经营等方式开发休闲农业项目，实现投资主体多元化、筹资渠道多样化，完成社会资本与休闲农业的对接[5]，政府应设立休闲农业建设基金或财政专项资金[6]，并鼓励各银行和农村信用社把支持休闲农业发展作为信贷支农重点等[7]。第四，在信息、技术的研究方面，林国华等提出应强化信息平台体系建设[8]，加强休闲农业信息的发布[9]，强化关联产业技术创新与集成示范，提高产业化发展整体水平。江晶和史亚军认为北京都市型现代农业对土地、水、劳动力、化肥等传统生产要素的投入总量不断下降，而科技、信息等现代生产要素的作用却日益明显。[10]第五，在农耕民俗文化的研究方面，程丽认为河南省民俗文化存在资源转化率低、产业规模小、与休闲农业融合程度低且缺乏创新性等问题，并从加强政府引导、加大对民俗文化的继承与创新、探索民俗文化与休闲农业融合发展方式等方面提

---

[1] 彭瑛、张白平等：《安顺市农业结构调整与休闲农业旅游发展思路》，《贵州农业科学》2010年第12期；阮北平：《发展观光休闲农业的机遇与策略》，《农村经济》2010年第10期；孙中伟、王杨等：《石家庄市观光休闲农业开发的空间分区与培育路径》，《中国农学通报》2011年第29期；蒲彦伦：《全国休闲农业与乡村旅游示范县的休闲农业发展现状与对策研究——以天水麦积区为例》，《中国农学通报》2013年第2期。

[2] 李雅芳、郭立新、陈阜：《北京郊区休闲农业发展现状及对策思考》，《中国农学通报》2010年第21期。

[3] 王帅帅、刘晓东、赵邦宏：《河北省休闲农业发展现状研究》，《广东农业科学》2012年第4期。

[4] 胡爱娟：《休闲农业结构布局及发展模式研究——以杭州市为例》，《生态经济》2011年第1期。

[5] 李雅芳、郭立新、陈阜：《北京郊区休闲农业发展现状及对策思考》，《中国农学通报》2010年第21期。

[6] 周淑景：《农业转型阶段休闲农业发展研究》，《经济研究参考》2010年第56期。

[7] 胡爱娟：《休闲农业结构布局及发展模式研究——以杭州市为例》，《生态经济》2011年第1期。

[8] 林国华、曾玉荣等：《实现海西休闲旅游农业跨越式发展的思考》，《农业经济问题》2011年第1期。

[9] 杨英法、袁彪：《关于河北休闲农业发展的思考》，《农业经济》2010年第8期。

[10] 江晶、史亚军：《北京都市型现代农业发展的现状、问题及对策》，《农业现代化研究》2015年第2期。

出了对策建议。① 第六，邱生荣通过分析生产要素对休闲农业经营收入的影响，得出农场劳动力的正向影响效果最大，其次为土地规模和投资金额的结论。②

国内外对休闲农业生产要素的研究述评：区别主要在于研究侧重点不同。国外侧重于对休闲农业生产要素乡村性的原生态维护和保持方面的研究，对生产要素的合理利用、适度开发和资源保护比较关注，并且提出了资源跨区域整合的建议。国内早期主要关注资源的分类，后逐步延伸到劳动者、资本、信息、技术和文化等各项具体要素的分析，包括优劣比较及其对经营收入的影响，体现了从笼统到具体的动态过程，尤其是对农耕民俗文化的研究兴趣渐浓，成为一个新的动态。

(二) 国内外对休闲农业市场需求的研究述评

国外对市场需求的研究：需求是消费者内在需要与外在环境满足程度之间的一种不平衡状态，是休闲农业发展的原动力。通过对国外休闲农业需求研究的文献梳理发现两个突出特点：一是侧重对游客动机的分析，二是注重对市场细分的研究。首先，休闲农业的动机可谓纷繁复杂，但主要涉及四类：心理动机、社会文化动机、经济动机和环境动机。摆脱都市的疏离感、寻找满足感和踏实感、体验劳动的乐趣以及放松身心，成为休闲农业旅游者的主要心理动机[3]；社会文化方面的动机主要包括接触当地人、了解当地生活[4]、增长知识[5]、体验乡村文化和乡村生活方式[6]；少数

---

① 程丽：《论乡村民俗文化在休闲农业发展中的作用、问题与对策》，《中国农业资源与区划》2016年第9期。

② 邱生荣、梁康迳、黄秋莲：《生产要素对休闲农业经营收入影响的实证研究》，《江苏农业科学》2014年第7期。

③ Pearce, P. L., Farm Tourism in New Zealand: A Social Situation Analysis, *Annals of Tourism esearch*, Vol. 17, No. 3, 1990; Walmsley D. J., Rural Tourism: a Case of Lifestyle-led Opportunities, *Australian Geographer*, Vol. 34, No. 1, 2003; Moleral and Pilar Albaiadejo I, Profiling Segments of Tourists in Rural Areas of South-Eastern Pain, *Tourism Management*, Vol. 28, No. 3, 2007.

④ Frater J., Farm Tourism in England: Planning, Funding, Promotion and Some Lessons from Europe, *Tourism Management*, No. 9, 1983.

⑤ Murphy A. and Williams P. W., Attracting Japanese Tourists into the Rural Hinterland: Implications for Rural Development and Planning, *Tourism Management*, Vol. 20, No. 4, 1999.

⑥ Swarbrooke J., *Culture, Tourism and Sustainability of Rural Areas in Europe*, University of North Umbria, Newcastle, UK, 1996, p. 453.

旅游者选择休闲农业旅游是出于其价格较低的经济原因①；也有一些旅游者是出于环境方面的考虑，目的是欣赏自然美景、田园风光、享受乡村祥和宁静的生态环境。② 其次，从休闲农业游客市场细分研究看，因动机不同，导致利益诉求不同，休闲农业旅游者的类型划分也不尽相同，尤以苏格兰和韩国等国家的研究较有代表性。Frochot 将苏格兰休闲农业旅游者细分为四类，即活跃型、消遣型、观览型和乡村型③，D. Park 与 Y. Yoon 则把韩国休闲农业旅游者细分为寻找家庭归属感的旅游者、被动的旅游者、希望寻找一切的旅游者、学习和兴奋的旅游者四类。④

国内对休闲农业市场需求的研究：首先，国内学者普遍关注对市场需求中存在问题的研究。认为市场需求事关休闲农业的荣衰，我国休闲农业的市场需求方面却普遍存在着诸多问题：如没有认真分析本地的资源优势和客源市场，凭着一股热情，一哄而上，盲目发展的现象⑤，导致产品雷同单一，缺乏吸引力，留不住游客⑥；体验性项目偏少⑦，难以吸引"回头客"⑧；消费水平处于明显低位等经营主体的认知与消费者需求错位等问题⑨。鉴于目前休闲农业的市场需求已经具备了有人、有钱、

---

① Oppermann M., Rural Tourism in Southern Germany, *Annals of Tourism Research*, Vol. 23, No. 1, 1996.

② Sharpley R. and Sharpley J., *Rural Tourism: An Introduction*, London: International Thomson Business Press, 1997, p. 61.

③ Frochot I., A Benefit Segmentation of Tourists in Rural Areas: A Scottish Perspective, *Tourism Management*, No. 26, 2005.

④ Park D. and Yoon Y., Segmentation by Motivation in Rural Tourism: A Korean case study, *Tourism Management*, Vol. 30, No. 1, 2009.

⑤ 刘军：《关于湖南休闲农业与乡村旅游建设规划的思考》，《中国农业资源与区划》2010年第5期。

⑥ 李梅、苗润连：《北京山区休闲农业与乡村旅游现状及对策研究——以昌平区流村镇为例》，《广东农业科学》2010年第1期。

⑦ 刘志茹、况明生、王爱玲：《北京农业文化与观光休闲农业开发探讨》，《安徽农业科学》2011年第20期。

⑧ 贺德红、周志宏：《论体验营销在休闲农业旅游市场的应用》，《江苏商论》2011年第1期。

⑨ 李雅芳、郭立新、陈阜：《北京郊区休闲农业发展现状及对策思考》，《中国农学通报》2010年第21期。

有闲、有车、有欲望等条件①，但游客满意度却整体不高的现状②，应针对游客表现出的愉悦身心、体验、教育、休闲、家庭和社交等动机类型③，结合不同细分市场的消费行为特征，采取休闲农业差异化开发模式④，更好地满足消费者娱乐放松、远离城市喧嚣、体验乡村生活、学习农业知识以及人际交往等需要。⑤ 其次，还有少数学者分析了影响市场需求规模的主要因素。赵仕红等认为，影响休闲农业市场供给的因素主要包括经济效益、农业资源禀赋、政府的政策管理及引导扶持、地区的经济发展水平和经营者的经营管理水平；而影响市场需求的因素则主要包括城市化率、城市居民的收入、城市居民的闲暇时间和乡村交通条件。⑥

国内外对休闲农业市场需求的研究述评：国外学者对休闲农业游客的需求动机和在此基础上的市场细分的研究非常细致与全面，反映出国外对消费者的尊重以及对其心理与行为研究的深度。我国对休闲农业市场需求的研究偏重于因对消费者需要和动机的忽视而产生的诸多问题，近几年才开始关注市场需求条件、顾客满意度水平、游客动机分类、市场细分以及市场规模等方面的研究。很显然，与国外研究的细致与全面相比，揭示出我国的休闲农业不管是在经营实践方面，还是在理论研究方面，都对消费者需求重视程度不够。

（三）国内外对休闲农业相关产业的研究述评

国外对休闲农业相关产业的研究：斯皮瑞特在探讨了法国罗泽尔省的休闲农业发展经验后认为，互联网技术为休闲农业的市场营销开辟了广阔

---

① 王丽丽、李建民：《休闲农业消费升级的基础与对策研究》，《河北学刊》2015年第6期。

② 赵仕红、常向阳：《休闲农业游客满意度实证分析——基于江苏省南京市的调查数据》，《农业技术经济》2014年第4期。

③ 蒋颖、聂华：《休闲农业市场客源行为分析研究——以北京市门头沟区为例》，《江苏农业科学》2014年第1期。

④ 刘英杰：《辽宁现代休闲农业差异化开发模式——基于市场细分》，《现代商贸工业》2014年第13期。

⑤ 刘红瑞、霍学喜：《城市居民休闲农业需求行为分析——基于北京市的微观调查数据》，《农业技术经济》2015年第4期。

⑥ 赵仕红：《休闲农业市场供求规模与主要影响因素分析》，《江苏农业科学》2016年第7期。

的前景。① 网上预约服务中心会提供乡村住所的剩余量、可使用情况和租金情况；顾客可以通过电话、互联网或直接到任何一个接待处办理预约手续。Brian Ilbery 也分析了借助网络整合旅游资源，使当地资源转化为休闲农业旅游产品，获得经济结构调整和长期经济发展的实践案例②。Shermain D. Hardesty 研究发现美国加州的许多休闲农业经营者对采用社会化媒体来推销他们的农场相关业务表现出极大的兴趣，包括 Facebook、微博、博客、YouTube 和其他新工具。认为社会媒体以最实惠、高效和时间意识的方式来与人互动，讲述自己的故事，紧贴瞬息万变的市场趋势和品牌业务③。可见，国外学者的研究已经注意到了互联网产业对休闲农业的支持作用。

国内对休闲农业相关产业的研究：休闲农业是农业与旅游业相互交叉的产业，其发展也离不开其他相关产业的辅助与支持。李澜指出由工业、农业、交通、商业、服务以及文化、教育、卫生等行业共同构成的地区社会经济发展水平，在一定程度上影响着休闲农业活动的顺利开展，决定了地区休闲农业发展中人、财、物资源的投入能力，游客接待规模以及休闲观光服务的质量和水平。④ 休闲农业产业集群是休闲农业产业化发展的有效途径。休闲农业产业化就是以休闲农业为龙头，相关产业协调发展，进而形成休闲农业产业集群化的过程。⑤ 应以"全产业链"理念为指导，延伸和拓宽休闲农业产业链条⑥，促进教育、生物、信息、设计、影视、数字化产业等相关产业与休闲农业的融合⑦，推进休闲农业的产业化进程。

---

① 皮埃尔·斯皮瑞特：《法国的绿色旅游：罗泽尔省范例》，《贵州乡村旅游国际论坛》2004 年 10 月。

② Brian Ilbery and Gunjan Saxenal, Evaluating the Best Practice in Integrated Rural Tourism: Case Examples from the England-Wales Border Region, *Environment and Planning A*, Vol. 41, No. 9, 2009.

③ Shermain D. Hardesty, Agritourism Operators Embrace Social Media for Marketing, *California Agriculture*, Vol. 65, No. 2, 2011.

④ 李澜：《关于观光农业理论研究与实践开发中的问题思考》，《广西师院学报》（自然科学版）2001 年第 2 期。

⑤ 宋宁、崔从光：《烟台休闲农业发展与经营模式的探讨》，《北方园艺》2013 年第 5 期。

⑥ 喻江平：《基于产业链的休闲农业产业体系构建及发展策略》，《农业经济》2013 年第 7 期。

⑦ 林炳坤、吕庆华：《双钻石模型视角下闽台创意农业合作研究》，《财经问题研究》2013 年第 4 期。

兰宗宝等分析了产业集群对休闲农业可持续发展的影响[1]，文学艳与史亚军从横向与纵向维度对休闲农业产业体系的形成机制进行了分析[2]，董子铭与刘天军则进一步分析了休闲农业产业集群动力机制的影响因素[3]。毛帅和宋阳认为产业融合的路径就是要接通、延伸、整合休闲农业的价值链、供需链、产品链、技术链和空间链，使之形成多产业、多企业协同运作的休闲农业立体产业链网络[4]。梁辰浩和夏颖翀通过对浙江省休闲农业产业融合的案例分析，证实了三产融合可以打破不同产业间的隔阂，拓展休闲农业产业链，带动周边产业的共同发展进而刺激市场的消费热情，最终促进休闲农业整体竞争力的提升[5]。

国内外对休闲农业相关产业的研究述评：国外学者的研究中注意到了互联网产业对休闲农业的辅助与支持作用，社会化媒体的经济性、便捷性、高效性对休闲农业的发展提供了极大的帮助。我国休闲农业文献中对相关产业的涉及范围要宽泛得多，包括工业、农业、交通、商业、服务以及文化、教育、卫生、生物、信息、设计、影视、数字化产业等行业，都为休闲农业的发展提供了各种支持和发展条件。国内学者近年来已经开始关注到对休闲农业产业体系、产业链以及产业集群的研究，但对如何延长产业链和进行休闲农业产业融合与集群发展尚缺乏对机理的全面梳理和深入分析。[6]

（四）国内外对休闲农业企业战略、企业结构与同业竞争的研究述评

国外对休闲农业企业战略、企业结构与同业竞争的研究：首先，国外文献对企业战略方面的研究成果颇丰，归纳起来主要集中在可持续发展战略、市场营销战略和品牌战略三个方面。第一，可持续发展战略的研究。

---

[1] 兰宗宝、秦媛媛等：《广西观光休闲农业可持续发展对策研究》，《广东农业科学》2013年第4期。

[2] 文学艳、史亚军：《休闲农业产业体系形成机制研究》，《中国集体经济》2014年第25期。

[3] 董子铭、刘天军：《休闲农业产业集群动力机制分析》，《中国农学通报》2014年第2期。

[4] 毛帅、宋阳：《论休闲农业在我国发展的现实意义及思路》，《郑州大学学报》（哲学社会科学版）2015年第3期。

[5] 梁辰浩、夏颖翀：《产业融合创意休闲农业旅游研究——以浙江休闲农业旅游为例》，《社会科学家》2016年第5期。

[6] 任开荣、董继刚：《休闲农业研究述评》，《中国农业资源与区划》2016年第3期。

Lane 认为实施休闲农业可持续发展战略的原因有四：第一，保护乡村敏感区的需要、协调开发与保护的需要、鼓励平衡增长但必须以社区经济增长为核心的需要以及保持乡村性的需要。[1] 实现休闲农业的可持续发展须以保护乡村的独特性为核心，而且应突出当地社区和当地企业的作用，而不是依靠外力的驱动。[2] Sedef Altun 也认为可持续发展要建立在特色和社会文化价值保留的基础上[3]，并且要量力而行。第二，市场营销战略的研究。David Gilber 认为休闲农业可以从市场营销理论的应用中受益[4]，但应建立在旅游者利益细分的不同而非地方特点的基础之上[5]，针对不同的顾客群体制定有效的营销战略，淘汰传统的产品营销和服务营销[6]，以体验为核心，形成独具特色的营销方式[7]。第三，品牌战略的研究。Cai 通过对美国系列案例的研究构建了休闲农业目的地品牌的概念模型，并强调乡村社区合作打造品牌比单枪匹马自立品牌更容易得到旅游者认同。[8] Yasuo Ohe 通过对日本休闲农业经营者的调查发现，本地的品牌农产品和休闲农业开发的经济收益之间存在互补关系。[9] Woomi Jo Phillips 等在美国北达科他州调研游客意图的重要性时发现，目的地形象直接影响游客感

---

[1] Lane, B., *Rural Tourism and Sustainable Rural Development*, UK: Channel View Publications, 1994, p.129.

[2] Bill Bramwellab, Rural Tourism and Sustainable Rural Tourism, *Journal of Sustainable Tourism*, Vol.2, No.1, 1994.

[3] Sedef Altun, Guelin Beuhan and Recep Esengil, Sustainable Rural Tourism in Akseki Sarihacilar Village, *Open House International*, Vol.32, No.4, 2007.

[4] David Gilbert, Rural Tourism and Marketing: Synthesis and New Ways of Working, *Tourism Management*, Vol.10, No.1, 1989.

[5] Gartner, W.C., Rural Tourism Development in the USA, *International Journal of Tourism Research*, Vol.6, No.3, 2004.

[6] Martha Sullins, Drew Moxon and Dawn Thilmany, Developing Effective Marketing Strategies for Agritourism: Targeting Visitor Segments, *Journal of Agribusiness*, Vol.28, No.2, 2010.

[7] Roberts, L. and Hall, D., Consuming the Countryside: Marketing for Rural Tourism, *Journal of Vacation Marketing*, Vol.10, No.3, 2004.

[8] Cai, Cooperative Branding for Rural Destinations, *Annals of Tourism Research*, Vol.29, No.3, 2002.

[9] Yasuo Ohe and Shinichi Kurihara, Evaluating the Complementary Relationship between Local Brand Farm Products and Rural Tourism: Evidence from Japan, *Tourism management*, Vol.35, No.4, 2013.

知价值和重游意愿,而且间接影响满意度和推荐意愿[1],建议休闲农业经营管理者要注重正面形象的树立和品牌的传播。

其次,企业结构方面的研究。因国外休闲农业的经营者主要以家庭农场为主,组织形式较为单一,因此更侧重于对影响家庭农场主身份变化的经营动机分析。Getz 发现澳大利亚西部中年夫妇经营乡村旅游的主要动机是源于对乡村生活方式的喜欢[2],Pearce 发现新西兰空巢家庭经营农场旅游的最直接目的则是享受有人陪伴的生活[3],爱尔兰的老年人经营乡村旅游也有类似的动机[4]。在逆城市化潮流中移居到乡村的西班牙居民从事休闲农业的目的主要是实现自主就业[5],Brian Sparks 发现近年来又出现了一种拥有全职工作,利用晚上和周末兼职种植和餐饮服务的小型休闲农场经营的趋势[6]。

最后,同业竞争方面的研究。B. Lane 对加拿大和法国的休闲农业开发类型进行了比较,认为加拿大休闲农业的竞争优势得益于开发了丰富多彩的乡村旅游项目,而法国休闲农业的竞争优势则在于各具特色的休闲农场,极大地满足了不同游客的个性化需求[7]。A. L. Baez 发现企业规模大小不是成功的标准,微型企业参与休闲农业项目必须有创意、负责任以及有明确定位的产品和客户群,但如果缺乏规划则会产生环境和社会问题,增加解决冲突的成本,使目的地竞争力下降[8]。Laurie Murphy 认为可从乡

---

[1] WooMi Jo Phillips, Kara Wolf and Nancy Hodur etc., Tourist Word of Mouth and Revisit Intentions to Rural Tourism Destinations: a Case of North Dakota, USA, *International Journal of Tourism Research*, Vol. 15, No. 1, 2013.

[2] Donald Getz and Jack Carlsen, Characteristics and Goals of Family and Owner-operated Businesses in the Rural Tourism and Hospitality Sectors, *Tourism Management*, No. 21, 2000.

[3] Pearce, P. L., Farm Tourism in New Zealand: A Social Situation Analysis, *Annals of Tourism esearch*, Vol. 17, No. 3, 1990.

[4] Hegarty, C. and Przezborska, L., Rural and Agritourism as a Tool for Reorganizing Rural Areas in Old and New Member States—A Comparison Study of Ireland and Poland, *International Journal of Tourism Research*, Vol. 7, No. 2, 2005.

[5] Paniagua, A., "Urban-rural Migration, Tourism Entrepreneurs and Rural Restructuring in Spain". *Tourism Geographies*, Vol. 4, No. 4, 2002.

[6] Brian Sparks, Lessons From A Beet Farmer, *Western Fruit Grower*, Vol. 132, No. 5, 2012.

[7] Bramwell, B. and Lane, B., *Rural Tourism and Sustainable Rural Development*, UK: Channel View Publications, 1994, p. 129.

[8] A. L. Baez, Sky Walk-Sky Trek: A Successful Community Project in the Mountains of Monteverde, Costa Rica, *Mountain Research & Development*, Vol. 22, No. 2, 2002.

村性的特色、产品价值、娱乐的机会,尤其是游客体验的满意度来提升竞争力[1]。Chen Ping-Shun 等应用改进的德尔菲法,对休闲农业 B&B(住宿和早餐)服务市场的竞争力影响因素进行了分析。结果表明,硬件、服务质量、环境与景观、管理是休闲农业 B&B 服务的关键成功因素[2]。

国内对休闲农业企业战略、企业结构与同业竞争的研究:首先,在企业战略方面,集中在对发展原则、品牌战略、营销战略的研究。第一,发展原则方面。近几年国内学者对休闲农业发展原则的研究更加细化,认为休闲农业发展应坚持以农业经营为主、以自然环境生态保育为重、以农民利益为根本、以满足消费者需求为导向[3],以农为本科学规划、因地制宜突出特色、强化服务规范管理、政府引导社会参与、坚持可持续发展、利益均衡、精心设计、重视地方特色与创新以及注重参与体验性原则[4]。第二,品牌战略方面。张桂华构建了休闲农业品牌形象结构模型,认为休闲农业的品牌形象可划分为 4 个构成维度和 17 项影响因子,其中区域维度是最重要的构成维度,人文垄断资源、农业自然景观和体验参与功能等是关键的影响因子[5]。第三,营销战略方面。宣传促销不力,行业缺乏系统的营销策略[6],潜在的消费者对资源缺乏了解,难以变成现实的消费者[7],是目前企业营销中普遍存在的问题。

其次,企业结构研究方面,主要探讨了我国休闲农业经营主体的类型

---

[1] Laurie Murphy, Gianna Moscardo and Pierre Benckendorff, Evaluating Tourist Satisfaction with the Retail Experience in a Typical Tourist Shopping Village, *Journal of Retailing and Consumer Services*, Vol. 18, No. 4, 2011.

[2] Chen Ping-Shun, Chen Yu-Hui, Yuan Chung and etc., Enhance the Competitiveness Analysis for Bed and Breakfast Experience Service on Leisure Agriculture, *International Journal of Organizational Innovation*, Vol. 8, No. 3, 2016.

[3] 陈俊红、王亚芝、曹庆昌:《台湾都市农业发展经验对北京沟域经济建设的启示》,《生态经济》2011 年第 4 期。

[4] 《我国休闲农业的发展现状》,2013 年 9 月 27 日,第一农经网(http://news.1nongjing.com)。

[5] 张桂华:《休闲农业品牌形象结构模型与实证研究》,《湖南师范大学自然科学学报》2012 年第 3 期。

[6] 刘社、张发民、张承:《河南省休闲农业发展中存在的问题与对策》,《河南农业科学》2011 年第 3 期。

[7] 刘天罂:《湖南省宁乡县红色旅游景区依托型休闲农业发展探索》,《安徽农业科学》2011 年第 21 期。

及其效益比较。国内学者对休闲农业经营主体的类型进行了不同的划分，如周淑景将其划分为农民、企业和社区三种主体模式①；戴炜分为"市场+农户""基地+农户""公司（龙头企业）+农户""协会（合作社）+农户""中介+农户"5种类型②；耿品富等则归纳为政府主导、企业独立、"合作社+农户"和农户独立4类经营管理类型③；冯建国认为可分为个体农民、村集体、企业、科研院所/大学或事业单位、政府五种经营主体④。此外，蔡碧凡在浙江选择了经营模式分别为股份合作制、个体农庄和五体联动模式的3家典型休闲农业实体进行比较分析，从实证的角度探讨了经营主体不同所带来的投融资方式、决策方式、市场营销模式、分配机制及其经济效益等方面的异同与优劣⑤⑥。

最后，同业竞争的研究。目前我国休闲农业区域竞争日趋激烈，同质化现象日益突出，没有与邻近区域形成错位发展，产品缺乏独创性和新鲜度⑦，项目大多是垂钓、打牌、唱歌、吃农家饭等活动，缺乏独具特色的乡土文化、农耕文化、饮食文化、民俗文化等项目的支撑⑧，对游客吸引力不强，造成产业素质整体偏低，缺乏竞争力⑨。此外，项目建设的"农"味不足，甚至出现"离农""非农化"倾向⑩，也是一个有损核心竞争力的现象。在不同类型的企业竞争优势研究方面，刘红瑞等对农家

---

① 周淑景：《农业转型阶段休闲农业发展研究》，《经济研究参考》2010年第56期。

② 戴炜：《江苏仪征休闲农业产业化现状与组织创新构想》，《江苏农业科学》2011年第1期。

③ 耿品富、梅素娟等：《乌当区休闲农业与乡村旅游管理经营模式探索》，《贵州农业科学》2012年第5期。

④ 冯建国、杜姗姗、陈奕捷：《大城市郊区休闲农业园发展类型探讨——以北京郊区休闲农业园区为例》，《中国农业资源与区划》2012年第1期。

⑤ 蔡碧凡：《浙江休闲农业3类典型经营模式比较分析》，《中国农学通报》2011年第26期。

⑥ 王克柱、刘顺伶：《保定市休闲农业发展概况》，《贵州农业科学》2010年第7期。

⑦ 彭瑛、张白平等：《安顺市农业结构调整与休闲农业旅游发展思路》，《贵州农业科学》2010年第12期。

⑧ 刘军：《关于湖南休闲农业与乡村旅游建设规划的思考》，《中国农业资源与区划》2010年第5期。

⑨ 贺德红、周志宏：《论体验营销在休闲农业旅游市场的应用》，《江苏商论》2011年第1期。

⑩ 周淑景：《农业转型阶段休闲农业发展研究》，《经济研究参考》2010年第56期。

乐、休闲农庄、休闲农业园区、民俗村4种休闲农业基本形态的竞争优势进行了比较，认为农家乐在经营主体数量上占绝对优势，休闲农庄在接待规模上具有优势，休闲农业园区具有经营规模与竞争力优势，民俗村的发展潜力很大[①]。

国内外对休闲农业企业战略、企业结构与同业竞争的研究述评：国外学者的研究内容广泛并有一定的深度。对企业战略方面的研究涵盖可持续发展战略、市场营销战略和品牌战略等方面，研究透彻。企业结构则相对单一，以家庭农场为主，也出现兼业的新趋势。同业竞争方面，更注重对农场类型、项目内容与模式以及提高游客满意度方面的竞争实力分析。国内学者对我国休闲农业企业战略的研究主要集中在发展原则、品牌战略、营销战略等方面，资料丰富，分析全面；对企业结构的研究探讨了不同企业结构类型及其效益比较，反映出我国休闲农业企业的灵活多样特点；对于同业竞争的研究，则更偏重于分析缺乏竞争力的问题表现及其成因，为提升竞争力指明方向。

（五）国内外对休闲农业机会因素的研究述评

国外对休闲农业机会因素的研究：各个国家休闲农业的发展机会各不相同，下面主要以法国、意大利、美国和日本等几个发达国家为例进行综述分析。第一，法国。早在1855年，法国一位名叫欧贝尔的国家参议院议员就带领一群贵族来到巴黎郊区农村度假，与当地农民同吃住，开创了观光农业旅游的先例。到19世纪70年代进入大规模发展时期，标志就是以满足贵族阶层的需要而逐步兴起的农庄旅游。第二，意大利。1865年成立的"农业与旅游全国协会"标志着休闲农业进入萌芽时期，其职能就是介绍城市居民到农村去体味各种农业野趣。第三，美国。兴起时间可追溯至19世纪上流阶层的乡村旅游，1880年第一个休闲牧场在北达科他州诞生。1945年前后，许多东部的富裕家庭前往西部地区度长假，这种颇为贵族化的度假方式逐渐普及至中产阶层而成为一种大众化的休闲方式。此外，由于美国在"二战"后食物生产过剩，政府在经费和技术上协助农民转移农地的非农业使用，其中一部分即转移为野生动物保育与游憩。与此同时，农场与社区互助形式的市民农园快速发展，至19世纪90年代中期已达600多

---

① 刘红瑞、安岩、霍学喜：《休闲农业的组织模式及其效率评价》，《西北农林科技大学学报》（社会科学版）2015年第2期。

个。第四,日本。其休闲农业形成于19世纪40年代到60年代中期的战后经济高涨期。经济的飞速发展、农村人口的大量无序迁出,导致了农村劳动力的老龄化和弱质化以及农村经济的极大衰退。一部分农场主结合生产经营项目的改造,兴建多种观光设施,开辟观光农园。1992年6月,绿色观光农业在日本应运而生,给山区农村带来了勃勃生机。[1]

国内对休闲农业机会因素的研究:我国休闲农业发展的初衷是为面临萎缩的农业发展寻找新的生机,然而经过休闲农业的大量实践证明,其发展的根本原因并不仅限于此,而是扩展为四个方面:一是满足人民生活质量提升的需求。休闲农业的兴起,迎合了人们渴望回归自然、释放压力、体验丰富多彩的农耕文化以及追求"相对自由的生活"的本能需求[2]。二是社会经济发展的驱动。休闲活动的实现依赖于有钱、有闲、有兴趣、有需求和有条件[3]。收入的增加,使得到乡村观光旅游、休闲度假、参与体验的城市游客越来越多,有力地促进了休闲农业的发展。[4] 三是环保的需要,休闲农业具有生态环保的正外部性。四是农业战略发展转型的需要[5]。农业发展呈现疲态,大量农民选择弃农进城务工,现代农业急需注入新的活力。发展休闲农业,通过农业外部性的内部化提高农业的比较利益[6],是实现包容性增长、统筹城乡一体化、建立城市生态屏障以及优化旅游环境的需要[7]。

国内外对休闲农业机会因素的研究述评:国外休闲农业的兴起主要来自三个诱因:一是市场需求的拉动,主要来自城市贵族阶层,然后逐步大众化;二是农业发展出现问题,政府通过法律或借助协会等民间组织寻求解决问题的路径,从政策和资金等方面予以支持推动;三是农场主认识到

---

[1] 包书政、王志刚:《日本绿色观光休闲农业的发展及其对中国的启示》,《中国农学通报》2010年第20期。

[2] 张玲:《基于"回归自然"生态理念的休闲农业发展构想》,《安徽农业科学》2010年第21期。

[3] 阮北平:《发展观光休闲农业的机遇与策略》,《农村经济》2010年第10期。

[4] 郭焕成:《我国休闲农业发展的意义、态势与前景》,《中国农业资源与区划》2010年第2期。

[5] 林国华、曾玉荣、林卿:《从传统农业到现代休闲与旅游农业——提升海西休闲农业产业发展层次的战略思考》,《福建论坛人文社会科学版》2010年第3期。

[6] 刘社、张发民、张承:《河南省休闲农业发展中存在的问题与对策》,《河南农业科学》2011年第3期。

[7] 段小力:《都市休闲农业创意营销的策略研究》,《中国农学通报》2012年第9期。

休闲农业可以增加收入从而积极参与并不断进行实践探索。我国学者对休闲农业发展机会的分析更加细致，来自居民休闲需求的拉动、社会经济发展的驱动、生态环保以及农业转型升级的需要，使得休闲农业获得天时、地利、人和的发展机会。

(六) 国外对休闲农业政府因素的研究述评

国外对休闲农业政府因素的研究：政府在休闲农业的发展中扮演着重要角色，休闲农业的发展离不开法律的规范和政策的支持引导，国外在这方面做得比较好的国家主要有德国、法国和美国。德国在20世纪二三十年代就出现了以度假农庄和市民农园为主要形式的休闲农业，所以德国也成为休闲农业发展规范化最早的国家。1919年，德国政府制定了《市民农园法》并于1983年进行了修订。法国第一个农家旅舍在1951年开张，1952年政府开始对农家旅舍实施扶持政策和管理，1955年，法国家庭农舍联合会应运而生。美国对休闲农业的支持力度较大，农业部设有多部基金供需要者申请，1992年建立了非营利组织——国家乡村旅游基金，主要从事项目规划、募集和发放资助、提供宣传。此外，国外学者也从不同国家、不同角度研究探讨了政策对休闲农业的影响。Aliza 在以色列农村地区对小规模休闲农业企业的实证分析证明，公共援助能够产生可观的回报，呼吁政策支持休闲农业发展。[1] Vincent 认为为了实现可持续发展，休闲农业管理者需要提供平衡的政策支持与策略，保持地区生态完整性的同时要体现经济福利和实现该地区的发展。[2] Shafer 的研究为宾夕法尼亚州农村观光旅游活动提出了22个政策建议，还为14个特定类型的农村观光旅游活动提供了65个政策建议。[3] T. Ying 和 Y. Zhou 研究指出，对休闲农业发展中利益相关者的发展权利进行明确立法是利益相关者之间关系合理的前提。[4] Jenny Briedenhann 提出英国和南非的公共部门在休闲农业中要

---

[1] Aliza and Daniel, Support for Rural Tourism: Does it Make a Difference?, *Annals of Tourism Research*, Vol. 27, No. 4, 2000.

[2] Vincent, V. C. and Thompson, W. T., Assessing Community Support and Sustainability for Ecotourism Development, *Journal of Travel Research*, No. 41, 2002.

[3] Shferel L. and Choi, Y., Forging Nature-based Tourism Policy Issues: A Case Study in Pennsylvania, *Tourism Management*, Vol, 27, No. 4, 2006.

[4] Ying T. and Zhou Y., Community, governments and external capitals in China's rural cultural tourism: A comparative study of two adjacent villages, *Tourism Management*, Vol. 28, No. 1, 2007.

扮演合作伙伴的角色，提供合理的政策、规划和支持以及有利于可持续发展的易化平台[1]。Tchetchik Anat 认为政府规定的限制会导致休闲农业产业的分化效应，建议政府增加投资补助、放松信息发布的管制以促其增长。[2] 总之，政府在规范、支持、提供公共服务以及保护利益相关者方面，对国外休闲农业的健康可持续发展产生了积极影响。

国内对休闲农业政府因素的研究：我国学者对休闲农业中政府因素的研究主要集中在政府存在的问题及其对策建议两个方面。政府存在的问题主要表现在如下几方面：第一，主管部门不统一。在国家层面，休闲农业归口农业部乡镇企业局管理，2010 年设立了休闲农业处，负责指导和协调全国休闲农业发展。在地方，有的归口乡镇企业局，如湖南省；有的归口旅游局，如陕西省、浙江省、甘肃省、新疆维吾尔自治区等；有的归口商委，如重庆市；有的归口农委，如海南省农业厅设立了休闲农业发展局。[3] 第二，缺乏总体规划，造成投资决策的随意性和开发的盲目性[4]，给价格战的恶性竞争埋下隐患[5]。第三，政策扶持力度不够，尤其是人才培养和资金支持方面。[6] 第四，法规不健全，缺少专门性的休闲农业法律[7]，造成管理的不规范。[8] 第五，社会条件支持系统尚未形成。[9] 针对上述问题，学者们也给政府提出了相应的对策建议。第一，明确休闲农业主管部门。建立由农业和旅游等相关部门参与的休闲农业发展联席会议制

---

[1] Jenny Briedenhann, The Role of the Public Sector in Rural Tourism: Respondents' Views, *Current Issues in Tourism*, Vol. 10, No. 6, 2007.

[2] Tchetchik Anat, Fleischer Aliza, Finkelshtain and Israel, Differentiation and Synergies in Rural Tourism: Estimation and Simulation of the Israeli Market, *American Journal of Agricultural Economics*, Vol. 90, No. 2, 2008.

[3] 赵毅：《休闲农业发展的国际经验及其现实操作》，《改革》2011 年第 7 期。

[4] 李梅、苗润连：《北京山区休闲农业与乡村旅游现状及对策研究——以昌平区流村镇为例》，《广东农业科学》2010 年第 1 期。

[5] 李雅芳、郭立新、陈阜：《北京郊区休闲农业发展现状及对策思考》，《中国农学通报》2010 年第 21 期。

[6] 汪海燕：《北京郊区创意农业发展趋势及对策研究》，《特区经济》2011 年第 6 期。

[7] 胡伟、张翔：《中国式休闲农业发展路径研究——基于中国台湾和国外发展模式对比分析》，《安徽农业科学》2012 年第 11 期。

[8] 郭焕成：《我国休闲农业发展的意义、态势与前景》，《中国农业资源与区划》2010 年第 2 期。

[9] 袁鹏：《休闲观光农业发展的态势及制度创新分析——以湖南衡阳市为例》，《农业考古》2010 年第 6 期。

度、休闲农业调查统计制度、政策对话及信息反馈机制[①]。第二，制定行业标准和法律法规。一方面，制定相关行业标准，加强政府对休闲农业的规范化管理与监督[②]，另一方面，完善休闲农业的法律法规条例，为休闲农业的发展提供法律保护[③]。第三，制定政策，拓宽融资渠道[④]，加大对休闲农业的资金支持。第四，加大智力投入，建立研发、教育、推广有机结合的智力支持体系[⑤]。第五，优化并提高政府公共服务水平[⑥]。总之，政府应在政策、立法、制度建设、基础设施、人才培养、理论研究等方面尽快制定制度，出台政策，为休闲农业的发展创造良好环境[⑦]。

国内外对休闲农业政府因素的研究述评：各国政府在规范、支持、提供公共服务以及保护利益相关者方面，对国外休闲农业的健康可持续发展提供了保障，这是国外文献比较一致的共识，对我国休闲农业的发展提供了可资借鉴的丰富参考。但国情不同，阶段不同，因此也不能生搬硬套。我国学者对政府在休闲农业发展中的研究重点主要集中在政府存在的问题及其对策建议两个方面。政府在我国休闲农业发展中发挥着主导作用，由于发展时间短，尚需不断积累经验，因而出现诸多问题也是很正常的，经营者和研究者也在实践与理论两方面不断在进行着探索、总结和改进。

综上所述，通过对国内外休闲农业生产要素、市场需求、相关产业、企业战略与企业结构及同业竞争、机会和政府六个方面文献研究的比较可以发现，国外文献对休闲农业的研究相对于国内来说更加客观和系统，当然这与其150年的发展历史是分不开的。如不仅分析了游客的需求动机，也详细分析了经营者的动机，这在国内文献中是鲜有的。而且始终抓住休

[①] 周淑景：《农业转型阶段休闲农业发展研究》，《经济研究参考》2010年第56期。

[②] 刘社、张发民、张承：《河南省休闲农业发展中存在的问题与对策》，《河南农业科学》2011年第3期。

[③] 胡伟、张翔：《中国式休闲农业发展路径研究——基于中国台湾和国外发展模式对比分析》，《安徽农业科学》2012年第11期。

[④] 李梅、苗润连：《北京山区休闲农业与乡村旅游现状及对策研究——以昌平区流村镇为例》，《广东农业科学》2010年第1期。

[⑤] 周淑景：《农业转型阶段休闲农业发展研究》，《经济研究参考》2010年第56期。

[⑥] 李雅芳、郭立新、陈阜：《北京郊区休闲农业发展现状及对策思考》，《中国农学通报》2010年第21期。

[⑦] 袁鹏：《休闲观光农业发展的态势及制度创新分析——以湖南衡阳市为例》，《农业考古》2010年第6期。

闲农业的乡村性这一本质不偏离，不被外在各种表象所迷惑，也是我国研究中应该学习和坚持的立场。我国休闲农业的发展只有30年左右的短暂历程，而且各地资源禀赋差异巨大、发展模式五花八门、发展程度极不均衡，决定了文献研究水平的参差不齐，人们对休闲农业的认知程度和研究深度都处于一个伴随休闲农业的发展而不断深化的过程之中。可喜的是目前国内学者对休闲农业的研究兴趣浓、角度广、成果多，正在从基础性、零散化研究逐步向内涵式、系统化研究过渡，这也正是本书努力的方向。

二　国内外对产业竞争力的研究述评

国内外围绕产业竞争力的研究集中在竞争力的概念和产业竞争力的理论两个方面，本书将对这两个方面的国内外研究分别进行述评。

（一）国内外对竞争力概念的研究述评

竞争力被广泛关注始于20世纪70年代美国技术评价局对美国竞争力的研究[1]，但由于其内涵与外延具有很大的延展性和不确定性，导致竞争力的概念众说不一，较有代表性的观点有：其一，世界经济论坛（WEF）和瑞士洛桑国际管理学院（IMD）在1994年提出竞争力是一个国家（企业）在全球经济市场上均衡的获取比竞争对手更多财富的能力。[2] 其二，王秉安认为竞争力就是一个竞争主体在竞争中相较于其他竞争对手，能使竞争资源获取最大化的能力。[3] 其三，任海平认为竞争力是一个相对概念，即竞争主体在竞争中比其对手更有效地获取竞争物的能力，这种竞争优势可以表现在产品之间、产业之间、企业之间或国家（区域）之间。[4] 其四，樊纲认为竞争力是指某国商品在国际市场上所占有的市场份额。[5] 综上可见，认为竞争力就是竞争者所具有的比对手获取最大化资源的能力，是国内外学者对竞争力较为一致的观点。

（二）国内外对产业竞争力理论的研究述评

国内外对产业竞争力理论的研究成果颇丰。1776年亚当·斯密的

---

[1] 金碚、李钢：《中国企业营利能力与竞争力》，《中国工业经济》2007年第11期。
[2] 谢立新：《论地区竞争力本质》，《福建师范大学学报》2003年第5期。
[3] 王秉安：《区域竞争力的经济学本质》，《福建行政学院学报》1999年第3期。
[4] 任海平：《论国防科技工业竞争力》，《国防科技》2003年第3期。
[5] 樊纲：《比较优势也是竞争力》，《企业天地》2003年第3期。

绝对优势理论指出竞争力的源泉是劳动生产率的绝对差异。[①] 1817年大卫·李嘉图在拓展绝对竞争优势理论的基础上提出了比较优势理论，认为竞争力的强弱决定于自然资源、技术和劳动生产率是否具有优势，优势越大则贸易空间也就越大[②]。而以美国经济学家熊彼特为代表的技术创新论则认为竞争力来自技术和组织的不断创新。[③] 1980—1990年，迈克尔·波特提出了著名的"五力"模型、"价值链"理论和"钻石"理论，是对比较优势理论的重大突破。其中，"五力"理论认为企业所处的行业内部存在着五种基本竞争力量，即新进入者、替代品的生产者、购买者、供应商以及同业竞争对手，并在此基础上提出了三大基本竞争战略，即总成本领先、差异化和专业化战略；"价值链"理论分析了从原材料的选取、设计、生产、最终制成品送至消费者手中的创造价值的动态过程，揭示了企业竞争力的来源[④]；"钻石"理论模型将产业竞争力的影响因素划分为4个关键因素和2个辅助因素[⑤]，成为日后分析产业竞争力的典型范式。

此后，大部分学者主要是在钻石模型的基础上进行了补充和完善。1992年，英国学者J. H. Dunning认为"跨国商务活动"应该与机遇和政府作为同等变量考量，提出了"国际化钻石模型"[⑥]。M. R. Alan和R. D. Joseph在分析加拿大国家竞争优势时提出了"双钻石模型"[⑦]。其后韩国汉城大学教授赵东成提出了国际竞争力的"九因素模型"，认为该模

---

① ［英］亚当·斯密：《国富论》，谢祖钧译，新世界出版社2007年版，第1—3页。
② ［英］大卫·李嘉图：《政治经济学及赋税原理》，郭大力译，译林出版社2014年版，第1—16页。
③ 张凤梅、侯铁珊：《技术创新理论述评》，《东北大学学报》（社会科学版）2008年第2期。
④ 由佳：《中国各省级区域林产工业产业竞争力比较研究》，博士学位论文，中国林业科学研究院，2015年。
⑤ ［美］迈克尔·波特：《国家竞争优势》，李明轩译，中信出版社2007年版，第64—116页。
⑥ Dunning, J. H., The Competitive Advantage of Countries and the Activities of Transnational Corporations, *Transnational Corporations*, No. 1, 1992.
⑦ Alan, M. R. and Joseph, R. D., The Double Diamond Model' of International Competitiveness: The Canadian Experience, *Management International Review*, Vol. 33, No. 2, 1993.

型能够更好地评估发展中国家国际竞争力的影响因素进而增强其国家优势[1]。我国的金碚博士则认为比较优势和竞争优势共同决定了各国产业的国际地位及其变化趋势，进而提出了"国际竞争力分析框架"[2]。芮明杰引入了"知识吸收与创新能力"，提出了"新钻石模型"[3]。方慧等将"产业发展阶段"融入钻石模型，提出了"动态钻石模型"[4]。何伟基于旅游文化产业融合的理念构建了"融合双钻石模型"[5]。除了理论模型探讨之外，我国许多学者也开始针对某一地域或者某一行业尝试开展产业竞争力的实例研究。例如，宿倩对城市旅游产业的竞争力研究[6]；李丹丹基于因子分析法的服务外包产业竞争力评价研究[7]；高秀艳等以辽宁省为例，对区域高新技术的竞争力进行了评价[8]；黄志勇基于 R-SCP 分析了我国中药产业的竞争力[9]；李菁等以甘肃陇南花椒产业为例开展了农业产业集群模式体系研究[10]；丁嘉伦进行了中国旅游服务贸易竞争力的分析研究[11]等。

国内外对产业竞争力的研究述评：目前的产业竞争力研究热度较高，每年均有大量的文献产出，但实质性的理论突破却趋于停滞，钻石模型依然是产业竞争力研究的主要范式。由于产业竞争力的内涵及影响因素存在

---

[1] Cho, D. S., A Dynamic Approach to International Competitiveness: The Case of Korea, *Journal of Far Eastern Business*, No.1, 1994.

[2] 金碚、李钢、陈志：《加入 WTO 以来中国制造业国际竞争力的实证分析》，《中国工业经济》2006 年第 10 期。

[3] 芮明杰：《产业竞争力的"新钻石模型"》，《社会科学》2006 年第 4 期。

[4] 方慧、尚雅楠：《基于动态钻石模型的中国文化贸易竞争力研究》，《世界经济研究》2012 年第 1 期。

[5] 何伟：《基于"融合双钻石模型"的西藏文化产业竞争力分析》，《西藏大学学报》2014 年第 4 期。

[6] 宿倩：《城市旅游产业竞争力研究》，博士学位论文，大连理工大学，2004 年。

[7] 李丹丹：《基于因子分析法的服务外包产业竞争力评价研究——以中国服务外包示范城市为例》，硕士学位论文，苏州大学，2012 年。

[8] 高秀艳、高亢：《区域高技术产业竞争力评价与对策分析——以辽宁省为例》，《企业经济》2012 年第 1 期。

[9] 黄志勇：《基于 R-SCP 分析的我国中药产业竞争力提升研究》，博士学位论文，中南大学，2011 年。

[10] 李菁、揭筱纹：《基于钻石模型的农业产业集群模式体系研究——以甘肃陇南花椒产业为例》，《兰州大学学报》2014 年第 2 期。

[11] 丁嘉伦：《基于钻石模型的中国旅游服务贸易竞争力分析》，《中国物价》2014 年第 12 期。

较大的差异，其评价标准及指标体系也一直未能形成一个各方都认可的标准化共识，从而限制了产业竞争力评价体系对于国家或地区产业竞争力提升的重要作用。总体而言，国外在产业竞争力的理论创新方面做出了巨大的贡献，而我国则更偏重于对这些理论的应用研究方面。

通过对国内外休闲农业和产业竞争力的研究梳理发现，由于国情存在巨大差异，导致各国对休闲农业和产业竞争力的研究重点和研究水平也各不相同。但相同之处在于，两个方面的研究文献都非常丰富，为本书的写作提供了强大的理论支撑。而对休闲农业产业竞争力的研究则相对缺乏，其中对河北省休闲农业产业竞争力的系统研究就更是少之又少。因此，本书的研究很有必要。

第四节 研究思路与研究内容

一 研究思路

在京津冀协同发展的背景下，以钻石理论、农业多功能性理论、休闲经济理论、协同理论、生态补偿理论、产业集群理论和体验经济理论为指导，以钻石模型为逻辑框架，首先对影响河北省休闲农业产业竞争力的 4 个关键因素（生产要素、需求条件、相关产业、企业战略与企业结构及同业竞争）和 2 个辅助性因素（机会与国家）进行系统分析，然后构建休闲农业产业竞争力评价指标体系，运用熵值法计算出 4 个关键影响因素及其 28 个评价指标的权重和全国 30 个省份休闲农业产业竞争力的综合评价得分，通过将河北与京津以及国内先进省市的比较，找出提升河北省休闲农业产业竞争力的路径，进而提出有针对性的对策建议，为相关管理部门和经营主体提供参考。

二 研究内容

全书共十章，分为三部分，各部分具体内容如下：

第一部分：引言及相关概念与理论，包括第一章和第二章。第一章引言部分主要介绍了论文的研究背景、研究目的与研究意义、国内外研究述评、研究思路与研究内容、研究方法与技术路线以及创新点。第二章主要介绍了休闲农业产业竞争力的相关概念与理论基础。首先界定了休闲农业、产业竞争力和休闲农业产业竞争力等基本概念，将休闲农业与观光农业、农业旅游、乡村旅游、都市农业等相近概念进行了辨析，并对休闲农业的特性、功能、发展阶段、发展模式、发展原则等基本内容进行了概括。然后分别阐述了钻石理论、农业多功能性理论、休闲经济理论、协同理论、生态补偿理论、产业集群理论和体验经济理论的内涵及其对休闲农业的启示。

第二部分：对河北省休闲农业发展现状的宏观描述性分析与微观钻石模型分析，包括第三章至第八章。第三章是对河北省休闲农业发展现状的宏观描述性分析，包括发展阶段、发展模式、全省及各地市发展概况、存在问题及其成因等内容；第四章至第八章是对河北省休闲农业的微观钻石模型分析。第四章分析了河北省休闲农业的生产要素。首先对休闲农业生产要素的内涵和外延进行了界定，然后对河北省休闲农业生产要素的类型、禀赋优劣以及开发利用中的问题进行了分析。第五章是对河北省休闲农业市场需求的分析。首先对河北省休闲农业市场需求的概念进行了界定，对数据来源进行了说明；其次是从规模、结构、影响因素、满意度、成长性和特征六个方面分析了河北省休闲农业市场需求的现状；最后分析了河北省休闲农业市场需求的发展趋势。第六章是对河北省休闲农业相关产业的分析。运用灰色关联度分析方法对休闲农业与相关产业的关联度进行了量化研究，并分析了相关产业对河北省休闲农业的影响作用。第七章是对河北省休闲农业企业战略、企业结构与同业竞争的分析。首先界定了企业战略的内涵，分析了河北省休闲农业企业战略的情况；其次阐述了河北省休闲农业企业结构的类型，并对其进行了比较分析；最后分析了河北省休闲农业同业竞争的竞争者和竞争战略。第八章是对河北省休闲农业的机会和政府因素的分析。论述了河北省休闲农业面临的主要机会，通过与国家政策的比较，对河北省政府的休闲农业政策演进历程、存在的问题和改进的方向进行了探讨。

第三部分：河北省休闲农业产业竞争力的实证分析与提升对策以及结论与展望。包括第九章和第十章。第九章首先构建了休闲农业产业竞争力的评价指标体系，运用熵值法对河北省休闲农业产业竞争力进行了实证分析，进而在与京津以及先进省市进行比较的基础上找出提升路径，最后提出了提升河北省休闲农业产业竞争力的对策建议。第十章是主要结论与研究展望。在归纳概括全文主要研究结论的基础上提出了未来的研究展望。

第五节 研究方法与技术路线

一 研究方法

（一）文献分析法

通过文献分析可以掌握本领域研究的程度和水平，并可学习借鉴前人的研究成果。因此，本书查阅了大量有关国内外休闲农业和产业竞争力的研究文献，进行了分类梳理和归纳述评。系统阐述了钻石理论、农业多功能性理论、休闲经济理论、协同理论、生态补偿理论、产业集群理论和体验经济理论的内涵及其对休闲农业的启示。在对文献资料、相关理论深刻理解和融会贯通的基础上，构建了本书的研究思路、研究内容和技术路线。

（二）问卷调查与深度访谈相结合的研究方法

在实地调研过程中，本研究采取了问卷调查与深度访谈相结合的方法，利用到各地市休闲农业园区对游客进行问卷调查的机会，尽可能地与园区的主要管理者以及农业和旅游等管理部门的相关负责人员提前预约，通过召开座谈会、访谈、咨询、电话访问等方法，获得更多更详细的第一手资料。

（三）定性分析与定量分析相结合的研究方法

定性分析是对事物本质特征的抽象和概括性分析，定量分析则是对事物发展程度的衡量和考究。本研究在定性分析的基础上，采用了Logistic二元回归、李克特量表、灰色关联度以及熵值法分别对市场需求的影响因素、顾客满意度评价、休闲农业与相关产业的关联度以及休闲农业产业竞争力进行了定量分析。

（四）比较研究法

比较研究法的运用能够使分析结果更加直观清楚。本书站在京津冀协同发展的视域，对发展现状、生产要素、市场需求、相关政策等方面进行分析时，均采用了比较研究方法。此外，对产业竞争力评价结果的分析中，还将河北分别与京津和国内先进省市进行了比较研究。

二 技术路线

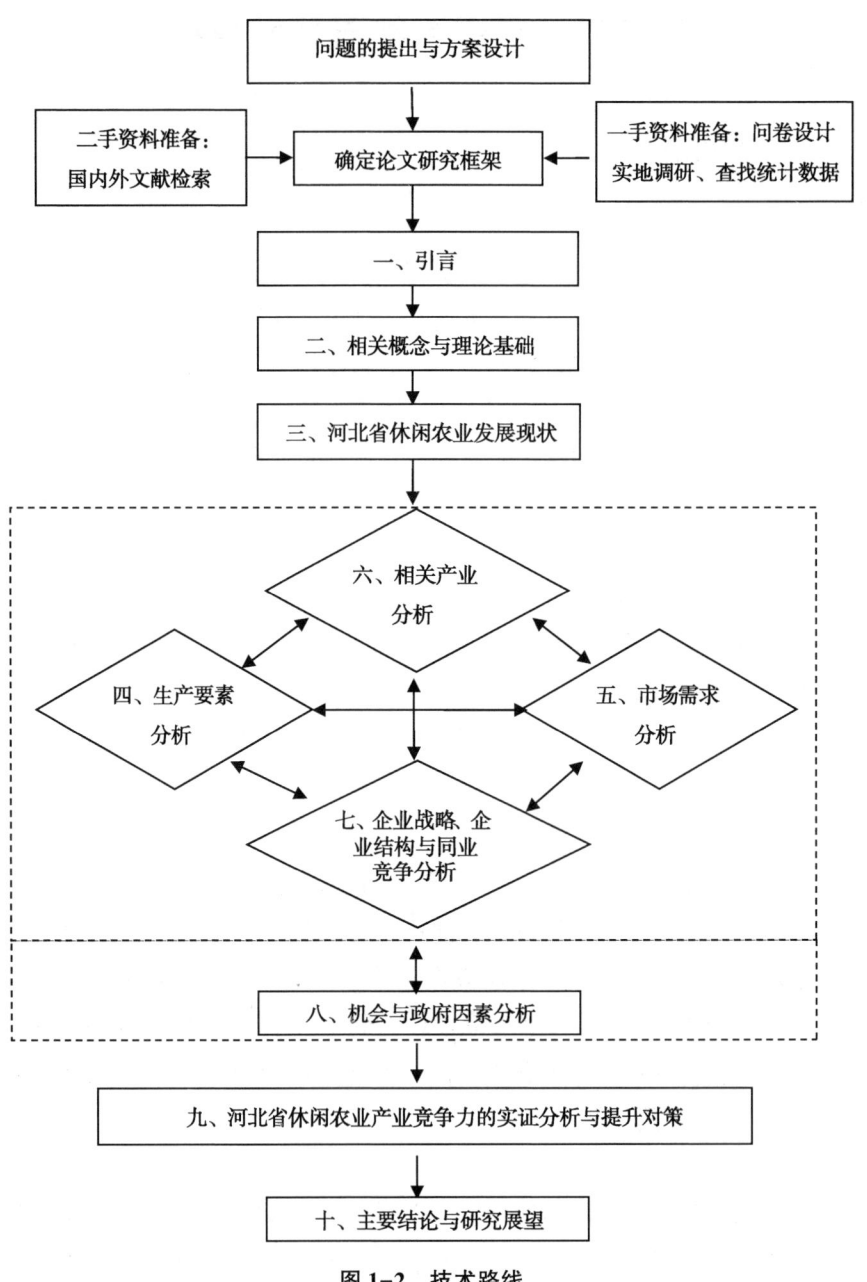

```
        ┌─────────────────────┐
        │  问题的提出与方案设计  │
        └──────────┬──────────┘
                   │
┌──────────┐   ┌──▼──────────┐   ┌──────────────┐
│二手资料准备：│──▶│确定论文研究框架│◀──│一手资料准备：问卷设计│
│国内外文献检索│   └──────┬──────┘   │实地调研、查找统计数据│
└──────────┘          │          └──────────────┘
                      │
              ┌───────▼────────┐
              │    一、引言     │
              └───────┬────────┘
                      │
              ┌───────▼────────┐
              │二、相关概念与理论基础│
              └───────┬────────┘
                      │
              ┌───────▼────────────┐
              │三、河北省休闲农业发展现状│
              └───────┬────────────┘
                      │
        ┌─────────────▼──────────────┐
        │         六、相关产业分析         │
        │                            │
        │  四、生产要素分析  五、市场需求分析 │
        │                            │
        │  七、企业战略、企业结构与同业竞争分析 │
        │                            │
        │      八、机会与政府因素分析      │
        └─────────────┬──────────────┘
                      │
        ┌─────────────▼─────────────────┐
        │九、河北省休闲农业产业竞争力的实证分析与提升对策│
        └─────────────┬─────────────────┘
                      │
              ┌───────▼────────┐
              │十、主要结论与研究展望│
              └────────────────┘
```

图 1-2 技术路线

第六节 创新点

本书在以下三个方面有所创新：第一，构建了休闲农业产业竞争力的评价指标体系。根据钻石模型的基本原理，结合休闲农业的产业特性，构建了包括 4 个二级指标和 28 个三级指标的休闲农业产业竞争力评价指标体系，适用于采用客观赋值的研究方法评价休闲农业产业竞争力，有利于避免主观因素对评价结果的影响。第二，填补了对河北省休闲农业产业竞争力实证研究的空白。本研究运用熵值法对休闲农业产业竞争力进行了实证分析，不仅得到了全国 30 个省份（西藏除外）休闲农业产业竞争力的综合评价得分，而且对客观认知与评价京津冀休闲农业产业竞争力的强弱以及推动京津冀休闲农业的协同发展具有重要的参考价值，填补了对河北省休闲农业产业竞争力实证研究的空白。第三，对河北省休闲农业与相关产业的关联度进行了定量分析。采用灰色关联度分析方法对河北省休闲农业与旅游业、农产品加工业、交通运输业、信息产业和文化产业的关联度进行了定量分析，得出了旅游业与休闲农业关联度最高，农产品加工业次之，交通运输业的关联度最低的研究结论，为政府制定政策提供了理论依据。

第二章 相关概念界定与理论基础

休闲农业在我国的发展历程只有大约 30 年的时间，作为一个新型农业产业形态，不管是业界还是学界，人们对它的了解和认知都需要一个过程。在这个过程中，出现了许多内涵相近、相互交叉，但却各有侧重的不同叫法，如农家乐、农业旅游、乡村旅游、都市农业等，这种概念模糊不清的状态不利于休闲农业的健康发展，因此，有必要对相关概念进行明确界定和辨析。与此同时，休闲农业的发展也离不开相关理论的指导，本书将对钻石理论、农业多功能性理论、休闲经济理论、协同理论、生态补偿理论、产业集群理论和体验经济理论的内涵及其对休闲农业的启示进行重点探讨。

第一节 相关概念界定

一 休闲农业

（一）休闲农业的概念界定

休闲农业由休闲和农业复合而成，因此有必要对休闲和农业的内涵首先加以明确，在此基础上再对休闲农业的概念加以界定。

首先，休闲的概念界定。从字源来看，古代汉语中的休闲由"休"和"闲"合成而来。根据《说文》的解释："休，息止也，从人依木。闲，阑也，从门中有木。"可见，休是指人们在身体劳累之时倚靠树木或者坐在树下休息，描绘了一幅从事劳作耕种的人们，关爱自我、倚木而休、回归自然并与自然和谐共生的美好画面；闲则指人暂停田间劳作，待在家里休息以恢复体力。《现代汉语词典》对休闲的解释是"休息"和"过清闲生活"。英语中的休闲（leisure）主要强调必要劳动之余的自我发展。拉丁文中的休闲（recreation）则意指恢复健康或振作精神，有再创造与更新之意。纵观古今中外，休闲的本意表达了人类生存过程中劳作与休憩的辩证关系，也体现了人对物质与精神生命活动的双重需求。

随着社会的进步，休闲的内涵也在不断地变化。从国内外学术界对休闲概念的界定来看，主要从时间、活动、生存状态与生活方式等不同角度进行了定义。首先，从时间的角度定义，休闲是指人们在劳动之余所拥有的自由时间。如马克思认为休闲是用于娱乐和休息的闲暇时间以及精神上可自由掌握的时间。① 其次，从活动的角度定义，休闲是人们在可自由支配时间内所进行的非工作性和个人偏好性活动，是自由时间、消遣活动和体验的混融，休闲活动是人们自我发展和完善的载体。如卡拉·亨德森（Cal Hendeson）等认为休闲是在一定的时间内，依托一定的消遣活动而产生的一种体验。② 最后，从生存状态与生活方式的角度定义，休闲是一种生存状态或生活方式，是驾驭自我的内在力量和心灵的自由感受，是自我存在与价值实现的过程。如我国休闲文化研究中心主任马惠娣将休闲与自由相联系，认为休闲是以欣然之态做心爱之事的过程。③ 美国著名休闲学研究专家杰弗瑞·戈比（Geoffrey Godbey）在总结西方学者对休闲的众多定义的基础上，指出休闲是从外在压力中释放出来的一种自由的生活状态，促使个体遵从内心所爱，以自身感到有价值的方式去行动。④

基于上述分析，休闲是指人们在可自由支配时间内，自由自愿地参与偏好性活动，体验身心放松、自我实现与发展过程的一种生活方式。休闲是时间、活动与体验的融合，具有放松、消遣和自我发展的功能，已成为社会进步的重要标志。

其次，农业的概念界定。2013年1月1日新修订并实施的《中华人民共和国农业法》指出，农业是指种植业、林业、畜牧业和渔业等产业，包括与其直接相关的产前、产中、产后服务。农业属于第一产业，是利用动植物的生长发育规律，通过人工培育和种植养殖的方法来获得产品的产业。不仅提供人们生存所需的各种食品，而且还是工业发展的重要原料来

---

① 《马克思恩格斯全集》，人民出版社1975年版，第287页。
② 田翠琴、齐心：《农民闲暇》，社会科学文献出版社2005年版，第13页。
③ 卢长怀：《中国古代休闲思想研究》，博士学位论文，东北财经大学，2011年。
④ ［美］托马斯·古德尔、杰弗瑞·戈比：《人类思想史中的休闲》，成素梅译，云南人民出版社2000年版，第3—14页。

源,成为国民经济不可替代的重要支撑。因此《农业法》明确规定,我国把农业放在发展国民经济的首位。农业的本质是经济再生产过程和自然再生产过程的统一,这也决定了其具有地域性、季节性、周期性、波动性、分散性、多样性、综合性等特征。农业的发展主要经历了原始农业、传统农业和现代农业三个阶段。原始农业(新石器时代——铁器工具出现以前)的主要特征是刀耕火种、广种薄收、靠天吃饭以及开始对野生动植物的驯养。传统农业(奴隶社会——20世纪40年代)是古代农业和近代农业的统称,由铁制工具、精耕细作、自给自足、直接经验的古代农业发展到半机械和机械化农具、采用自然科学和农业科技、分工开始发展、向商品化和社会化农业转化并开始出现农业企业的近代农业。现代农业("二战"以后)则以农业机械为生产工具,以石油、电力为动力,以科学技术指导农业生产。目的是通过引进新的生产要素和现代农业制度,实现农业的集约化、科技化、市场化、生态化、可持续性发展。[①]目前,我国正在全力推进农业现代化进程,休闲农业作为以"三农"为根,以旅游休闲为功能辅助,以文化为魂的新型农业产业,成为农业转型升级和实现农业现代化的重要路径。

最后,休闲农业的概念界定。随着农业和农村的休闲价值不断被认知和开发利用,"休闲农业"逐渐走入人们的视野并成为一个热词。由于各国发展休闲农业的国情背景、资源禀赋、经营主体、发展模式等存在诸多差异,导致对休闲农业的概念至今尚未达成世界共识。国外休闲农业在近150年的发展历史中,经常使用的表述有 rural tourism, agritourism, farm tourism, green tourism, entertainment farming 等词汇且常被相互替代使用。从国外学者给出的众多定义中不难发现,乡村性和农场旅游是国外休闲农业的重要内涵。乡村性是休闲农业区别于其他旅游活动的鲜明特点,也是对来自城市游客的最大吸引点。同时,国外休闲农业的经营场所主要是家庭农场,经营主体为农场主,经营形态为农场旅游。国内学者基于不同视角对休闲农业的概念也有不同的理解和诠释,在此基础上对其产业属性也存在分歧。如有些学者比较注重其景观价

---

① 蒋和平、辛岭:《基于高科技建设的都市型现代农业》,《农业经济问题》2008年第1期。

值，将其称之为"观光休闲农业"①，有的学者比较重视休闲内涵，将其称之为"休闲农业旅游"②，也有不少学者用"休闲农业"一词③，还有不少学者认为"休闲农业""旅游农业""观光农业"是同一概念④。国内文献对休闲农业概念的表述和产业属性的分析虽然众说不一，但归纳起来主要存在三种具有代表性的观点，即新型产业说、旅游说和农业说⑤。

新型产业说：其代表人物主要有卢云亭、詹玲、范水生、张天佐等。卢云亭认为休闲农业是不同于传统农业、具有"农游合一"特点的新型交叉性产业⑥。詹玲也认为休闲农业是农业和旅游业有机融合而形成的一种新型产业⑦。范水生认为休闲农业是具有生产、生活、生态和一、二、三产业功能特性的新型产业形态⑧。农业部乡镇企业局局长张天佐也认为休闲农业是一个集休闲观光、体验娱乐、度假教育、示范推广为一体的新兴产业业态和消费业态⑨。总之，新型产业说认为休闲农业是农业和旅游业交叉产生的一种独立的新型产业，既不从属于农业，也不从属于旅

---

① 王渝陵：《从国际经验看重庆市观光休闲农业发展》，《重庆社会科学》2003 年第 3 期；丁增富、郑钦玉、刘永文：《三峡库区观光休闲农业现状问题及调整对策》，《畜牧市场》2003 年第 8 期；谢莉、刘昭云：《湘南观光休闲农业发展研究》，《热带地理》2003 年第 4 期；郭焕成、郑健：《海峡两岸观光休闲农业与乡村旅游发展》，中国矿业大学出版社 2004 年版，第 12 页；刘春香：《发展观光休闲农业，实现农业可持续发展》，《生态经济》2006 年第 2 期。

② 李舟：《体验经济时代休闲农业旅游的发展策略》，《新疆农垦经济》2004 年第 3 期；戴美琪、游碧竹：《国内休闲农业旅游发展研究》，《湘潭大学学报》（哲学社会科学版）2006 年第 7 期。

③ 肖海林：《休闲农业及其在中国的发展前景》，《适用技术市场》1999 年第 8 期；许先升、郭少贞：《休闲农业的可持续发展探讨》，《热带农业科学》2000 年第 2 期；俞文正：《休闲农业的功能及发展前景》，《青海农林科技》2000 年第 4 期；吴必虎、黄琢玮、殷柏慧：《中国城郊型休闲农业吸引物空间布局研究·海峡两岸观光休闲农业与乡村旅游发展》，中国矿业大学出版社 2004 年版，第 37—43 页；邹统钎：《北京市郊区旅游发展战略：经验、误区和对策》，旅游教育出版社 2004 年版，第 3 页。

④ 范子文：《观光休闲农业的主要形式》，《世界农业》1998 年第 1 期。

⑤ 王丽丽、蔡丽红、王锦旺：《我国休闲农业产业化发展研究：述评与启示》，《中国农业资源与区划》2016 年第 1 期。

⑥ 卢云亭、刘军萍：《观光农业》，北京出版社 1995 年版，第 7 页。

⑦ 詹玲：《发展休闲农业的若干问题研究》，中国农业出版社 2009 年版，第 37 页。

⑧ 范水生、朱朝枝：《休闲农业的概念与内涵原探》，《东南学术》2011 年第 2 期。

⑨ 张天佐：《我国休闲农业发展面临陷阱》，2011 年 9 月 22 日，新浪财经（http://finance.sina.com.cn）。

游业。

旅游说：郭焕成、吕明伟提出休闲农业是以农业为基础，以休闲为目的，以服务为手段，以城市游客为目标，农业和旅游业相结合的旅游经营形态。[①] 周彬也认同并引用了此概念。[②] 赵毅认为休闲农业是旅游者在农业园区进行的一系列体验性、参与性的活动，其核心是旅游服务、是旅游项目，认为其更适宜纳入旅游的范畴。[③]

农业说：台湾农业委员会在1992年就把休闲农业确定为法定用词，并在《休闲农业辅导管理办法》中把休闲农业定义为"利用田园景观、自然生态及环境资源，结合农林牧渔生产、农业经营活动、农村文化及农家生活，提供人们休闲，增进人们对农业和农村的体验为目的的农业经营"。我国休闲农业发展"十二五"规划中认为"休闲农业是贯穿农村一、二、三产业，融合生产、生活和生态功能，紧密联结农业、农产品加工业、服务业的新型农业产业形态和新型消费业态"。张占耕认为休闲农业的对象是农业，广义对象还包括农民与农村，应归于农业的范畴。[④] 郭焕成在提出旅游说之后又提出了农业说的观点。认为从农村产业层面来看，休闲农业是农业和旅游业相结合，具有生产、生活、生态"三生"一体多功能的现代农业。[⑤] 张广海也认为休闲农业是以与农业、农村、农民相关的生产、生活、生态资源为依托，集生产、销售、观光休闲、娱乐体验、科普教育、生态保护为一体的新型农业。[⑥] 张攀春认为休闲农业在本质上是农业而不是纯粹的旅游业，是将农业中的旅游因素充分挖掘出来，在农业现代化建设和农业产业化经营下发展农村服务业的结果，是因地制宜建设现代农业的一种途径。[⑦]

---

① 郭焕成、吕明伟：《我国休闲农业发展现状与对策》，《经济地理》2008年第4期。
② 周彬、黄维琴：《论休闲农业发展与社会主义新农村建设的互动关系》，《生态经济》2012年第2期。
③ 赵毅：《休闲农业发展的国际经验及其现实操作》，《改革》2011年第7期。
④ 张占耕：《休闲农业的对象、本质和特征》，《中国农村经济》2006年第3期。
⑤ 郭焕成：《我国休闲农业发展的意义、态势与前景》，《中国农业资源与区划》2010年第2期。
⑥ 张广海、包乌兰托亚：《我国休闲农业产业化及其模式研究》，《经济问题探索》2012年第10期。
⑦ 张攀春：《资源禀赋与贫困地区休闲农业的路径选择》，《特区经济》2012年第6期。

基于上述分析，本书认为休闲农业是立足"三农"，以农村生态环境、农业生产过程、农民生活方式以及农耕民俗文化为资源，以满足城镇居民观光娱乐、休闲度假、农事体验、康体怡情等多元需求为目的，贯穿一、二、三产的新型农业产业形态。

（二）休闲农业与相近概念的辨析

鉴于目前有关休闲农业的概念众说不一，休闲农业与观光农业、农业旅游、乡村旅游、都市农业等概念在内涵与外延方面均有一些交叉重叠之处，为准确理解休闲农业的内涵与特征，有必要对这些相近概念进行比较与辨析。

休闲农业与观光农业：观光农业侧重于对"三农"资源观光游览价值的开发利用，主要在原有果园、茶园、花园、菜园、林场、渔场、牧场的基础上规划设计而成，功能较为单一且开发方式简单粗糙，大多分布在景区周边或旅游热线上。观光农业与休闲农业虽然在实质上都是农业与旅游业的交叉融合，但在内涵上"休闲"要比单纯的"观光"丰富得多。观光游览与体验参与、教育培训、养生康疗等都是休闲的组成内容。可以说，观光农业只是休闲农业的初期发展阶段。

休闲农业与农业旅游：国家旅游局制定的《全国工农业旅游示范点检查标准》中指出："农业旅游是以农业与农村特色资源为依托，以农业生产、农民生活、农村风貌为旅游吸引物，集观光、娱乐、文化、休闲、度假、科研等功能于一体的旅游活动。"休闲农业与农业旅游的区别主要有两点：一是产业视角不同。休闲农业更强调"以农为主"，是农业产业功能拓展下现代农业的组成部分，而农业旅游则侧重"以旅为主"，是以农业资源为基础的旅游活动；二是地域范围不同。休闲农业不像农业旅游那样仅局限于农村地域，也包括城市及其周边、城郊等地域。[①]

休闲农业与乡村旅游：世界旅游组织将乡村旅游界定为在偏远地区的传统乡村及其周边地区开展的旅游活动。[②] 可见，乡村旅游是以农村地域的乡村风情为吸引物而开展的旅游活动，农家乐是乡村旅游最具代表性的

---

① 包乌兰托亚：《我国休闲农业资源开发与产业化发展研究》，博士学位论文，中国海洋大学，2013年。

② 《旅游业可持续发展——地方旅游规划指南》，旅游教育出版社1997年版，第55页。

一种形式。乡村旅游与休闲农业在内涵上有一定的重合，二者的区别主要体现在两个方面：一是所处地域的不同。乡村旅游的目的地通常处于距离城市相对较远的传统农村地区，乡村性是其最主要特色，而只有这样的地区才有利于乡村性的保持；休闲农业则主要分布在距离城市较近的郊区，项目布局多位于以城市为中心的1—2小时交通辐射区内。二是旅游吸引物不同。乡村旅游吸引物主要是乡村风情，包括特有的地理环境、田园风光、乡风民俗、村落景观等；而休闲农业旅游吸引物包括农业生产过程、农民生活场景、农业生态景观以及农耕文化与民风民俗的感悟等，具备观光娱乐、休闲度假、教育示范、生态保护、农事体验等多种功能。总体来看，二者在内涵与外延上有一定的交叉重合，相对而言，休闲农业的内涵与外延比乡村旅游更为宽广，故而有时也将二者合并在一起使用。

休闲农业与都市农业：都市农业是指在大都市经济圈内的农业，为了满足都市发展而给市民提供的休闲旅游、体验农业、了解农村的场所。其最显著的特点就是高科技性，依靠大专院校、科研院所和大城市的人才优势，形成产加销、产研教、农工贸的一体化，是高科技、高品质、高附加值的精准农业体系。休闲农业与都市农业的区别有三点：一是区位上的差异。都市农业主要位于大城市内部及近郊，而休闲农业的地域范围更广泛，除了大中城市的郊区外，还包括离城市相对较远、农业资源丰富的特色农业区域。二是形式上的差异。由于地域的限制，导致都市农业的形式不如休闲农业丰富。比如休闲农场、民宿农庄、民俗旅游等休闲农业旅游形式都不可能在都市农业里找到。相比之下，都市农业只是给了城市人对农村自然生态和人文环境的初步认知。三是功能上的差异。在都市农业的形式里感受农业和农村的乐趣，受诸多因素的限制，肯定不如休闲农业"土色土香"。其功能主要是给城市居民生活"增绿"，而休闲农业为人们提供的则是真正绿色的自然生态和人文环境。[1]

通过上述相近概念的辨析可知，休闲农业可涵盖观光农业和农业旅游的各方面内容，因此可将二者分别视为休闲农业发展的初级和中级阶段；乡村旅游与休闲农业相比，更强调旅游目的地的乡村性，多处于距离城市相对较远、乡村性保持较好的传统农村地区，而都市农业则大多位于大都市内部及近郊，可将位于城市近域的休闲农业视为都市农业的范畴。休闲

---

[1] 毛帅：《休闲农业与观光农业、都市农业的联系与区别》，《特区经济》2008年第10期。

农业内涵丰富、地域广泛，能够集中体现上述各概念阐述的核心内涵。因此，采用"休闲农业"这一概念来定义以"三农"资源为基础的休闲产业更为准确。

(三) 休闲农业的基本内容

休闲农业的基本内容是一个伴随其发展过程而不断积累、动态变化的体系，反映了人们对它的认知过程。目前来看，主要包括休闲农业的特性、功能、发展阶段、发展模式和发展原则等基本内容。

第一，休闲农业的特性。休闲农业作为农业与旅游业交叉而成的一种新型农业产业，其特性是由农业的地域性、季节性、周期性和高风险性以及旅游业的暂时性、异地性、综合性和享受性等特点融合而成。具体而言，主要包括自然性、乡土性、休闲性、体验性、产业性、文化性和多功能性等特性。

第二，休闲农业的功能。休闲农业具有诸多功能，可概括为生产供给、生态环保、休闲旅游、教育认知、文化传承、康体怡情、就业创收和城乡沟通八个方面。生产供给功能，为人们提供丰富的农副产品、加工产品及其他产品；生态环保功能主要体现在资源的持续供给、环境的持续容纳、保持生态系统的平衡和不超载，有利于生态环境的恢复和保护；休闲旅游功能为人们创造农业观光、农事参与、文化体验等诸多服务；教育认知功能不仅让人们学习到更多的农业知识，而且对历史、地理、生物、化学、物理、文化、经济等方面的知识都有涉猎；文化传承功能主要表现在可使农村特有的农耕文化、生活文化、民俗文化有了传承弘扬的载体；康体怡情功能能够有效帮助高压之下的城镇居民放松身心、养生保健、交流情感和提升幸福度；就业创收功能不仅能帮助农民就近就业增收，还能不断延长产业链带动相关产业的共同发展，创造更多的就业机会；城乡沟通功能体现在搭建了城乡互动、交流共赢的平台。

第三，休闲农业的发展阶段。从国外来看，约150年的时间经历了萌芽（19世纪后期至20世纪初期）、观光（20世纪60—70年代）、度假（20世纪80年代以后）和租赁四个阶段。我国休闲农业发展时间虽短，但也可大致划分为四个阶段，即萌芽催生期（1980—1990年）、初步发展期（1990—2000年）、快速发展期（2000—2010年）和规范发展期（2010年以后）。具体到各省市，发展历程会有所不同。

第四，发展模式。按照不同的标准，可将我国休闲农业的发展模式分为五种不同的类型。其一，按照地理区位分类，可分为城市郊区型、景区周边型、风情村寨型、基地带动型和资源带动型五种模式；其二，按照功能类型分类，包括观光农园、休闲农园、科技农园、生态农园、休闲渔园、市民农园和农业公园七种类型①；按照经营主体分类，可分为个体农民、村集体、企业、科研院所/大学或事业单位、政府五种经营主体；按照产业结构分类，可划分为农林牧渔副五类模式②；按照资源禀赋分类，可分为休闲度假型、景区依托型、原生态文化村寨型、特色产业带动型和民族风情型五类③。

第五，发展原则。2016年农业部等14部委联合签发的《大力发展休闲农业的指导意见》明确指出，发展休闲农业必须坚持以下五项基本原则：一是以农为本、促进增收。即立足"三农"构建利益分享机制，以促进农民增收为主要目的。二是多方融合、相互促进。即加强休闲农业与农耕文化传承、创意农业发展、乡村旅游、传统村落传统民居保护、精准扶贫、森林旅游、美丽乡村建设的融合共进。三是因地制宜、特色发展。即结合资源禀赋、人文历史、交通区位和产业特色，因地制宜地适度发展。四是政府引导、多方参与。强化政府引导作用的同时，发挥市场配置资源的决定性作用，鼓励多方积极参与。五是保护环境、持续发展。即坚持开发与保护并举、生产与生态并重的可持续发展原则。

二 产业竞争力

1980—1990年迈克尔·波特的"竞争三部曲"引起了全世界的广泛争论，他也成为产业竞争力概念的首位提出者，并将产业竞争力界定为"在一定贸易条件下相较于其他竞争对手所具有的开拓市场、占有较大市场份额并以此获得比竞争对手更多财富的能力"④。我国的专家学者也对产业竞争力的概念从不同的角度进行了界定，主要包括：金碚强调了生产

---

① 王克柱、刘顺伶：《保定市休闲农业发展概况》，《贵州农业科学》2010年第7期。
② 张桂华：《休闲农业品牌形象结构模型与实证研究》，《湖南师范大学自然科学学报》2012年第3期。
③ 耿品富、梅素娟等：《乌当区休闲农业与乡村旅游管理经营模式探索》，《贵州农业科学》2012年第5期。
④ ［美］迈克尔·波特：《国家竞争优势》，李明轩译，华夏出版社2002年版，第123—166页。

力和市场力对产业竞争力的重要影响,认为产业竞争力是区域内某特定产业的产品以市场先驱度和市场占有率为基础,并以此获得产值增长的能力。① 裴长洪认为产业竞争力是区域产业的比较优势和绝对竞争优势的总和②。朱建国、苏涛则将产业竞争力界定为一个国家的特定产业在自由和平等的市场条件下,争夺利于自身产业发展的生产条件和销售条件,在竞争中获得最大利益的能力。③ 陈卫平、朱述斌认为产业竞争力是一国特定产业以其相对于他国的更高生产力,向国际市场提供更多具有市场占有率以及促进其产值增长率提升的产品,并对产业供给能力有较强的吸引力、价格能力和投资营利能力的综合能力④;贾若祥提出产业竞争力是指一个产业在特定贸易条件下较其他竞争者的优势⑤;吴宗杰认为产业竞争力是现实静态竞争力与动态竞争力的总和⑥。通过上述定义的比较,本书比较认同金碚的观点,认为产业竞争力是一个相对的概念,是指特定区域范围内的特定产业较之竞争对手所具有的生产力、市场力、吸引力和企业竞争力。

三 休闲农业产业竞争力

根据休闲农业和产业竞争力的概念,本书所研究的休闲农业产业竞争力可界定为:我国京津冀区域范围内河北省的休闲农业产业所具有的生产力、市场力、吸引力和同业竞争力,主要是相对于同一区域的京津休闲农业产业竞争力而言。影响休闲农业产业竞争力的因素主要包括生产要素、市场需求、相关产业和企业战略与结构及同业竞争四个关键因素以及机会和政府两个辅助因素。

---

① 金碚:《中国工业国际竞争力——理论、方法与实证研究》,经济管理出版社1997年版,第28—33页。
② 裴长洪:《利用外资与产业竞争力》,社会科学文献出版社1998年版,第60—111页。
③ 朱建国、苏涛:《产业国际竞争力内涵初探》,《世界经济文汇》2001年第1期。
④ 陈卫平、朱述斌:《国内关于产业国际竞争力研究综述》,《教学与研究》2002年第4期。
⑤ 贾若祥、刘毅:《产业竞争力比较研究——以我国东部沿海省市制造业为例》,《地理科学进展》2003年第2期。
⑥ 吴宗杰:《中日韩产业竞争力的比较研究》,中国经济出版社2007年版,第1—9页。

第二节 相关理论基础

休闲农业所具有的自然性、季节性、地域性、乡土性、休闲性、体验性、产业性、文化性和多功能性等特点，以及立足"三农"、纵贯"三生"、横连"三产"的产业特性，决定了其涉及面之宽、实践性之强、产业关联度之高、学科交叉之多，也决定了休闲农业相关理论的广博庞杂。根据已有的研究成果，我国学者从不同的角度提出了诸多的相关理论，包括休闲视角的马克思休闲论、休闲经济理论等，农业视角的农业可持续发展理论、农业多功能发展理论、都市农业理论等，生态环境视角的生态伦理学理论、景观生态学理论、环境农业理论等，参与主体视角的利益主体理论、需要层次理论、体验经济理论、消费行为理论等，规划视角的旅游空间结构理论、环城游憩带理论等，经济学的"微笑曲线"理论和管理学的资源配置理论等。本书以河北省休闲农业的产业竞争力为研究内容，因而仅对与此密切相关的钻石理论、农业多功能性理论、休闲经济理论、协同理论、生态补偿理论、产业集群理论和体验经济理论进行重点探讨。

一 钻石理论

（一）理论内涵

钻石理论是由美国哈佛大学工商管理学院教授迈克尔·E. 波特（Michael E. Porter）在其1990年出版的《国家竞争优势》一书中提出的用于分析国家产业竞争力的著名理论。该理论认为，某一国的特定产业是否具有国际竞争力，主要取决于生产要素、市场需求条件、相关与支持性产业、企业战略、企业结构与同业竞争4个关键性因素以及机会和政府2个辅助性因素的共同作用（见图2-1）。

第一，影响产业竞争竞争力的第一个关键因素是生产要素。生产要素是指一个国家在特定产业竞争中有关生产方面的表现，主要包括天然资源、人力资源、知识资源、资本资源和基础设施等，按照先进程度可分为初级要素和高级要素，根据专业程度可分为一般性生产要素和专业性生产要素。初级要素和一般性生产要素是先天被动继承或较容易获得的，其在提升竞争优势中的作用会随着科技的发展而不断降低，因此，提升竞争优势不应仅靠自然资源，而应加快对初级和一般性生产要素进行改良升级的

图 2-1 钻石模型

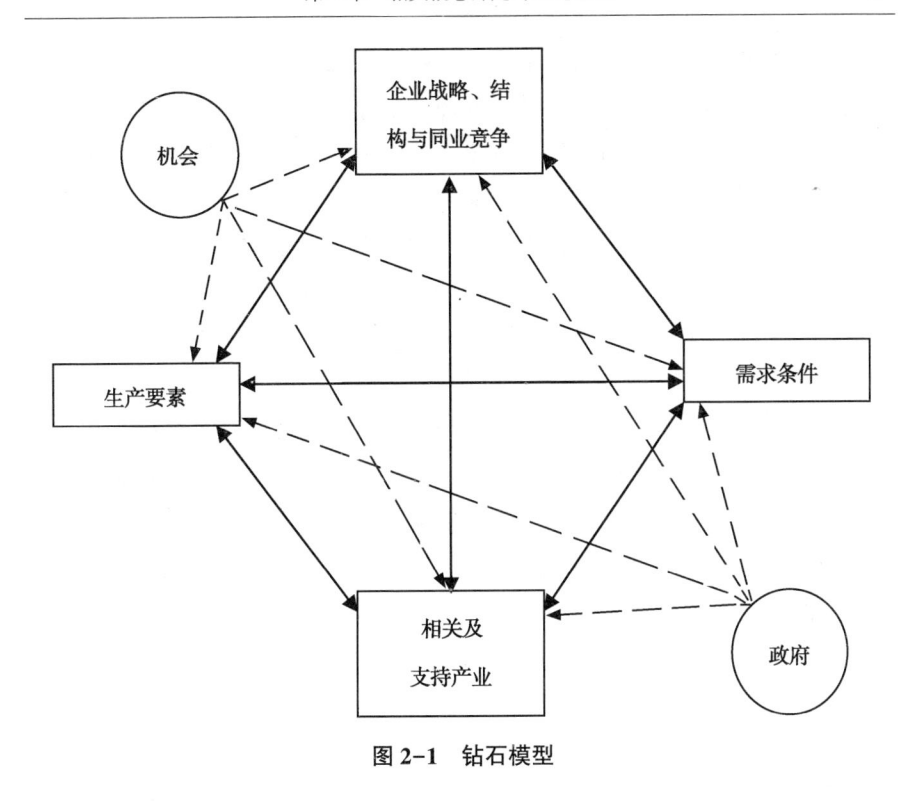

速度。高级和专业性生产要素是更新速度极快且需要长期积累投资的创造性资源，其中对产业竞争力影响最为关键的是知识和人力资源，说明高科技与高水平的人才是竞争力持续增长的基石。而对于要素资源优劣与产业竞争力的关系则应辩证地看待，善于化劣为优而非一味地依赖优势的资源和环境是获得产业竞争力的动力；创新不但能提高资源利用的效率，还能使产业摆脱初级要素的限制，向升级之路发展，因而成为获得产业竞争力的路径。

第二，市场需求条件即本国市场对某项产业所提供产品或服务的需求状况，是影响产业竞争力的第二个关键因素，也是产业冲刺的动力。国内市场主要通过客户需求的形态和特征来影响企业认知、解读以及对客户需求的回应。钻石理论认为内行且挑剔的高质量本土顾客是企业追求高质量产品和优质服务的压力来源，也是维持和创造产业竞争力的动力。本土需求能帮助企业掌握新产品的信息与走向，在持续关注客户需求的过程中也可刺激企业的产品不断进行升级，增强面对新形态产业环节的竞争能力。及时了解客户的预期需求会催生产业的竞争力，市场规模和成长模式则有强化竞争力的效果。国内市场最大的贡献在于为企业提供发展、持续投资与创新的动力，并在日趋复杂的产业环节中建立企业的竞争优势。

第三，相关产业是影响产业竞争力的第三个关键因素。其影响主要表现在产业之间的提携效应和集群效应两个方面。提携效应是指有竞争力的本国产业对相关产业竞争力的带动与提升效果。相关产业之间彼此牵动、价值相通、共同分享、合作互补的关系，促进相关产业形成技术、流程、销售、市场以及服务上的竞争力。提携效应最强的时机通常是在产业生命周期的初始阶段，行动越快的企业受益越明显。集群效应是在某一特定区域下的一个特别领域，由一群相互关联的公司、供应商、关联产业和专门化的制度和协会所形成的一个紧密联系的产业集群系统，由于企业在纵向和横向之间通过积极的互动和交流来推动和鼓励对方进行持续的产业升级和创新，不仅可以降低交易成本、提高效率，而且改进激励方式，创造出信息、专业化制度和名望等集体财富。特别是在文化相似、地域接近之处，企业之间经常性的接触和交流有利于帮助它们抓住机会，发现和应用由新的技术方法而产生的产业集聚效应。

第四，企业战略、企业结构与同业竞争是指企业在一个国家的基础、组织和管理形态以及国内市场竞争对手的表现，是影响产业竞争力的第四个关键因素。钻石理论认为激烈的国内竞争会激发竞争者强烈的取胜欲望，使所有参与者更高效、更节约、更好地应对竞争，而国内对手之间的竞争更为关键的是体制效率的竞争。因此，企业竞争力的创建应在包括民族文化特征、竞争的动力来源、管理者的态度以及政策在内的国家环境之下，在善用企业本身条件的基础上，设定发展目标、经营管理模式和组织形态，走出垄断，迎接激烈的国内市场竞争，突出区域特色，恰当定位，制定竞争战略，不断自我完善，强化竞争优势。

第五，机会是影响产业竞争优势的辅助性因素。产业发展的机会通常来自基础发明、技术、战争、政治环境发展、市场需求等方面出现重大变革的时候。机会并非企业或政府所能控制的，可遇而不可求，能够调整产业结构，为企业竞争创造条件。因此，机会对产业竞争力的影响不容忽视。

第六，钻石理论认为政府也是创造和保持产业竞争力的一个影响因素。随着自然资源、劳动力、金融资本等要素对产业竞争优势影响力的日趋降低，取而代之的是政府应借助政策、法律和制度创造一个有利于竞争力提升的良好环境，以确保投入的要素能够得到高效使用和升级换代。如提供高质量的教育与培训、投资专业化基础设施、促使商业运行更有效率、鼓励竞争和创新等。

综上所述，钻石理论系统地揭示出在某一区域的某一特定领域影响生产率和竞争力增长的各因素，主要包括4个关键性因素和2个辅助性因素，而且钻石理论体系是一个双向强化系统，其中任何一项因素的效果都会影响到另一项的状态。钻石理论所构建的产业国际竞争力分析框架和方法虽然定位于国家层次，但完全适用于地区和城市等级别的分析；在侧重产业发展微观基础分析的同时，也重视政府在产业发展中的重要作用，实现了微观与宏观分析的有效结合；钻石理论不仅可以解释一些产业的成功，还可以预测当机会出现时，一个产业能否乘势而起并且竞争力大增。

(二) 钻石理论对休闲农业的启示

休闲农业作为农业与旅游休闲相融合的新型农业产业形态，在我国约有近30年的发展历程，只有尽快创建并保持其产业竞争力才有利于休闲农业的发展壮大。以分析国家及其工业产业竞争力而著称的钻石理论同样适用于某一特定地域、工业之外其他产业竞争力的分析。运用钻石理论的框架体系来分析休闲农业产业竞争力的理由有二：首先是由钻石理论的系统完整性决定的。休闲农业是一个农业和旅游业相交叉、体系庞杂的新型农业产业，涉及面非常广泛，涵盖农业生产经营活动与过程、农村自然生态环境与景观、农民生活方式以及悠久农耕历史积淀传承下来的灿烂文化，立足"三农"，纵贯"三生"，横连"三产"。生产要素资源丰富、市场需求持续增长、相关产业不断集聚且相互借势提升、企业战略各异、组织形式多元、同业竞争日趋激烈，机遇难得，政策利好并处于不断调整修正之中。钻石理论的"4+2"分析框架能够全面系统的分析休闲农业产业竞争力的影响因素，有效克服其他理论仅从某一或几个方面进行分析的不足。其次，是由钻石理论清晰而严谨的逻辑所决定的。运用钻石理论分析休闲农业的产业竞争力，逻辑结构严谨清晰，可有效避免各因素之间的交叉和重复。

二 农业多功能性理论

(一) 理论内涵

农业是一个多功能统一体，各种功能自古有之，只不过在不同的社会发展阶段人们对其功能的关注点不同而已。在经济发展的最初阶段，农业的功能主要被定位于经济功能，为工业和国民经济其他部门提供赖以生存与发展的基础。随着经济的进一步发展，工业和第三产业先后成为国民经济的主要部门，农业发展面临不断萎缩、农产品品质下降、食品安全问题凸显、农民收入偏低等诸多困境。与此同时，经济的高速增长和快速的城市化过程导致环境和社会问题不断出现，促使人们对生态环境的关注与日俱增，精神文化需求也随着收入水平的不断提高而逐渐上升，农业的新功能尤其是非经济功能成为人们关注的焦点，这些因素正是农业多功能性理论提出的重要背景。农业多功能性概念最早于20世纪80年代末日本提出的"稻米文化"中出现，认为农业在日本不仅具有供给粮食和其他农产品的功能，还发挥着防止洪涝灾害、涵养水源、处理有机废弃物、净化空气、提供绿色景观以及继承传统文化的作用。随后，1992年联合国环境与发展大会通过的《21世纪议程》正式采用了农业多功能性提法。1996年世界粮食首脑会议通过的《罗马宣言和行动计划》中明确提出将考虑农业的多功能特点，促进农业和乡村可持续发展。1999年9月联合国粮农组织（FAO）和荷兰政府在马斯特里赫专门召开了100多个国家参加的国际农业和土地多功能性会议，农业多功能性这一概念正式确立。农业多功能性理论认为，农业除了具有提供粮食等各种农产品和工业原料等商品产出的经济功能外，还具有与农村环境、农业景观、农村社会发展、农民就业增收、食品安全、农业文化遗产以及生物多样性等非商品产出相关的社会功能、生态功能和文化功能。

（二）农业多功能性理论对休闲农业的启示

休闲农业正是以农业多功能性理论为指导，以农业为基础，深度开发利用农业的多重功能，通过科学的规划设计，融合环境之美、创意之巧、科技之新、产品之优、体验之乐、文化之真，满足城镇居民亲近自然、回归农本、释放身心、休闲娱乐、参与农事等需求，从而实现价值增值、促进农民就业增收、农业转型升级的新型农业产业形态。农业多功能性理论是休闲农业规划设计、项目选择、体验内容、发展模式的创新源泉。首先，农业的经济功能是休闲农业发展的载体，农业的生产资料、生产过程、生产方式、生产成果以及生活文化，都成为休闲农业在农业生产的基础上对其功能价值开发利用的重要资源；其次，农业的社会功能是休闲农业发展的诱因，休闲农业为农民在家门口就业增收、上孝老人、下育子女、提升生活质量和幸福指数创造了平台，同时也满足了城镇居民在收入和假日富足之后的多元化休闲旅游需求，承担了沟通城乡、富裕农民、美化农村、维护社会稳定的社会职能；再次，农业的生态功能是休闲农业发展的依托，对生态环境的严重破坏促使人们对拥有新鲜的空气、清洁的水源、宁静的环境、绿色的视野、安全的食品越来越渴求，这些资源优势成为休闲农业最强的吸引力和重要依托，休闲农业所倡导并践行的绿色环保、低碳循环、尊重自然等理念，与生态文明建设目标完全契合；最后，农业的文化功能是休闲农业发展的关键，悠久的农耕历史创造了绚烂多彩的物质文化和精神文化，也是中国文化的起源和宝贵的财富。大道至简、通俗易懂、富含哲理、形式多样，文化是休闲农业的灵魂，能否让文化在休闲农业的舞台上活起来，动起来，是提升休闲农业产业竞争力的关键。

三 休闲经济理论

（一）理论内涵

如前文所述，休闲是人们在可自由支配时间内，自由自愿地参与偏好性活动，体验身心放松、自我实现与发展过程的一种生活方式。休闲是时间、活动与体验的融合，具有放松、消遣和自我发展的功能。而休闲经济则是建立在休闲的大众化基础之上，由休闲消费需求和休闲产品供给构筑的经济，是人类社会发展到大众普遍拥有大量的闲暇时间和剩余财富的社会时代而产生的经济现象。[1] 休闲经济主要研究的是人在休闲行为中的投入与产出、休闲行业所创造的价值、休闲经济的运行规律、休闲行为和经济的变量关系等内容[2]。休闲经济作为经济学的一个组成部分，最早发端于19世纪中叶的欧美，20世纪70年代进入快速发展阶段，如今已成为世界各国经济发展的支柱产业和主导经济。休闲经济的兴起是人类社会文明进步的标志，也是人类社会经济的高级形态[3]。休闲经济的发展是奠定在如下几个必要条件上的：一是有钱有闲。休闲经济是建立在高度物质文

---

[1] 范水生：《休闲农业理论与实践》，中国农业出版社2011年版，第54—58页。
[2] 章海荣、方起东：《休闲学概论》，云南大学出版社2005年版，第250—262页。
[3] 黄映晖、唐衡、史亚军：《休闲农业的相关经济学理论探析》，《中国农学通报》2009年第17期。

明基础之上的经济,只有在社会财富积累和个人可支配收入达到较高程度时,才会有余力去满足处于较高层次的休闲需求。同时,作为休闲经济主体的人,如果只有钱而没有闲暇时间,休闲经济也只能是断翅的小鸟飞不起来。休闲本义就包含着对时间的自由支配,因此,充足的闲暇时间、休假制度的落实是实现休闲消费的前提条件。二是休闲的大众化。只有当休闲不再是少数富裕阶层的专利,转而以广大中产阶层为消费主体时,才能推动休闲经济的规模化发展,也才能在社会经济中占据主导地位。三是休闲需求与休闲产品供给的平衡。随着人们越来越注重工作与休闲的同等性,休闲需求越来越高涨,就需要不断提高休闲产品供给的能力、水平和效率,不仅以满足人们的现实休闲需求为目标,还要通过持续的产品与服务的创新而成为休闲潜在消费需求的引领者和驱动者,在动态中实现休闲需求与供给的平衡。

(二) 休闲经济理论对休闲农业的启示

休闲经济理论为休闲农业准确定位目标客源市场提供了理论依据。休闲经济理论认为,休闲主体不仅要在主观上具有休闲的需求,还要在客观上具备有钱有闲的条件。休闲农业是以"农"为核心而开发的休闲产品,决定了其客源市场主要是生活在城镇的居民。农业生产、农村景观、农家生活和农耕文化与城市生活环境、生存方式、文化内容等方面存在巨大差异造就了休闲农业对城里人的强大吸引力。但并不是所有的城镇居民都是休闲农业的目标消费群体,只有那些可支配收入水平达到中等阶层、对农业和农村感兴趣、有闲暇时间的消费者才具备资格。此外,休闲经济理论为休闲农业不断创新休闲产品从而更好地满足消费者的休闲需求指明了发展方向。休闲农业作为休闲经济的一个组成部分,理所当然也要通过不断满足消费者对休闲农业的需求与供给的平衡来推动休闲农业的健康发展。需求高涨而供给不足或更新缓慢,跟不上消费者需求偏好变化的步伐,就会出现供不应求的失衡状态;同样地,如果供给远超人们的需求或消费能力,未能引导消费者树立休闲农业的消费观,刺激其休闲动机转化为休闲消费行为,就会出现供大于求的失衡状态。所以,休闲农业的经营者和管理者应以了解、把脉、刺激、引导和满足消费者对休闲农业的消费需求为核心,不断创新休闲农业的产品和服务,力求达到供需均衡,实现供给者和需求者的双赢。

四 协同理论

(一) 理论内涵

协同理论是由德国理论物理学家哈肯于20世纪70年代初创立的。该理论认为，在整个环境中存在着千差万别的系统，各个系统之间保持着既相互影响又相互合作的关系。如果各系统之间呈现出混乱无章的状态，说明各系统之间配合不默契，不能相互促进增长；如果各系统之间呈现良性有序发展的状态，说明各个系统之间充分发挥了协同效应，达到了相互之间的相融共进。[①] 近十年来，人们开始把协同理论应用到区域经济发展之中，用以解决区域内部各要素、各子系统之间的竞争与合作问题。通过产品或要素价格的变化，引导资源在区域间进行转移，导致区域间的竞争和发展不平衡。根据优胜劣汰的市场法则，优势企业战胜并淘汰劣势企业，通过收购兼并的形式，在产业内部进行重组整合，进一步加强自身的竞争力。从区域产业发展的角度来看，主要表现为由竞争走向协同合作，各系统和经济主体形成紧密的发展关联，优势互补，互惠互利，进而促进区域经济系统的发展[②]。

(二) 协同理论对休闲农业的启示

河北省的休闲农业产业在京津冀协同发展的大环境下，一定不是可以封闭发展的，必须坚持与京津协同发展的理念，才能做大做强，获取持久的竞争力。通过不断缩小三者之间的差距，在生产要素、市场需求、相关产业、企业战略、企业结构以及同业竞争等方面取长补短，共商大计，同画蓝图，才能促进京津冀区域资源的优化配置，实现京津冀休闲农业产业的共同发展。

五 生态补偿理论

(一) 理论内涵

生态补偿理论的基础主要源于外部性理论、公共物品理论、生态资本理论以及生态经济效益理论。首先，外部性理论认为，外部性是指由某种

---

① [德] 赫尔曼·哈肯：《协同学》，杨炳奕译，中国科学技术出版社1990年版，第10页。
② 董志良、陆刚等：《网络经济背景下京津冀产业协同发展研究》，经济科学出版社2015年版，第20页。

经济活动产生的、存在于市场机制之外的影响，并且除了买卖双方当事人之外的其他被影响者不会因此而得到应有的补偿或付出相应的代价。因此，在存在外部性时，社会对市场结果的关注扩大到超出市场中买者与卖者的利益之外，还包括受到影响的旁观者的利益。而在现实中，消费者与生产者在决定需求或供给时，却很少考虑到自己行为的外部效应，从而导致生态资源配置与利用很难达到最优状态。其次，公共物品理论认为，公共物品是一种向一部分消费者提供时却很难阻止其他人也消费的物品，具有非竞争性和非排他性两个基本特征。生态环境与资源就可以看作一种公共物品，非竞争性使人们只看到眼前利益，过度使用，最终使全体社会成员的利益受损；非排他性导致整个生态环境资源保护过程中的生态效益与经济效益脱节，在缺乏有效激励的情况下，很少会有人愿意向生态环境资源保护进行投资，而这种投资却恰恰是整个社会所急需的。因此，要解决好生态环境资源的保护和恢复问题，就必须立足于公共物品理论，建立有效激励措施，使生态产品的受益者付出相应的费用，供给者获得合理的经济回报。再次，生态资本理论认为当人类需求的无限性与自然资源有限性产生矛盾时，环境资源的稀缺性随之体现，而人口的不断增长和延续以及环境资源在空间上分布的不均衡，使得生态环境资源的稀缺性更加明显。生态资本一旦和供求联系在一起时，往往会通过价格来体现它的稀缺性和开发利用的成本。[①] 最后，生态经济效益理论认为人们通过经济系统进行经济活动的目的是获得最大的经济效益，而经济系统的运行必然牵动生态系统的运行，并受其运行状况的影响。忽略甚至破坏了生态系统而取得的效益只是片面的、短期的效益。若想获得全面的、长期的效益就必须注重经济效益与生态效益、当前效益与长远效益的统一。

  从上述生态补偿理论基础的分析不难看出，不同学科在不同的时期对生态补偿理论内涵的理解是不同的。早期仅从生态学角度理解的生态补偿专指自然生态补偿，即当自然生态系统受到干扰时，其自身所表现出来的缓和、调节或还原的能力。20世纪七八十年代，由于人类更多地参与到了生态系统的管理当中，生态补偿也因此进入生态管理领域，被认为是人们保护生态环境和生态功能、维护生态稳定的一种有效措施。从20世纪90年代以来，生态补偿被引入社会经济领域，更多地被理解为通过内化

---

① 许芬、时保国：《生态补偿与理性选择》，《求知》2012年第8期。

生态环境资源的外部性来解决其保护和恢复问题的一种经济刺激手段，即对生态资源环境受益者收费，使受损者得到补偿的一种经济措施。

(二) 生态补偿理论对休闲农业的启示

首先，在休闲农业发展过程中必须坚持生态环保理念。在资源开发利用、园区布局、种植与养殖过程中对生物链规律的尊重与应用、能量之间的转换与循环利用、土地轮休与植物轮作等各个环节，都要以保护生态环境为出发点，使休闲农业成为真正的绿色农业。其次，对休闲农业借助现代科技手段，利用生物自然属性发展绿色有机农业，在土壤、水、空气、生物多样性等生态资源与环境方面做出的贡献，理应遵照生态补偿理论给予合理的补偿与激励。最后，休闲农业不仅要做生态环保的践行者，生态补偿的受益者，还应成为生态文明的宣传者和播种者。借助休闲农业对消费者的吸引力，在为消费者提供产品和服务的同时，借助温馨的小标语、体验环节的讲解，时时处处宣传生态文明思想，督促消费者养成尊重自然、自觉爱护和保护环境的良好行为习惯，播下生态文明的种子，收获生态环保的善果。

六 产业集群理论

(一) 理论内涵

产业集群理论的历史渊源可以追溯到古典区位理论中的集聚理论和马歇尔关于产业区的论述，但其形成和发展是在20世纪90年代，迈克尔·波特在古典区位理论和马歇尔的理论基础之上，形成了完整的产业集群理论。此后经济学家和社会学家们从西方微观经济学、产业经济学和区域经济学理论等视角，进一步研究了产业集群问题，推动了产业集群理论的新发展。产业集群理论认为，产业集群就是指在某个特定产业中相互关联的、在地理位置上相对集中的若干企业和机构的集合。[1] 产业集群的核心是企业之间及企业与其他机构之间的联系以及互补性，即产业集群内部的互生机制，既有竞争又有合作，既有分工又有协作，彼此间形成一个互动性的有机关联群体，既有利于获得规模经济，又有利于互动式学习和技术扩散，而且比垂直一体化的大型企业更具灵活性，因而更具竞争力和持续创新力。目前世界上产业集群的形式主要有三种：一是由产业纵向关联而

---

[1] 卫玲、邱德钧：《现代产业集群理论的新进展及其述评》，《兰州大学学报》(社会科学版) 2007年第2期。

形成的产业集群,集群中的企业同属于一个产业的上、中、下游,彼此之间存在着生产过程的投入产出联系,产业链成为维系产业生产与发展的动力,企业在产业链上各自占据合适的位置,形成一种合理的分工与合作状态;二是由产业横向关联而形成的产业集群,通常以区域内某一主导产业为核心,通过企业间的横向关系,外部形成多层次的产业群体,群体之间因共享着彼此带来的外部经济效应而充满活力;三是由区位优势而形成的产业集群,通常由同一产业或不同产业的众多中小企业组成,充分利用区位优势,形成各类专业化的小型产业集群。

(二) 产业集群理论对休闲农业的启示

在产业集群理论的指导下,休闲农业可通过其产业活动影响上、下游及外围相关产业,充分发挥区位条件与产业中心的优势,发展成地区主导产业,形成经济发展极,进而带动地方区域经济的发展,产生产业关联与波及效果。通过产业集群发展休闲农业,可以高效利用要素资源,促进产品创新,加快产业结构升级。纵向开拓上中下游的联结通道,横向利用相关产业的各自优势,实现立足一产、带动二产、繁荣三产的产业集群效应,提高休闲农业的区域产业竞争力。

七 体验经济理论

(一) 理论内涵

体验经济理论是1999年4月由美国学者约瑟夫·派恩(B. Joseph Pine II)和詹姆斯·吉尔摩(James H. Gilmore)合著的《体验经济》一书中首次提出的。该理论认为,体验经济是指有意识地以商品为载体,以服务为手段,使消费者融入活动之中,是一种生产与消费合一的经营活动,不仅仅为顾客提供商品和服务,而且还提供一种充满感性力量的、身在其中的体验,给顾客一种高度满足的自我实现感,并留下难忘的愉悦记忆。体验可以分为娱乐性体验、教育性体验、逃避现实性体验和审美性体验四种范围,如果说宾客参与教育性体验是想学习,参与逃避现实性体验是想远离和投入,参与娱乐性体验是想寻求愉悦感受,那参与审美性体验就可以说是体会其身临其境之感了。[①] 体验经济是继产品经济、商品经济

---

① [美] B. 约瑟夫·派恩、詹姆斯·吉尔摩:《体验经济》,机械工业出版社2012年版,第41页。

和服务经济之后更高更新的经济形态，产品经济—商品经济—服务经济—体验经济不仅是经济发展的进化过程，也是价值递进的过程。在农业产品经济时代，以农业种养生产产品满足社会的消费需要，产品附加价值有限；在工业商品经济时代，以经过加工的产品提供消费，产品的差异性日渐扩大，逐渐影响价格，附加值升高；在服务经济时代，最终产品加上相关服务，由于服务的差别性大，产品的附加值更大；在体验经济时代，除了提供优质的最终产品和相关服务外，还要为消费者设计、布置一个舒适高雅的消费环境和体验过程，而体验产品的差别和对价格形成的影响作用巨大，因此产品附加值最高[①]。

（二）体验经济理论对休闲农业的启示

如果说过去5—10年是观光型休闲农业的天下，那未来5—10年则以体验性休闲农业为主流。休闲农业园区优美的自然环境、农业生产过程的每一个环节、体现农民生活方式的衣食住行、丰富多彩的农耕文化、民风民俗、民间工艺等，都可为消费者搭建广阔的体验舞台。所以说，休闲农业本身就是非常典型的体验经济产业，体验经济理论对休闲农业的园区规划、活动设计、产品开发与市场营销等方面都具有重要的指导作用。在园区规划上，要着力营造最能勾起消费者某种特定感受和生活回忆的情境，激发其快速融入并发自内心的喜欢；活动设计方面，在针对每一个消费者的个性化需求精心准备的同时，还要照顾到一起出游的所有团体成员的多元化需求，提供娱乐性的、教育性的、逃避现实的以及审美的各种各样的体验活动和环节供消费者选择，并随时随地提供贴心的服务；在产品开发与市场营销方面，产品中可加入较多的能引发消费者在感觉上共鸣的元素，将产品融入带有体验性的品牌之中，强调消费者购买、使用或占有该产品时的良好体验，提供更多的既能刺激感觉，又能延长美好回忆的道具，如消费者亲身参与制作过程的纪念品、亲手采摘的果蔬等。还可以组织产品乐园，不仅集中展示所有产品，而且可看、可摸、可吃、可玩，还可以当作玩具，或摆出各种不同的造型，增加人们对产品的了解和感受的乐趣，加深印象，从而促进销售。

综上所述，由于休闲农业的产业关联性极强，其发展不仅需要从上述钻石理论、农业多功能性理论、休闲经济理论、协同理论、生态补偿理

---

① 卢云亭、刘军萍：《观光农业》，北京出版社1995年版，第7页。

论、产业集群理论和体验经济理论中汲取理论精华，还需要从可持续发展理论、需要层次理论、消费行为学理论、环城游憩带理论、农业区位理论、增长极理论等更为宽泛的理论中进行学习和借鉴，结合休闲农业发展实际，共同指导休闲农业的健康发展。

本章小结

首先，对休闲农业、产业竞争力和休闲农业产业竞争力的相关概念进行了界定。第一，休闲农业是立足"三农"，以农村生态环境、农业生产过程、农家生活方式以及农耕民俗文化为资源，以满足城镇居民休闲娱乐、观光度假、农事体验、康体怡情等多元需求为目的，贯穿一、二、三产的新型农业产业形态。在休闲农业的发展过程中，出现了一些与之相近的概念，如观光农业、农业旅游、乡村旅游、都市农业，对此分别进行了比较辨析。此外，还阐述了休闲农业的基本内容，主要包括休闲农业的特性、功能、发展阶段、发展模式、发展原则等。第二，产业竞争力是一个相对的概念，是指特定区域范围内的特定产业所具有的更高生产力、市场力、吸引力和同业竞争力。第三，本书所研究的休闲农业产业竞争力是指我国京津冀区域范围内河北省的休闲农业产业所具有的生产力、市场力、融合力和同业竞争力，主要是相对于同一区域的京津休闲农业产业竞争力而言。其次，重点探讨了钻石理论、农业多功能性理论、休闲经济理论、协同理论、生态补偿理论、产业集群理论以及体验经济理论的内涵及其对休闲农业的启示。

第三章 河北省休闲农业的发展现状

如前章所述,休闲农业是立足"三农",以农村生态环境、农业生产过程、农民生活方式以及农耕民俗文化为资源,以满足城镇居民观光娱乐、休闲度假、农事体验、康体怡情等多元需求为目的,贯穿一、二、三产的新型农业产业形态。休闲农业具有自然性、乡土性、休闲性、体验性、产业性、文化性和多功能性等特点,具备生产供给、生态环保、休闲旅游、教育认知、文化传承、康体怡情、就业创收和城乡沟通八大功能,在我国大致经历了萌芽催生期(1980—1990年)、初步发展期(1990—2000年)、快速发展期(2000—2010年)和规范发展期(2010年以后)四个发展阶段,在以农为本、促进增收,多方融合、相互促进,因地制宜、特色发展,政府引导、多方参与,保护环境、持续发展的基本原则指导下,创造了五种不同划分标准下的20多种发展模式,呈现出一片勃勃生机,被2016年中央一号文件确立为繁荣农村、富裕农民的新兴支柱产业。河北省作为传统农业大省和新兴旅游大省,具有发展休闲农业的产业基础,加之产业结构由"重"到"绿"的调整,以及京津冀协同发展对河北省"京津冀生态环境支撑区"的明确定位,使得休闲农业得到了省政府前所未有的重视。继2015年被首次写进河北省委一号文件之后,2016年再次被浓墨重彩地写进了河北省委一号文件,并制定了《河北省休闲农业"十三五"发展规划》加以规范引导,可见其分量之重。本章将从发展阶段、发展模式、发展概况、存在的问题及其成因等方面对河北省休闲农业的发展现状进行宏观分析。

第一节 河北省休闲农业的发展阶段

一 农家乐萌芽起步阶段

20世纪80年代末至90年代中后期,以仅提供简单食宿服务的农家乐为萌芽起步标志。由最初的游客自己寻找农家解决食宿问题，逐步转变为少数商业意识敏感的农民发现了游客的需求，利用自家闲置不用的房屋为零零散散的游客提供较为简单的食宿服务。这一阶段的特点是需求较小，游客的数量还不成规模，农家乐的数量也非常少，政府并未介入，处于自发发展的阶段。

二 乡村旅游初步发展阶段

20世纪90年代末至2005年，以在农家乐基础上发展起来的乡村旅游为标志。与萌芽起步阶段相比，需求开始升温，随着游客数量的逐渐增多，农家乐的数量也随之增加，食宿的硬件设施有所改善，但总体上仍处于游客自己驱车找美景，自己找地解决食宿问题，经营农家乐的农民根据游客需求提供食宿等服务的初步发展阶段。其中做得最为成功、影响力最大的当数在2000年6月18日正式被批准为生态休闲景点并对外开放的秦皇岛市北戴河集发农业观光园。这一时期，河北省政府仅从旅游的角度配合国家旅游局掀起的"乡村旅游"主题年活动，并未真正引起足够的重视，也未通过政策手段加以引导，决定了这一阶段的特点是仅有需求拉动，未见政府推动的"独轮车"时代。

三 乡村旅游与观光农业快速发展阶段

2006—2010年，乡村旅游快速发展的同时，观光农业也逐步兴起。在国家旅游局陆续推出1998年"华夏城乡游"、1999年"中国生态游"和2006年"中国乡村旅游"三个乡村游主题年活动之后，全国的乡村旅游一片热火朝天。河北省的乡村旅游在省旅游局的相关政策指导之下，也进入了快速发展阶段。2006年河北省旅游局成立乡村旅游工作领导小组，并在全国率先出台《乡村旅游服务标准》，2007年又出台了《关于加快乡村旅游发展的实施意见》，对河北省乡村旅游的快速发展是一个巨大的推动。与此同时，伴随着乡村旅游的快速发展，观光农业悄然兴起，走进乡村的城市游客不再满足于仅仅是住住农家院、吃吃农家饭的简单需求，开始对农业景观、田园风光、参与农业劳动等兴趣渐浓，刺激了那些初具一定规模的农业生产基地、果农、菜农满足游客赏花游览和果蔬采摘等新需求的供给动机，开创了乡村旅游与观光农业快速发展的新阶段。这一阶段出现了赵县梨花节、顺平桃花节、栾城草莓采摘节、乐亭赵蔡庄生态旅游家园、迁安瑞阳生态农业大观园、迁西喜峰口板栗专业合作社、遵化尚禾源、承德偏桥子镇等典型代表。需求的强势拉动，省政府的积极推动，结束了独轮车时代，拥有了"双驱"动力，乡村旅游与观光农业得以快速发展。

四 休闲农业规范提升阶段

从 2011 年开始，河北省休闲农业从观光农业初级阶段迈入了观光娱乐、休闲度假并重的更高阶段。在"有钱有闲有车有兴趣"的强大市场需求拉动和省政府态度更加鲜明、政策更加有力的推动下，河北省的休闲农业迎来了规范提升阶段。2011 年 5 月 17 日，由河北省旅游局、河北省农业厅联合发布的《关于召开全省休闲农业与乡村旅游工作会议的通知》，代表着"休闲农业"一词在河北省政府文件中的第一次正式出现；2014 年省农业厅和省旅游局共同启动了对省级休闲农业与乡村旅游示范县、示范点的评选工作；2015 年河北省委一号文件明确要"发挥毗邻京津的区位优势和资源优势，积极拓展农业多种功能。大力发展休闲旅游农业，着力培育一批主题鲜明、特色突出的休闲农业示范村和示范片"；2015 年 7 月 15 日《关于加快发展休闲农业的意见》的出台以及《河北省休闲农业发展"十三五"规划》的编制，都标志着河北省政府对休闲农业的高度重视和规范化管理的不断强化。2016 年河北省委一号文件更加明确地提出要大力发展休闲农业，并且明确了产业融合的发展方向和具体目标。在这些政策和文件的指导下，河北省培育了一批国家级和省级休闲农业示范县和示范点、休闲农业星级园区，成为河北省休闲农业的典范和中坚力量，休闲农业迈入了质量双升与区域融合发展的规范提升阶段，发展势头迅猛强劲。

第二节 河北省休闲农业的发展模式

河北省在发展休闲农业的过程中，各地市根据所处地理位置和资源禀赋，形成了农业科教观光园、城市郊区型、景区带动型、特色资源带动型、生态文明村、农业产业基地型和特色小镇等几种较有代表性的发展模式。

一 农业科教观光园模式

主要分布在城市区划的边缘地带,借助省、市农业及相关科研院所的研发力量,对现代农业的先进科研成果与优质产品进行展示而形成的以农业科技与教育为主题的发展模式。如秦皇岛集发生态农业观光园起步于1994年,是河北省最早的农业高科技示范园,种植着来自世界各地的上千种奇花异果,2010年被评为国家级休闲农业与乡村旅游示范点。石家庄市神农庄园位于石家庄与正定交界处的太平河畔,以石家庄市农科院的农业科技试验田为依托,以向市民展示和宣传其科研成果的高科技温室为平台,在此基础上还提供餐饮服务,成为市民周末休闲和了解认知农业的一个好去处。廊坊金丰农科园是定位于向青少年进行农业科普知识展览、教育、体验为主题的科教观光园。保定昌利农业科技园区作为省级高科技园区,是集农业观光旅游和特色农业、新技术推广为一体的农业科技示范基地,2012年被评为国家级休闲农业与乡村旅游示范点。唐山尚禾源农业科技园是以特种蔬菜、食用菌、花卉栽培等绿色功能型农产品的精深加工、农业科技产品的研发、科技成果孵化、科技培训、科普教育、生态观光休闲旅游为一体的生态农业科技示范园,是河北省农业产业化重点龙头企业、省农业旅游示范点、唐山市科学技术普及基地。2012年,伴随着中国唐山航天育种产业化示范基地的揭牌,唐山尚禾源农业科技园又成了航天育种产业化示范基地。此外,张北县的生态人农业科技园区和佳圣现代农业科技园也都属于农业科教观光园模式,分别于2012年和2013年被评为国家级休闲农业与乡村旅游示范点。

二 城市郊区模式

主要分布在大中城市郊区,包括近郊和远郊。一般以某一个城市为核心,呈辐射状环绕在城市周边,是近年来受到广大市民追捧的一种模式。因其距离城市较近,同时又能感受到与城市完全不同的农味土趣,非常适合市民利用周末或短假进行自驾游、骑行游。仅石家庄市周边近几年就有石家庄(藁城)现代农业观光园、石家庄华澳现代农业示范园、农耕时代、紫藤葡萄庄园、西部长青等如雨后春笋般发展起来。其他城市周边也都出现了一些典型代表,如廊坊市的绿野仙庄、宣化县假日绿岛生态农业文化旅游观光园、沧州力源生态农业园等,都是位于所属核心城市郊区,借助于便捷的交通和丰富的项目，成为深受当地市民欢迎的农业休闲旅游场所。

三 景区带动模式

主要是依托已有一定知名度和影响力的景区，在其周边区域或主要旅游线路上发展起来的休闲农业模式。如承德雾灵山乡眼石村凭借其位于京西明珠——雾灵山生态旅游区南大门以及距离兴隆溶洞6公里的优越地理位置，全村146户中有93户在女村主任张春荣的带动下都发展起了休闲农业与乡村旅游，全村所有的农家乐统一标识，统一定价，依托优美的自然环境、舒适的农家小院、可口的农家饭菜赢得了良好口碑，可以说实现了与周边景区的共荣共进，2014年被评为省级休闲农业与乡村旅游示范点。唐山迁安市白羊峪休闲农业与乡村旅游区凭借白羊峪长城等旅游景点，在景区周边发展休闲农业与乡村旅游，成为京津唐承秦及周边地区3A级的休闲农业与乡村旅游目的地，并于2012年被评为国家级休闲农业与乡村旅游示范点。平山县沕沕水生态观光园在沕沕水景区的旁边打造农业观光、采摘体验为主题的生态农业园区，2014年被评为省级休闲农业与乡村旅游示范点。此外，野三坡等热门景点也带动周边的休闲农业红火起来。

四 特色资源带动模式

主要是借助当地特有的资源而发展起来的休闲农业模式。因其特色鲜明，主业突出而深受欢迎。如承德市尚亚葡萄产业示范园、邯郸永年县文兰种养有限公司、渔夫水寨休闲农业观光园、迁西县喜峰口板栗专业合作社观光园、临城县尚水渔庄、秦皇岛抚宁县仁轩酒庄、顺平县桃花节、赵县梨花节、怀来县葡萄酒节等，都是利用当地在农林牧渔等方面所拥有的特色资源基础上发展起来的休闲农业模式。此外，河北省还充分发挥其拥有丰富的红色旅游资源的优势，结合休闲农业与乡村旅游的兴起，大力发展"红色旅游+绿色旅游"，效果显著。如西柏坡"红色西柏坡+绿色太行山"的新定位，就是在西柏坡传统红色教育基地的基础上，与太行山的生态资源以及乡村旅游相结合的创新之举。保定易县狼牙山、邢台市前南峪村等，以红色历史文化为依托，融合绿色生态环境，大力发展休闲农业与乡村旅游，也在"红色+绿色"旅游方面取得了良好的效果。

五 生态文明村模式

是在美丽乡村建设过程中,把村庄的生态文明与"三农"资源相结合而形成的休闲农业模式。如武安市白沙村是全国文明村和河北名村,村集体成立旅游有限公司,充分利用鱼塘、土地、山场等资源,开展休闲农业与乡村旅游项目,带动本村及周边村民走向共同富裕的道路,2014年被评为国家级休闲农业与乡村旅游示范点。晋州市周家庄乡是全国文明村镇,自1952年开始走合作化道路一直未变,这在全国是唯一。由于坚持大集体经营,各类农业种植都是百亩成方,千亩成片,借助独特体制和现有资源优势,打造了周家庄乡特色旅游,被河北省旅游局确定为首批"省级农业旅游示范点"。滦平县周台子村隶属于滦平县张百湾镇,西距县城29公里,东距承德市40公里,全村510多户,2000多口人。曾先后获得"全国先进基层党组织""全国创建文明村镇工作先进单位""全国文明村镇"等荣誉称号,被誉为"承德第一村",通过把生态文明村的建设与休闲农业的紧密结合,创造了塞北贫困山区建设的奇迹,周台子现代农业休闲园区2010年就被评为国家级休闲农业与乡村旅游示范点。

六 农业产业基地模式

在原有农业产业基地的基础上,通过发挥农业的多功能性特点,适应和满足城市居民对农产品安全、绿色田园、娱乐休闲等方面的需求而发展起来的休闲农业模式。沧州市青县司马庄无公害蔬菜生产基地是国家级无公害高科技示范园区,蔬菜产量位列全省第三,主要生产特色有机蔬菜,在无公害蔬菜生产基地的基础上,不断拓展农业休闲项目,于2011年被评为2A级旅游景区,2014年被评为河北省休闲农业与乡村旅游示范点。由新奥集团投资建立的永清县新苑阳光农产品产业园,在2012年基地建立之时,就有预见性地树立了"互联网+农业"的现代农业发展理念,采用了施肥、灌溉、温控、水控等国内外最先进的技术,建立了产品生产的全程自动化控制、App可视化与产品溯源信息管理系统,在此基础上,充分发挥距离廊坊市和北京市距离近的优越位置,不断挖掘农业观光娱乐、休闲度假、农事体验等方面的附加价值,成为目前省内实力雄厚、理念超前、技术先进、发展较快、潜力无穷的农业产业基地和休闲农业园区。此外,部分发展壮大起来的农民专业合作社也逐渐加入此种模式当中,力求获取更多的经济回报。

七 特色小镇模式

是适应美丽乡村建设与城乡统筹协调发展的新要求而出现的一种新模式，由几个自然村相结合，共同打造一个产业，突出一个特色，形成小而美、专而强、新而活的特色小镇。邯郸市的馆陶特色小镇首创我省"美丽乡村+文化旅游"的生动样板。馆陶县地处冀鲁豫三省交界地带，作为省级贫困县和黑龙港流域的平原农业县，在推进美丽乡村建设中，从当地的实际情况出发，尊重民意、留住乡愁，突出特色、做强产业，走出了一条美丽乡村与文化旅游相结合的新路子。2015年国庆长假期间，馆陶县打造的寿东村粮画小镇、翟庄村黄瓜小镇、王桃园村教育小镇、李沿村羊洋花木小镇、郭辛庄杂粮小镇等对外开放，7天游客突破15万人次，旅游综合收入突破1000万元。2016年春节期间，组织开展了"美丽乡村过大年"活动，初一至初六的6天时间里，5个小镇累计接待全国各地游客33万人次，游客在充满诗情画意的魅力小镇中，寻找小时候的年味，品味记忆中的乡愁，场景异常火爆。馆陶特色小镇的"特色"主要体现在四个方面：一是尊重历史、传承文化，充分搜集、挖掘和利用当地的故事、传说、名人轶事等，突出人文特色；二是通过引入产业、挖掘产业、整合产业和做强产业，突出产业特色；三是注重对乡村旅游资源的挖掘、保护、开发和创意，彰显乡村特有的恬静优雅之美，突出旅游特色；四是坚持走绿色生态的美丽乡村建设之路，把美丽乡村的核心卖点落在"美"上，突出环境特色。馆陶的经验可概括为"四重"：一重设计，因地制宜出特色；二重建设，因势利导巧投入；三重效果，因陋就简锁乡愁；四重协同，因人成事聚合力。馆陶特色小镇的成功得益于将农村生态资源、农业生产资源、农民生活资源和农耕民俗文化资源的整合盘活，在优势产业的基础上打造独一无二的小镇特色，形成了自己的核心竞争优势，也开创了河北省休闲农业与美丽乡村建设相辅相成的一个新模式。

第三节 河北省休闲农业发展概况

要全面了解河北省休闲农业的发展概况，需从整体和各地市两个层面进行全面的分析。综合来看，全省整体发展得如火如荼，但各地市参差不齐，并不均衡。

一　河北省休闲农业整体发展概况

从全省层面来看，近几年尤其是自2011年进入规范提升阶段以来，河北省休闲农业发展得如火如荼，取得的成绩有目共睹。

（一）扩张快速，"点面"开花

首先，从休闲农业"覆盖面"的扩张来看。通过对2013年年底和2014年年底河北省休闲农业与乡村旅游发展成果的比较，就可一目了然。截至2013年年底和2014年年底，河北省开展休闲农业和乡村旅游的乡镇分别约有300个和634个，村落分别有1400多个和1652个，企业（点）的总数分别为2200多个和5483个，2014年比2013年在乡镇、村和企业（点）的数量方面分别增加了334个、3283个和252个，"覆盖面"的扩展速度用井喷之势来形容毫不为过。其次，从休闲农业"典型点"的扩张来看。2010年以来，国家和河北省分别开展了多项评优活动，河北省多家休闲农业园区亦是榜上有名。其一，2010—2015年期间，由国家旅游局和农业部共同组织的"全国休闲农业示范县和示范点"评选活动中，全国共有254个县和636个示范点当选，河北省累计有10个县和21个示范点上榜；2014—2015年由省农业厅和旅游局共同启动的河北省休闲农业与乡村旅游示范县和示范点评选工作中，共评选出省级示范县13个，省级示范点18家。其二，由中国旅游协会休闲农业与乡村旅游分会组织的"全国十佳休闲农庄"评选活动中，2012—2015年期间，全国共有40个农庄当选，我省的秦皇岛北戴河集发生态农业观光园名列其中；2015年河北省农业厅也启动了"河北省十佳现代休闲农业园"的推介工作，迁西县京东板栗大观园、秦皇岛北戴河集发生态农业观光园、青县司马庄蔬菜产业园、宣化县假日绿岛生态农业文化旅游观光园、张北佳圣农业科技园、定州市黄家葡萄酒庄、中粮长城桑干葡萄文化主题公园、廊坊市固安农博园、保定昌利农业旅游示范园、平山县东方巨龟苑十个单位当选。其三，2014—2015年分别由中国旅游协会休闲农业与乡村旅游分会和河北省农业生态环境与休闲农业协会组织的国家级和省级休闲农业星级企业的评比活动中，河北省也取得了可喜的成绩。有31家企业获得国家级休闲农业星级企业的荣誉，其中五星级2家，四星级24家，三星级5家；还有113家企业被评为省级星级休闲农业企业，其中五星级31家，四星级 61 家,三星级 21 家。而且与 2014 年相比,2015 年四星级企业的数量增长迅速,三星级企业的数量则大幅减少,说明休闲农业整体产业水平的快速提升。其四,2013—2015 年期间,河北省共有 7 个村庄获得由农业部评选的"中国最美乡村"称号,包括围场草原、围场花卉、顺平桃花、赵县梨花、围场梯田、易县牡丹花、围场马铃薯花在内的 7 个农事景观被评为"中国最美田园"。以上这些数字有力地证明了近几年河北省休闲农业产业发展点面同时开花的快速扩张状态。

(二) 效益共生,初步显现

河北省休闲农业产业规模的快速扩张,逐步形成了经济、社会、生态环境以及文化效益的共生机制,综合效益初步显现。首先,经济效益方面。2013 年全省休闲农业与乡村旅游收入达 65 亿元,分别占全省旅游接待和收入总量的 36% 和 11.7%;休闲农业带动就业人数达 26 万人,占全省旅游就业人数的 13%。据全省 71 个休闲农业与乡村旅游示范点统计,农民人均纯收入达到 7000 元,是全省平均水平的 1.8 倍。[1] 2014 年全省休闲农业园区(农庄)规模达到 881 个,年接待游客总数就超过 2968.4 万人次,年收入达 44 亿元,带动农民增收 22 亿元[2],农民就业人数 22.7 万人,从业农民人均增收 9011 元。其中年接待 10 万人次以上的达 59 家,年接待 50 万人次以上的 15 家,年接待 100 万人次以上的有 7 家。预计到 2017 年,全省休闲农业接待量将增加到 1 亿人次,年收入增加到 200 亿元,经济效益将得到更大规模的释放。其次,社会效益方面。广大城镇居民有了释怀农本情结、排遣乡愁、体验农事、舒压怡情的好去所,满足了诸多需求,提升了幸福指数;农民作为休闲农业的参与主体实现了守土守家,就业增收的愿望,有利于目前农村普遍存在的背井离乡、留守儿童、孤寡老人、婚姻不稳等一系列社会问题的缓解,为人气大减的农村带来了新的生机与活力;与此同时,农民在从事这一新型农业产业生产活动过程中,开阔了眼界,学到了知识,提升了素质,成为有技能、有尊严的新型职业农民,有利于农业的转型升级和农村的繁荣稳定。再次,生态环境效益方面。通过发展休闲农业,不仅从外在形式上促进了农村基础设施、村

---

[1] 《农业部通知印发全国休闲农业发展"十二五"》,2011 年 8 月 24 日,中央政府门户网站(http://www.gov.cn)。

[2] 《中国休闲农业年鉴 2015》,中国农业出版社 2015 年版,第 15 页。

容村貌、农业景观的美化改善，而且更重要的是把生态文明和绿色环保的理念深植人心，渗透到休闲农业的每一个环节，让城乡的广大民众普遍意识到了保护生态环境的重要意义和不可估量的潜在价值，作用深远。最后，文化效益方面。休闲农业对农耕文化、民风民俗的挖掘、传承与弘扬，不仅丰富了人们的精神文化生活，而且是对中华民族优秀文化之源和宝贵财富最好的保护，其所创造的文化效益可谓利在当下，功在千秋。可见，河北省的休闲农业产业已经初步形成了经济、社会、生态、文化四大效益的共生机制，而且综合效益的发挥正在由初步显现走向加剧释放的过程。

(三) 差距仍在，潜力巨大

首先，从国家级休闲农业示范点和示范县的情况看（见表3-1）。站在全国的角度，2010—2015年全国共评选出国家级休闲农业示范点636个，河北有21个，占比为3.3%；2010—2016年328个国家级休闲农业示范县中河北有14个，占比为4.3%；与浙江、江苏、四川、湖南、福建等先进省市相比，不管是数量，还是质量，都存有较大的差距。站在京津冀区域的角度，2010—2015年期间，三地共有62个国家级休闲农业示范点，京津冀的个数分别为21个、20个和21个。2011—2016年期间，三地共有25个国家级休闲农业示范县，京津冀分别有7个、4个和14个。从数量来看，河北还是占据一定优势的，也为京津冀休闲农业在今后的竞合与协同发展打下了基础。其次，从全国休闲农业与乡村旅游星级示范创建企业（园区）的评选结果来看，2011—2016年全国共评出国家级星级企业1451个，其中五星级275个、四星级694个、三星级482个。河北省共有94个星级企业，其中五星级8个、四星级59个、三星级27个，分别占全国的6.5%、2.9%、9.9%和5.6%，枣核型的分布形态说明中坚力量的雄厚，预示着河北省休闲农业的发展后劲十足。与京津相比，从总数来看，京津冀分别有64家、30家和94家星级企业，河北的数量与京津之和持平，占有竞争优势。其中，京津冀分别有五星级企业23家、13家、8家，各占其总数的35.9%、43.3%、8.5%；四星级企业26家、13家、59家，各占其总数的40.6%、43.3%、62.8%；三星级企业15家、4家、27家，各占其总数的23.4%、13.3%、28.7%。比较可见，京津冀星级企业的分布都呈现中间大、两头小的态势。但不同的是，京津的五星级企业占比分别超过三星级企业12.5个和30个百分点，而河北省五星级企业的占比却低于三星级企业 20.2 个百分点。这些数据揭示出河北省休闲农业企业与全国先进省市以及京津相比，在发展层次和整体水平方面存在较大差距，同时也说明其具有不可估量的巨大发展潜力。

表 3-1　全国及京津冀国家级休闲农业示范点、示范县和星级企业的个数　单位：个

指标内容	全国	北京	天津	河北
国家级休闲农业示范点（2010—2015）	536	21	20	21
国家级休闲农业示范县（2010—2016）	328	7	4	14
国家级休闲农业星级企业（2011—2016）	1451	64	30	94
国家级休闲农业五星级企业（2011—2016）	275	23	13	8
国家级休闲农业四星级企业（2011—2016）	694	26	13	59
国家级休闲农业三星级企业（2011—2016）	482	15	4	27

资料来源：本研究整理。

总之，河北省休闲农业虽然发展迅猛，效益共生作用日益明显，但距离休闲农业强省还有一定差距，仍存在诸多问题，也说明其仍有很大的提升空间，潜力巨大。

二　河北省各地市休闲农业发展情况

从河北省各地市的休闲农业发展情况来看，发展水平参差不齐，并不均衡。本书通过对河北省各地市（11 个地级市和辛集、定州 2 个省直管市）所拥有的国家级和省级休闲农业示范点、示范县、国家级星级企业和省级星级企业的数量进行汇总的基础上（截至 2015 年年底），对 13 个地市的发展情况进行了比较分析（见表 3-2）。

表 3-2　　河北省各地市休闲农业发展情况汇总　　单位：个

序号	所属地市	国家级示范点	省级示范点	国家级示范县	省级示范县	国家级星级企业 五星	国家级星级企业 四星	国家级星级企业 三星	省级星级企业 五星	省级星级企业 四星	省级星级企业 三星	合计
1	唐山市	4	1	3	1	1	3	2	6	6	0	27
2	承德市	2	1	4	3	0	2	0	6	7	0	25
3	石家庄市	0	2	1	3	0	4	0	1	10	4	25
4	廊坊市	1	2	0	0	0	4	0	5	8	2	22
5	邯郸市	3	2	1	1	0	1	1	1	7	4	21
6	保定市	3	1	0	1	0	4	0	4	5	2	20

续表

序号	所属地市	国家级示范点	省级示范点	国家级示范县	省级示范县	国家级星级企业 五星	国家级星级企业 四星	国家级星级企业 三星	省级星级企业 五星	省级星级企业 四星	省级星级企业 三星	合计
7	邢台市	2	1	1	1	0	2	1	4	4	3	19
8	张家口市	3	2	0	2	0	1	0	2	5	0	15
9	沧州市	0	3	0	0	0	1	0	1	4	2	11
10	衡水市	0	0	0	0	0	1	0	0	3	4	8
11	秦皇岛市	3	2	0	1	0	1	0	0	0	0	7
12	定州市	0	0	0	0	1	0	1	1	2	0	5
13	辛集市	0	1	0	0	0	0	0	0	0	0	1

资料来源：本研究整理。

（1）根据各地市拥有的评优结果总数来看（见图3-1），大致可分为四个梯队。唐山市以27个高居榜首，紧随其后的是承德市和石家庄市，可归为第一梯队；廊坊市、邯郸市、保定市和邢台市非常接近，可归为第二梯队；张家口市、沧州市、衡水市和秦皇岛市之间差距相对较大，可归为第三梯队；定州市和辛集市作为省直管市，有其特殊性，可归为第四梯队。

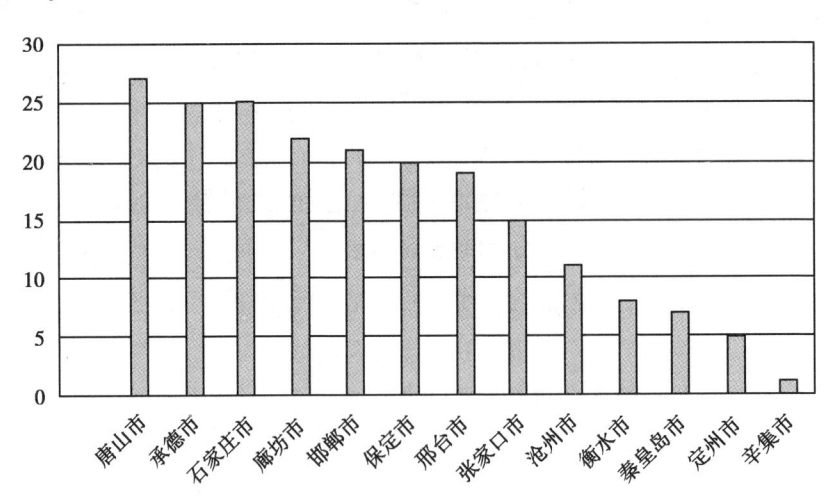

图3-1 河北省各地市休闲农业评优总数分布

（2）根据各地市所拥有的国家级和省级两个层级的休闲农业示范点数量来看（见图3-2）。

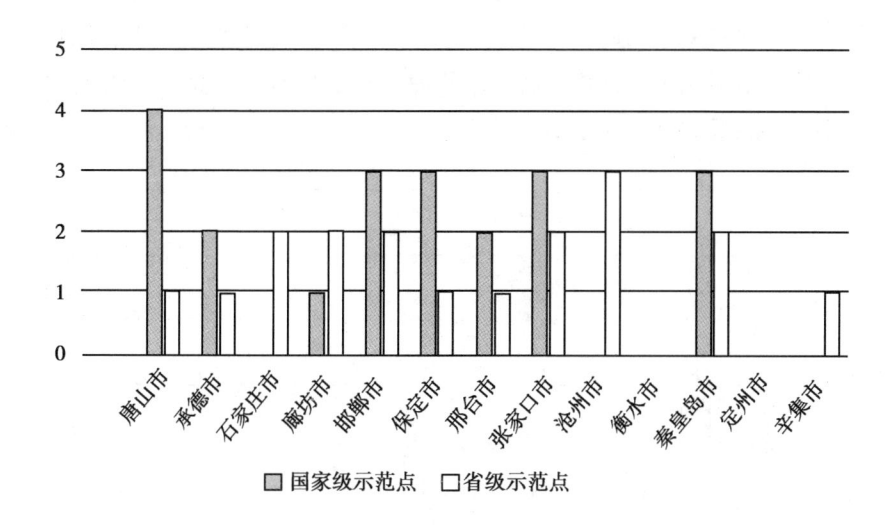

图 3-2 河北省各地市休闲农业示范点分布

首先，国家级示范点共有 21 个，其中唐山市 4 个，位列第一；邯郸市、保定市、张家口市、秦皇岛市各有 3 个，居第二；邢台市 2 个，廊坊市 1 个，其余 6 地市为 0 个。张家口市和秦皇岛市虽然总数位于第三和第四梯队，但国家级休闲农业示范点的数量与排名第一的唐山市仅有 1 个之差，说明数量虽不占优势，但质量很高。而总数排在第一梯队第三位的石家庄市，却没有一个国家级休闲农业示范点，说明虽然评优总数不少，但缺乏精品。其次，省级示范点共有 18 个，沧州市以 3 个的成绩位居第一；石家庄市、廊坊市、邯郸市、张家口市、秦皇岛市都是 2 个，居第二；唐山市、承德市、保定市、邢台市、辛集市各有 1 个，只有衡水市和定州市为 0 个。沧州市异军突起，拥有省级休闲农业示范点的数量最多，但其评优总数只有 11 个，处于第三梯队，说明沧州市休闲农业在"点"上的成绩突出，"面"上还需继续下功夫，才能从整体上得到提升。

(3) 根据河北省各地市所拥有的国家级和省级休闲农业示范县的个数来看（见图 3-3）。首先，河北省共有国家级休闲农业示范县 10 个，其中，承德市拥有 4 个，唐山市 3 个，石家庄市、邯郸市和邢台市各 1 个，其余 8 地市均为 0 个。地域方面主要集中在河北省的东北部和中南部，分布极不均匀，揭示出各地市之间的差距之大。其次，省级休闲农业示范县共有 13 个，如果去除被推选为国家级休闲农业示范县的承德市的双滦区和双桥区、石家庄市的元氏县、唐山市的丰南区以及邢台市的临城县之后，还剩 8 个省级休闲农业示范县，其中，石家庄市和张家口市各有 2 个，承德市、邯郸市、保定市、秦皇岛市各有 1 个，其余七个地市为 0 个，分布也是比较集中的。

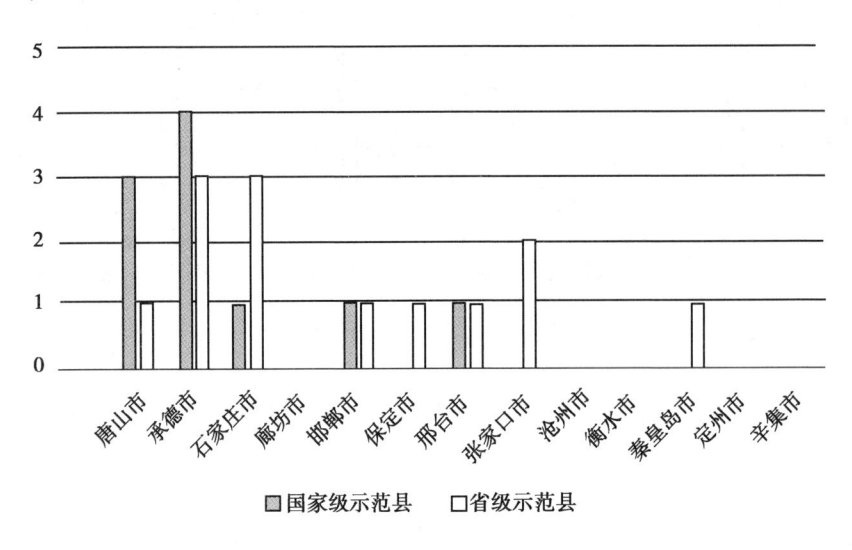

图 3-3　河北省各地市休闲农业示范县分布

（4）从河北省各地市所拥有的休闲农业国家级星级企业的情况来看（见图 3-4）。河北省共有 31 个国家级星级企业，其中五星级企业 2 个，四星级企业 24 个，三星级企业 5 个，呈枣核形分布。唐山市和定州市各有 1 个五星级企业；石家庄市、廊坊市和保定市各有 4 个四星级企业，唐山市 3 个、承德市和邢台市各 2 个，除定州市和辛集市为 0 个之外，其余五市均为 1 个；三星级企业只有 5 个，分属于唐山市 2 个，邯郸市、邢台市、定州市各 1 个，其余 9 地市为 0 个。综合而言，唐山市是当之无愧的第一，不仅总数最多，而且五星级、四星级、三星级的梯队结构合理；石家庄市、廊坊市、保定市实力相当，位列第二；定州、邢台、承德、邯郸四地市位列第三，各有千秋；其余五个地市位列第四。

（5）从河北省各地市所拥有的休闲农业省级星级企业的情况来看（见图 3-5）。河北省共有 113 个省级星级企业，其中五星级企业 31 个，四星级企业 61 个，三星级企业 21 个。如果对各地市所拥有的五星级、四星级和三星企业的综合实力进行排序的话，承德市、唐山市位列第一，廊坊市、保定市、邢台市位列第二，石家庄市、邯郸市、张家口市位列第

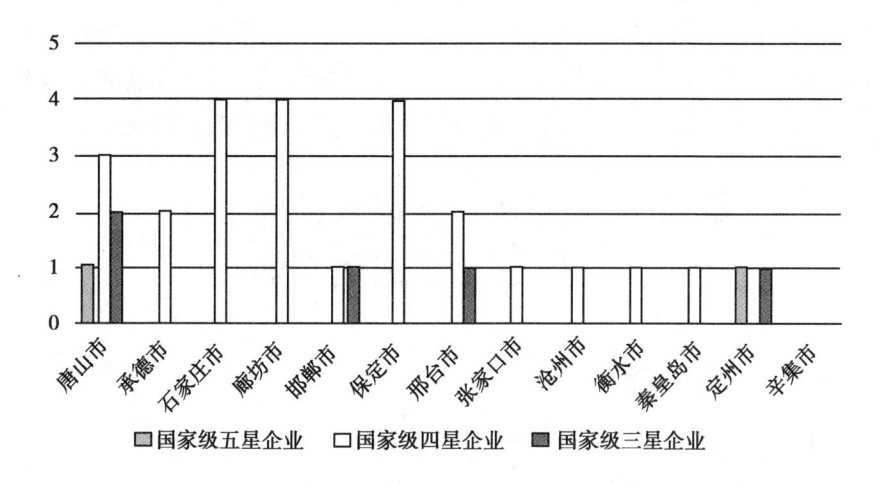

图 3-4 河北省各地市休闲农业国家级星级企业分布

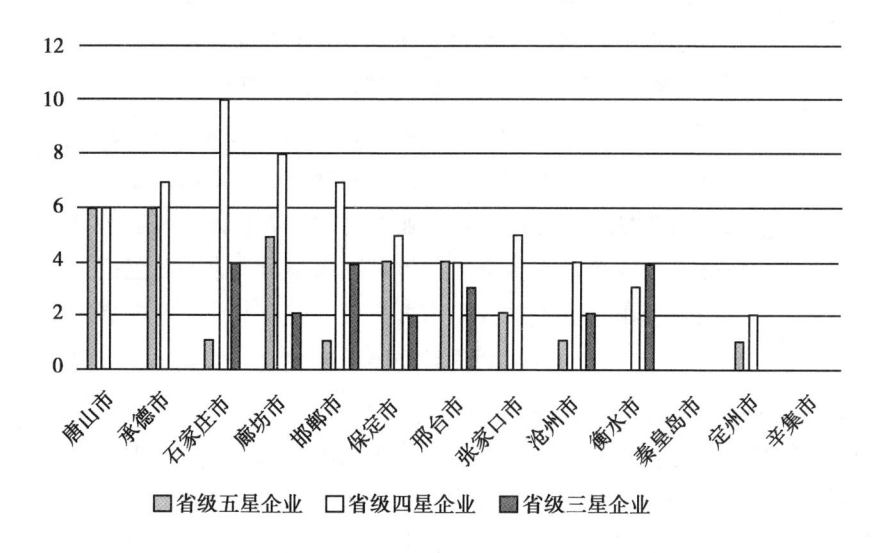

图 3-5 河北省各地市休闲农业省级星级企业分布

三,沧州市、定州市、衡水市位列第四,秦皇岛市和辛集市位列第五。

综合上述五个方面的数据比较,河北省各地市休闲农业的发展程度有高有低,水平亦是参差不齐。如果仅以评优总数、示范点、示范县、国家级和省级星级企业这五个指标作为评价标准,对河北省 13 个地市进行综合实力大排队的话,唐山和承德两市是当之无愧的第一梯队,邯郸、保定、石家庄、邢台、廊坊、张家口、秦皇岛七个市组成了各有优劣的第二梯队，定州、沧州、衡水和辛集四市属于相对较弱的第三梯队。当然，客观的评价不应仅以这几个指标为据，还应参照其综合效益、发展潜力等方面的因素全面研判，这也是本书的不足之处以及今后应改进的地方。

第四节 河北省休闲农业存在的问题及其成因分析

一 存在的问题

从上述发展阶段、发展模式以及全省及各地市发展概况的分析可知，自2011年河北省休闲农业迈入规范提升阶段之后，发展速度很快，摸索出了适合当地资源条件的发展模式，取得了可喜的阶段性成果，同时也暴露出了一些不容忽视的问题，主要表现在以下三个方面。

（一）政府总体发展规划与产业自发发展的不协调问题

河北省休闲农业的产业素质整体偏低，自发发展行为严重[1]，存在着政府总体发展规划与产业自发发展的不协调问题。一方面是由于政府总体发展规划的滞后或规划的不稳定导致产业的自发发展。如一些起步较早且已初具规模的休闲农业企业，在全省总体规划尚未出台之前就已经开始了自主开发，在与后续出台的整体规划衔接方面，就会造成企业或者干脆置之不理、自我任性发展，或者遇到项目需要重新规划、资金压力大等现实问题。如临城蓝天生态观光园在后期发展中就遇到了园区位置与规划不协调，导致企业需要重新选择地址和项目重新定位的问题。另一方面是由于规划水平低造成的不协调。企业自身或聘请的规划团队在休闲农业的认知程度、规划理念、技术水平、对政府总体规划的把握等方面的整体水平，直接影响到企业的休闲农业产业发展与政府总体发展规划的协调度。这些不协调会造成企业各自为战、同质化恶性竞争以及政府管理的无序无力等不利影响。如廊坊永清佰金生态农业园就存在着规划水平低，完全凭着个人喜好，没有一个系统性和长远的发展规划，看到其他旅游景点的美景就想搬到自己的园区来，园区主题总是变来变去，重复建设与投资，导致资

---

[1] 王克柱、赵英杰、文庆：《保定市休闲农业对接京津发展研究》，《安徽农业科学》2011年第5期。

金链跟不上，更没有实力进行道路建设和广告宣传，发展面临巨大瓶颈。

（二）盲目上项目与精品不多的问题

在河北省休闲农业点数量激增的背后，存在着盲目上项目与特色不明、农味不浓、精品不多的矛盾。首先，某些区域的领导或经营者急功近利，没有认真分析本地的资源优势和客源市场，凭着一股热情，一哄而上，盲目发展[1]。试图把目前已有的休闲农业项目都纳入自己的园区内，结果是什么都有，唯一没有的就是特色。缺乏创意、功能雷同[2]、特色不明是目前河北省休闲农业较为普遍的一个问题。其次，有些休闲农业园区的设计越来越现代化、城市化，在园区游览就像在逛城市的公园，缺少能勾起乡愁和童年记忆的参与性项目；住宿的房间设计得像星级酒店，房间内的家具物品、服务人员的发型服装完全找不到农味的痕迹，导致农味越来越淡。最后，河北省休闲农业的精品不多。21∶536是河北省国家级休闲农业示范点的数量与全国总数的对比，10∶217是河北省休闲农业示范县的数量与全国总数的对比，31∶465是河北省休闲农业国家级星级企业的数量与全国总数的对比，2∶102是河北省休闲农业国家级五星企业的数量与全国总数的对比，这四组数字的对比，有力地说明了河北省休闲农业的精品数量还是非常少的，在打造精品，实施品牌化战略方面亟须加强。

（三）经济效益低、正外部性强但缺少补偿机制的问题

休闲农业具有经济、社会、文化与生态效益的共生作用。目前，休闲农业企业的经济收入主要来自农产品销售与农业休闲旅游两方面。2010年，国内休闲农业人均消费水平仅为87元/人次。其中，旅游观光消费32元，是同期全国旅游消费水平535.4元/人次的1/15；人均农产品直销额42元，高于旅游观光消费，说明休闲农业收入来源仍然主要依靠农产品的销售[3]。根据河北省农业环境保护监测站的统计数据，2015年河北省休闲农业经营主体的营业收入达到63.79亿元，其中农产品销售收入约为

---

[1] Murphy, A. and Williams, P. W., Attracting Japanese Tourists into the Rural Hinterland: Implications for Rural Development and Planning, *Tourism Management*, Vol. 20, No. 4, 1999.

[2] 栗进路：《河北休闲农业与乡村旅游的调查与思考》，《中国乡镇企业》2012年第8期。

[3] 刘秀艳、高国忠：《京津冀协同发展环境下河北省休闲农业与乡村旅游发展对策》，《城市旅游规划》2014年第11期。

22.22亿元，人均消费额约为154元，人均农产品消费额约为54元。虽然近几年河北省休闲农业的人均消费有所提高，但仍然难以改变其整体消费水平偏低的现状，在一定程度上也决定了河北省休闲农业的经济效益处于低位水平。而休闲农业在社会效益、文化效益、生态效益方面却具有极强的正外部性。休闲农业解决了农民就地就业和增加收入的问题，对于改善农村出现的空心村、留守老人与儿童等社会问题，稳定农村生产生活秩序意义巨大；休闲农业对于农耕文化、民风民俗、古村古镇等宝贵文化遗产的挖掘、保护与传承，可谓功在千秋；此外，休闲农业的绿色有机、生态环保、低碳循环等发展理念无疑对已遭到重创的生态环境具有重要的改善和修复作用。不容置疑，河北省对保护京津生态环境付出了巨大的经济代价，理应得到相应补偿，但目前针对休闲农业的生态补偿机制尚未建立[①]。

二　成因分析

上述问题的产生有其特定的原因：

首先，政府总体发展规划与产业自发发展的不协调的问题，主要是因为政府与企业的关系尚处于调整磨合期。通过对河北省休闲农业发展阶段的分析可知，休闲农业萌芽起步于完全自发发展的农家乐，之后经过十几年政府缺位的"独轮车"阶段的实践探索，直到2006年政府才开始对休闲农业的发展进行规范化指导，迈入了需求拉动和政府推动的"双驱"动力时代。尤其是2011年之后，政府的认识高度、重视程度、扶持力度不断加大，充分发挥了政府对休闲农业这一新型农业产业的积极影响，也营造出了发展休闲农业的有利环境，调动了企业的积极性。但这个过程中，最早进入的经营者已经先期进行的规划和投入很难马上与后介入的政府所制定的规划进行无缝对接，加之从习惯了凭借个人经验的我行我素，到服从全省大局的统一规划，这种变化和关系的处理需要一个调整期和磨合期，是造成政府规划与企业自发发展不相协调这一阶段性现象的主因。此外，政府与企业信息沟通渠道不畅也是造成政府与企业关系不协调的原因之一。虽然省政府主管部门委托相关单位对全省休闲农业的发展制定了

---

① 王丽丽、王锦旺、蔡丽红：《河北省休闲农业发展研究——以环首都经济圈为视角》，《河北经贸大学学报》2016年第3期。

中长期发展规划,但并没有构建和利用好信息发布平台,使企业无从了解规划的内容,只能自我判断、自我发展。

其次,盲目上项目与精品不多的问题,主要由两方面的原因造成。一是政府主管部门急躁冒进的思想作祟。2011年之后,省政府对休闲农业的态度由消极被动变为积极主动,有些领导急于求成,在没有进行实际调研和摸清家底的情况下,就仅从数量上定任务,必然对经营者产生极大的影响,造成盲目上项目的问题也就不足为奇了。二是经营者在没有弄懂到底什么是休闲农业,城里人到底有什么需求,自己拥有哪些资源,又该如何开发利用的情况下,看到有钱可赚,就急急忙忙、懵懵懂懂地跟风模仿,其结果必然造成休闲农业的特色不明、农味不浓,更不要奢望什么创造精品了。

最后,经济效益低、正外部性强但缺少补偿机制的问题,主要是由京津冀之间长期以来所形成的政治地位不平等以及由此带来的经济地位不平等所造成的。北京市作为直辖市,又是首都所在地,其特殊的政治地位,自然被赋予了其他省市所无法比拟的一些特权,而环拥京津的河北则一直扮演着默默奉献的角色。这种不平等思想的根深蒂固,严重影响了河北省的经济发展,造成与京津之间的经济差距越来越大,这种由政治地位的不平等带来的经济发展的不平衡,又进而影响了京津向更高目标的前进速度和进程。在京津冀协同发展的推进过程中,对经济效益相对较低,但在生态环保等方面具有极强正外部性的休闲农业来说,加快推进包含京津对河北省休闲农业补偿标准和补偿方法在内的京津冀生态补偿机制的法制化进程,势在必行。

本章小结

本章主要从发展阶段、发展模式、全省及各地市休闲农业发展概况、存在的问题及其成因四个方面对河北省休闲农业的发展现状进行了宏观描述性分析。河北省休闲农业经历了农家乐萌芽起步、乡村旅游初步发展、乡村旅游与观光农业快速发展以及休闲农业规范提升四个发展阶段。在发展过程中,形成了农业科教观光园、城市郊区型、景区带动型、特色资源带动型、生态文明村型、农业产业基地型和特色小镇七种较有代表性的发展模式。从全省层面来看,自2011年进入规范提升阶段以来,河北省休闲农业发展得如火如荼，取得的成绩有目共睹。主要表现在三个方面，即扩张快速，"点面"开花；效益共生，初步显现；差距仍在，潜力巨大。但各地市的发展程度有高有低，水平亦是参差不齐。其中，唐山和承德两市成为当之无愧的第一梯队，邯郸、保定、石家庄、邢台、廊坊、张家口、秦皇岛七个市组成了各有优劣的第二梯队，定州、沧州、衡水和辛集四市属于相对较弱的第三梯队。河北省休闲农业虽然取得了可喜的阶段性成果，但同时也暴露出了一些不容忽视的问题，包括政府总体发展规划与产业自发发展的不协调问题，盲目上项目与精品不多的问题以及经济效益低、正外部性强但缺少补偿机制的问题。这些问题的产生有其特定的原因。首先是因为政府与企业的关系尚处于调整磨合期；其次是政府主管部门急躁冒进与经营者的盲目蛮干所造成的；最后是京津冀之间长期以来所形成的政治地位不平等以及由此带来的经济地位不平等所造成的。肯定成绩，正视问题，是提升河北省休闲农业产业竞争力的必经之路。

第四章 河北省休闲农业的生产要素分析

在钻石理论中，第一个影响产业竞争力的因素就是生产要素，它决定着一个产业是否具备必要的生产经营条件和发展基础，是奠定产业竞争优势的基石。如何界定休闲农业生产要素的内涵与外延，河北省的休闲农业生产要素有哪些类型，与京津相比优劣如何，开发利用中存在哪些问题，本章将对这些问题逐一进行分析探讨。

第一节 休闲农业生产要素的内涵及外延界定

作为一个经济学概念，生产要素的内涵随着社会经济的发展而不断变化，因此至今尚无统一定论。《简明不列颠百科全书》认为"生产要素是指用于商品和劳务生产的经济资源"[1]；《辞海》则认为"生产要素是指可用于生产的社会资源，一般包括土地、劳动和资金（资本），有时也包括企业家的才能"[2]。从配第首提"土地+劳动"生产要素二元论为开端，到萨伊加入了资本要素提出三元论、马歇尔又加入了企业家才能提出四元论之后，技术、信息、制度、创新等要素也逐渐被加入进来。波特则将生产要素分为天然资源、人力资源、知识资源、资本资源和基础设施五类，并按照先进程度将其分成初级要素和高级要素，按照专业程度分为一般性生产要素和专业性生产要素，认为初级要素和一般性生产要素对竞争优势的作用会变得越来越不重要，国家或产业的竞争优势越来越依赖于高级要素和专业性生产要素。上述对生产要素的不同解释说明在特定的社会经济阶段，发展环境、产业特性、科技水平、认知能力等差异都会影响人们对生产要素内涵的理解。因此，对生产要素内涵的把握应秉持在尊重其本意的基础上，坚持发展的原则和创新的理念。顾名思义，"要"的本义为必

---

[1]《简明不列颠百科全书》（第7卷），中国大百科全书出版社1986年版，第162页。

[2] 辞海编写组：《辞海》，上海辞书出版社1989年版，第4525页。

要的、不可缺少的，"素"是构成事物的基本成分或最小单位，那么，"生产要素"就是指进行生产经营活动所必不可少的因素。

经济的发展一方面在不断创造着新的生产要素，另一方面也在重新审视着旧的但有可能被忽略的生产要素，尤其对于既有久远的发展历史，又在经济新常态下迸发出新活力的产业更是如此。我国的休闲农业就是这样一种深深扎根于有着几千年传统历史积淀的农本之上，又与涌动自现代城镇人群内心深处最新潮的返璞归真休闲需求相碰撞而诞生的新型农业产业。以休闲的视角看待并善用特定区域内具有本土特色的各种与"农"相关的要素资源，从而实现价值增值的目的，可以说是休闲农业最显著的产业特性。因此，休闲农业的生产要素就是指发展休闲农业所必不可少的因素。而对其外延的界定则必须以其独有的产业特性为出发点，遵循分级合理和相对一致的分类原则，努力做到用于分类系统的要素类别达到同级、周延与互斥的要求。鉴于此，在借鉴已有研究成果的基础上，本书把休闲农业的生产要素划分为农村生态资源、农业生产资源、农民生活资源以及农耕民俗文化资源四大类型。

第二节 河北省休闲农业生产要素的类型

根据休闲农业生产要素内涵与外延的界定，本书将按照农村生态资源、农业生产资源、农民生活资源以及农耕民俗文化资源的划分标准对河北省休闲农业生产要素的类型进行归纳总结（见图4-1）。

一 农村生态资源

农村生态资源是指在农村地区，由生物群落和与之相互作用的自然环境通过能量流动和物质循环而形成的相互作用、相互依存的动态统一整体。主要表现为地理区位、地形地貌、气候资源、水文资源和生物资源等方面。

（一）地理区位

河北省地处东经113°27′—119°50′，北纬36°05′—42°40′的华北地区，因位于黄河下游以北地区而得名。东滨渤海，与天津市相连；南望黄河，与山东、河南两省相交；西靠太行，与山西省为邻；北靠燕山，与内蒙古自治区、辽宁省接壤，总面积18.77万平方公里。截至2015年年底，全

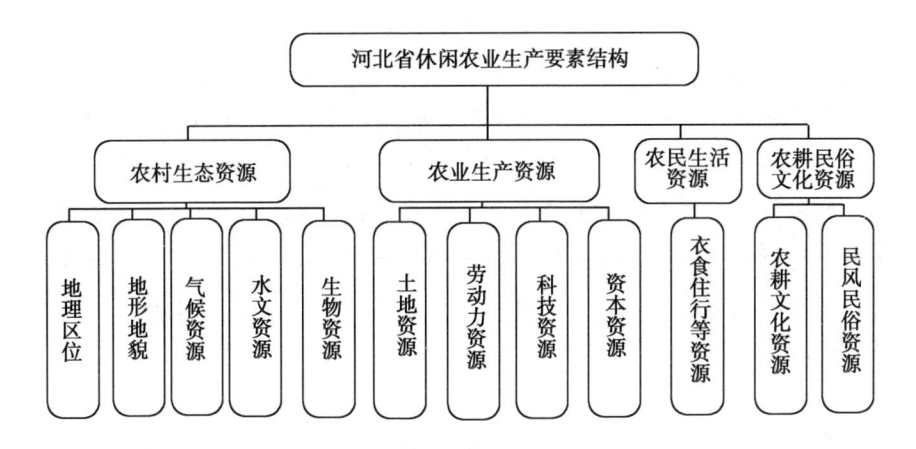

```
                河北省休闲农业生产要素结构
        ┌───────────┬──────────────┬──────────┬──────────┐
   农村生态资源      农业生产资源      农民生活     农耕民俗
                                      资源      文化资源
 ┌──┬──┬──┬──┬──┐  ┌──┬──┬──┬──┐       │      ┌──┴──┐
地 地 气 水 生     土 劳 科 资          衣      农    民
理 形 候 文 物     地 动 技 本          食      耕    风
区 地 资 资 资     资 力 资 资          住      文    民
位 貌 源 源 源     源 资 源 源          行      化    俗
              源       等      资    资
                                      资      源    源
                                      源
```

图 4-1　河北省休闲农业生产要素结构

省设有 11 个地级市（石家庄、唐山、保定、廊坊、承德、张家口、秦皇岛、邢台、邯郸、衡水、沧州）、170 个县级行政区划单位（42 个市辖区、20 个县级市、102 个县、6 个自治县）和 1970 个乡镇[①]，省会设在石家庄市。在形似雄鸡的中国地图上，河北省位于咽喉要处，是华南、华东、华中以及西南等区域连接东北、西北和华北地区的枢纽，自古即是京畿重地，加之环拥京津的独特性，使其地理区位显得格外殊要。

（二）地形地貌

河北省的地势总体为西北高、东南低，由西北向东南倾斜，坝上高原、太行山和燕山山地、河北平原是河北省的三大典型地貌单元。其中，坝上高原属蒙古高原一部分，地形南高北低，平均海拔 1200—1500 米，面积 15954 平方公里，占河北省总面积的 8.5%；太行山和燕山山地，包括中山山地区、低山山地区、丘陵地区和山间盆地 4 种地貌类型，海拔多在 2000 米以下，高于 2000 米的孤峰类仅有 10 余座，山地面积达 90280 平方公里，占河北省总面积的 48.1%；河北平原区是华北平原的一部分，按其成因可分为山前冲洪积平原区、中部中湖积平原区和滨海平原区 3 种地貌类型，面积 81459 平方公里，占河北省总面积的 43.4%[②]。因此，河北省的地形地貌可谓复杂多样，高原、山地、丘陵、盆地、平原等类型

[①]《2015 年河北省行政区划》，2015 年 11 月 11 日，中国行政区划网（http：//www.xzqh.org/html/）。

[②]《河北（中国省级行政区）》（http：//baike.baidu.com）。

齐全。

（三）气候资源

河北省属于温带半湿润、半干旱大陆性季风气候，大部分地区四季分明。春季冷暖多变、干旱多风，夏季炎热潮湿、雨量集中，秋季风和日丽、凉爽少雨，冬季寒冷干燥、雨雪稀少。年均降水量484.5毫米，降水量分布特点为东南多，西北少。光照资源丰富，年均日照时数2303.1小时，年无霜期81—204天，1月平均气温在3℃以下，7月平均气温在18℃—27℃，各地的气温年较差、日较差都较大。

（四）水文资源

水文资源主要是指海河湖淀在内的地表水、地下水以及人工修建的各种水利设施的分布情况。根据《河北经济年鉴》（2015）的统计，河北省拥有总长为487公里的海岸线，海岸带总面积达100万公顷。境内河流众多，主要发源于太行山和燕山山脉，均注入渤海，分为海河和东北部的滦河两大水系。其中隶属海河流域的河流有潮白河（北运河）、永定河、大清河、子牙河、滹沱河、桑干河、滏阳河等，汇入天津形成海河；滦河的支流有伊逊河、武烈河、瀑河、小滦河和老牛河等；京杭大运河流经东部的廊坊、沧州、衡水和邢台，为南运河的一部分。面积较大的湖泊有白洋淀、衡水湖、燕塞湖、蟠龙湖、秦王湖等。现有水库1078座，总容量约200亿立方米。截至2014年年底，全省水资源总量和人均水资源量分别为106.14亿立方米和143.70立方米，与2013年相比分别减少了69.72亿立方米和96.13立方米，水资源的快速减少已成为河北省最为严峻的问题之一。

（五）生物资源

生物资源是动、植物资源的总称。河北省是全国粮棉、林果、蔬菜、禽畜生产大省，生物资源种类繁多。动物资源方面主要包括野生动物与养殖动物两大类，野生动物中以野生脊椎动物数量最多，现知有530余种，约占全国同类动物种类的29.0%，主要包括兽类、鸟类、爬行类和两栖类；养殖动物包括家禽家畜、海水养殖与淡水养殖动物，其中家禽家畜有100多个品种；海水养殖面积11.79万公顷，内陆淡水养殖面积7.94万公顷，盛产多种鱼虾蟹贝等水产品。植物资源可分为植被资源和栽培作物两大类，其中植被的种类初步统计达3000多种，栽培植物主要包括粮食作物、经济作物、木本植物、草本植物、药用植物、菌类植物和蔬菜等

(见表4-1)。

表4-1　　　　　　　　河北省生物资源分类汇总

一级分类	二级分类	三级分类	具体内容及代表性产品
动物资源	野生动物	野生脊椎动物	共计530余种,包括兽类80余种、鸟类420余种、爬行类19种、两栖类10种。其中137种是国家和省级重点保护动物,褐马鸡、白冠长尾雉、白鼬等是河北特有的世界珍稀野生动物
	养殖动物	家禽家畜	约100多个品种,其中张北马、阳原驴、草原红牛、武安羊、冀南牛、深州猪等均为驰名省内外的优良品种
		海水养殖动物	主要有海鱼110种、虾20余种、蟹10余种以及贝类、海参等海鱼;主要有带鱼、黄花鱼、梭鱼、比目鱼、偏口鱼、鲆鱼、面条鱼、墨鱼等;琵琶虾;贝类:文蛤、青蛤、蛏、牡蛎、蚶等
		淡水养殖动物	盛产草鱼、鲢鱼、鲤鱼、鲫鱼、黑鱼、鲶鱼、鲂鱼、泥鳅等。其中比较知名的有坝上的细鳞鱼、沽源的鲫鱼、秦皇岛的香鱼、白洋淀的嘎鱼等
植物资源	植被资源	植被	种类有3000多种,共计204科、940属。其中被子植物144科,占全国的49.5%;蕨类植物21科,占全国的40.4%;裸子植物7科,占全国的70%
	栽培作物	粮食作物	主要有小麦、玉米、谷子、水稻、豆类、薯类等
		经济作物	经济作物主要有棉花、麻类、糖类以及花生、油菜籽、芝麻、向日葵、胡麻籽等油料类经济作物
		木本植物	木本植物有500多种,其中果树有100多种,干果主要板栗、核桃、红枣、花椒等,鲜果主要有梨、苹果、葡萄、红果、杏、桃、石榴等。享誉国内外的果品有赵县雪花梨、深州蜜桃、宣化葡萄、昌黎苹果、沧州金丝小枣、阜平与赞皇的大枣、迁西板栗、卢龙露仁核桃等
		草本植物	种类也很多,仅坝上地区就有300多种。如禾本科的羊草、无芒麦草、冰草;豆科的紫花苜蓿、山野豌豆等都是优良牧草
		药用植物	已被利用的达800多种,主栽品种达到40多个,其中种植面积在5万亩以上的品种有9个,如巨鹿的金银花和枸杞,涉县的柴胡,内丘的王不留,灵寿的丹参,涉县与井陉的连翘,安国的八大祁药,蠡县的麻山药,蔚县的防风和知母,沽源、围场以及平泉的黄芩和桔梗,宽城、隆化和青龙的热河黄芩等。已注册中药材商标27个
		菌类植物	菌类植物资源也比较丰富,除在山区、林地和草原自然生长的野生菌以外,平菇、鸡腿菇、金针菇、姬菇、木耳和杏鲍菇等已被广泛种植

资料来源:由河北省农业厅、河北省林业厅、河北省旅游局官网的资料汇总而成。

总体来看，河北省的地理区位极其殊要，地形地貌类型齐全，气候特点四季分明，水文资源不容乐观，生物资源种类繁多，形成了河北省农村生态资源的鲜明特色，进而为河北省休闲农业的发展奠定了重要的基底。

二 农业生产资源

农业生产资源是指进行农业生产经营活动所依托的人、财、物等方面的资源，主要包括土地、劳动力、资本、科技等生产要素。

（一）土地资源

主要是指能够直接或间接为农业生产所利用的土地，包括耕地、园地、林地、牧草地、养捕水面、农田水利设施用地以及田间道路和其他一切农业生产性建筑物占用的土地。根据河北省第二次土地调查的结果，以2009年12月31日为标准时点，全省土地总面积188544.71平方公里，其中农用地19752.65万亩，未利用地5512.55万亩。在农用地中，耕地9842.03万亩、园地1309.51万亩、林地6948.02万亩、草地4220.49万亩，而且92%以上的耕地都是坡度低于6度的优质耕地。

（二）劳动力资源

是指一个国家或地区，在一定时点或时期内拥有劳动力的数量和质量。从数量方面来看，在全省就业总人数持续上升的情况下，作为第一产业的农业就业人数及其占比却在快速下降。根据国际经验，经济现代化过程会伴随就业结构的规律性变动，表现为农业劳动力占就业劳动力总人数的比例将从传统社会的80%左右持续下降到10%左右甚至更低水平[①]。截至2014年年底，河北省农业劳动力的占比已经从1978年的76.88%下降到了33.29%（见表4-2），变化趋势与此规律完全相符，并且可以预见未来仍将继续下降。从质量方面来看，农民受教育程度普遍偏低是公认的事实，并且随着农村劳动力尤其是青壮年劳动力的大量持续转移，农业劳动力的老龄化、妇女化、低文化趋势日益严重。与此同时，以家庭农场、专业大户、农民专业合作社、农业产业化龙头企业为代表的新型农业经营主体和新型职业农民正处于培育和成长阶段。因此，河北省的农业劳动力正处于更新换代期，绝对数量仍将持续下降，但质量的相对优化提升也将

---

① 卢锋、杨业伟：《中国农业劳动力占比变动因素估测：1990—2030年》，《中国人口科学》2012年第4期。

是不可阻挡的必然趋势。

表 4-2　1978—2014 年河北省农业劳动力占全省就业总人数的比例

年份	1978 年	1985 年	1988 年	1993 年	1998 年	2003 年	2008 年	2013 年	2014 年
第一产业就业人数占就业总人数的比例（%）	76.88	62.74	59.10	58.56	49.01	48.19	39.76	33.57	33.29

资料来源：《河北经济年鉴（2015）》，第 334 页。

（三）资本资源

"资本"一词最初是用来表示贷款的本金，是与利息相对应的概念，可分为货币资本、实物资本等形式。目前制约农业发展的主要是货币资本即资金。河北省的农业资金来源主要包括五个途径：一是农户资金。河北省拥有超过 1500 万农户，是最主要的农业生产主体，因而也是农业资金的最主要投资主体。二是农业财政资金。即河北省政府通过财政预算的各项农业支出，包括农业科研推广、农业基础设施、农业公共服务等公共支出以及为支持和调控农业而发放的各种农业补贴。农业财政资金的使用一般是无偿的，直接由政府财政预算并拨付。三是农业信贷资金。即金融机构或个人给农业生产者融资所形成的各种农业贷款，一般是有偿的，到期要偿还本金并支付一定的利息。四是企业或其他经济组织投入的农业资金。五是国外农业资金。随着经济开放和资本的国际流动，来自国外的资本成为农业资金的一个新来源。国外农业资金一是来自国际经济组织的资金，如联合国、世界银行等，二是来自政府间的援助或农业投资项目，三是国外的金融机构、公司或个人进行的农业投资[1]。

（四）科技资源

科技资源是科技财力、科技人力、科技组织和科技信息资源的总称[2]。首先，科技财力资源方面。河北省农业科技资金的获取渠道主要有三个：一是科技研究与发展经费。《2014 年河北省科技经费投入统计公报》的统计结果显示：2014 年全省共投入研究与试验发展（R&D）经费 314.2 亿元，比上年增加 31.7 亿元，增长 11.2%；研究与试验发展（R&D）经费投入强度（与地区生产总值之比）为 1.07%，比上年提高

---

[1] 梁兆基、冯子恩等：《农林经济管理概论》，华南农业大学出版社 1998 年版，第 300 页。
[2] 周寄中：《科技资源论》，陕西人民教育出版社 1999 年版，第 107 页。

0.07个百分点。其中，各类企业研究与试验发展（R&D）经费为269.6亿元，比上年增长11.0%；政府属研究机构经费30.4亿元，增长16.9%；高等学校经费12.4亿元，增长13.6%。企业、政府属研究机构、高等学校经费所占比重分别为85.8%、9.7%和3.9%。这些科技经费中的一是被用于与农业生产相关的科技研发，二是通过申请各类农业科技项目而获得的科研资金，三是金融机构对河北省农业科技型企业的信贷资金。其次，科技人力资源方面。《河北经济年鉴（2015）》的统计显示，2014年河北省农林牧渔业专业技术人员的数量为36374人，占全省各部门专业技术人员总数1201648人的3.03%。再次，科技组织资源方面。在河北省科技厅和省农业厅的共同组织领导下，截至2014年年底，河北省共拥有3个国家级农业科技园区（三河、唐山、邯郸）、68个省级以上农业科技园区、4个国家科技特派员创业基地（邯郸、三河、唐山、藁城）、2个国家科技特派员创业培训基地（河北农业大学、河北科技示范学院）、1个新农村发展研究院（河北农业大学）以及50个山区特色产业科技示范基地。此外，还有289个省级以上工程技术研究中心和重点实验室、18个产业技术研究院、53个科技企业孵化器等广义科技资源的支持。最后，科技信息资源主要由河北省科技厅和河北省农业厅2个政府机构的6大网站组成，即河北省科技厅官网以及隶属于河北省科技厅的河北科技信息网和河北科技统计网，主要发布内容包括科技新闻、信息公开、创新平台、科学普及、科技视频、科技专题以及网上业务大厅等；河北省农业厅官网以及隶属于河北省农业厅的河北农业信息网和河北农业技术推广网，主要发布内容包括农业信息公开、农业科技发展动态、农技推广以及农业技术、农业专家、农业科技成果在内的11个数据库等。

三 农民生活资源

俗话说"一方水土养育一方人"，在河北这片人杰地灵的土地上，广大农民长期从事着受自然因素影响至深的农业生产活动，形成了尊重自然、利用自然、天人合一等与天下万物和谐共生的生存理念，凭着对乡土资源的了解、珍惜与合理利用，创造了丰富多彩的生活资源，形成了具有浓郁本土特色的生活方式，渗透于具有农民特质的衣、食、住、行等方面。

首先，衣着方面。农民因为主要从事农活等重体力劳动，因此比较注重衣服的结实、耐脏、方便、实用，形成了朴素简约这一最显著的特征，与河北人的朴实厚道相得益彰。

其次，饮食方面。感恩自然所赐，尊重食物本性，吃五谷杂粮，创各式美食。河北在饮食方面的最大特点就是一个"杂"字，混杂着京味、津味、鲁味、晋风等，正如俗语所云"河北菜，不成系"。其成因主要有二，一是因为民以食为天，在"靠天吃饭"的传统农业阶段，农民对大自然所赐予的各种能够满足吃饱这一最基本生存需要的所有食物都是非常珍惜，物尽其用，从不浪费；二是因为自古以来，燕赵大地就是黄河流域的中原文化、齐鲁文化、秦晋文化、北方地区的游牧文化、宫廷文化以及海外文化交织融合的地方，其中当然也包括饮食方面的相互影响与渗透。有人曾用"南辣北甜，西酸东咸"来形容河北的食风，这不仅是地域性的描述，也是对河北饮食风俗五花八门的说明。在历史的变迁中，河北的广大农民充分发挥聪明才智，结合各地的气候特征与传统风俗，把当地生产的主要农产品"吃透"，在吃饱的基础上研究如何吃好，创造出了品种繁多的地方特色美食，制造美食的工具、独特配方以及制作流程等也成为农民世代相传的宝贵遗产。河北富有浓郁地方特色的传统美食多种多样。

再次，居住方面。农民的宅基地是村集体根据各家人口数量进行规划和分配的，一般选择地势平坦或稍高、离饮用水源近、同族同宗相邻之处而居，以求行动方便、通风防水并能得利同族的互助。住宅大多因地就势，坐北朝南，就地取材，有石头房子、窑洞、土木结构、砖木结构等类型。沿袭四合院的布局风格，一般北屋作为正屋，供人居住，室内陈设以实用为原则，鲜有华而不实的修饰。东西厢房作为储藏农具、粮食以及杂物之用，一般院内还建有鸡鸭鹅猪等圈舍。改革开放之前，柴灶土炕是农家居室必备之物，既可供多人吃饭睡觉，又可以利用灶台做饭的余热对抗冬日的严寒。改革开放之后，农民的生活方式也逐渐向城市化转变，由烧柴做饭取暖改为以煤气、沼气为能源，土炕也逐渐被床所代替。因降水相对较少，故以平顶房为主，便于晾晒收获的农产品。此外，在河北还遗存有大量珍贵的古村古镇。根据河北省旅游局的统计，截至2015年，河北省现有历史文化名镇名村48个，包括国家级历史文化名镇名村20个和省级历史文化名镇名村28个，其中已进行旅游开发可以推向旅游市场的名镇名村和以资源状态存在尚未进行旅游开发的名镇名村各有24个。这些历史古村古镇成为河北省重要的物质文化遗产，也成为河北省发展休闲农业的重要资源。

最后，出行方面。经历了从主要依靠步行，到能农能运的手推车、小拉车、大马车（或驴车、牛车等），再到自行车、摩托车、拖拉机、汽车的变化过程，给农民的生产生活带来了极大的便利，也是农民生活水平和生活质量显著提高的表现。

总之，从河北农民在衣、食、住、行等方面的生活习惯，可以发现其融会贯通自然之道的生活方式和非常可贵的农民特质，也是中国传统美德最真实的呈现与自觉坚持。如在衣着方面的简约实用，正是艰苦朴素优良传统的践行；勤俭节约、从不浪费，因为他们最懂得粮食的来之不易，故而养成了尊重自然、欲望有节、感恩所有的良好品德；居住方面可以看到农民充分利用空间、追求合家团圆、遵照长幼尊卑、邻里互帮互助的理念，传递出浓浓的人情味。出行方面，不管交通工具如何演变和加速，农民骨子里却养成了吃苦耐劳，习惯于脚踏实地去丈量世界，耐得住"慢"的出行方式和生活之道。可见，河北农民从事着靠天吃饭的工作，因而心存敬重感恩、日出而作日入而息的自然之道感悟得最深；生活在毫无隐私的熟人社会，养成了真诚质朴、厚道诚信的人格品质；聚族而居的传统形成了互帮互助的亲情社会；家风民约的无声威严充分体现在饭桌上的规矩、房屋的分配、出行的顺序与座次等每一个生活细节。勤劳质朴、真诚厚道、慢生活、人情味，应该是河北农民在生活中创造的最可贵资源。

四 农耕民俗文化资源

农耕民俗文化是指农民在长期的农业生产生活中不断创造、积累、沉淀与传承下来的、以农耕文化和民风民俗为主要内容，以戏剧、舞蹈、民歌、农谚、时令、民间手艺、婚丧嫁娶以及各类祭祀节庆活动为表现形式的物质财富和精神财富的总和，是历代农民智慧的高度凝结，是中国传统文化的渊源和重要组成。

（一）农耕文化

河北悠久的农耕史就是一部精彩华丽的农耕文化史，是世世代代在这片土地上辛勤劳作的河北人民朴素智慧的凝结，主要体现在生产生活工具的演进和农时节令民谚等农业生产经验以及天人合一等自然之道的总结。

首先，在农具方面。随着农业生产经验的积累和耕作技术的提升，农具成为农业生产力的重要衡量标准。河北农民发明创制了适用于当地农业生产要求的各种农具,种类繁多,涉及每一个生产环节。如犁、耙、耧、锹等耕地整地工具,耧、锄等播种、除草工具,辘轳、水桶等灌溉工具,镰刀、铡刀、碌碡、簸箕、木锨、木杈、风扇车等用来收割、脱粒、清选的收获工具,碾子、纺车、络车、线拐子、篓子等加工工具,担、筐、驮具、独轮车、土车等运输工具,以及土坯模、木夯、杆秤、风箱、饸饹床、升、斗、缸、饼铛、布箩、蚂蚁箩、豆腐磨盘等生活用具。随着生产工具的不断改进和生活水平的持续提高,有些器具已经退出历史舞台,被更先进、更高效的机器设备所取代,但这些凝结着农民智慧的物质财富仍然可以通过有形的展览或亲自操作体验的方式给人们带来精神感悟。

其次,农耕经验的总结。河北农民在生产生活中总结了很多既通俗易懂、朗朗上口又富含朴素哲理、具有重要指导作用的农时节令民谚。在内容方面,不仅包括土壤、肥料、水分、温度以及季节、气象、气候条件等对农业生产影响规律的总结,如春耕、夏播、秋收、冬藏的四季农事概括,根据二十四节气总结的各种农作物播种时间、灌溉施肥与田间管理措施,气候变化与农作物生长的对应关系等;还延展到人与人之间的关系以及经营管理等方面,如"一年之计在于春,一日之计在于晨"时间管理忠告。在数量方面,中华人民共和国成立以后,农业出版社以吕平为主,曾经进行过有计划的全国农谚收集工作,共得10万余条,经过归并整理分类,共得31400余条。河北地区的农谚虽没有专门的统计,但也是数不胜数的。

(二) 民风民俗

在中国漫长的历史演进过程中,河北地区开发较早、历史悠久,是中华民族重要的发源地之一。早在200多万年以前,就有人类在这里繁衍生息,传说中的伏羲、黄帝、炎帝以及远古先皇尧、舜、禹都在这里留下了历史的足迹,目前是汉族、满族、回族、蒙古族、朝鲜族等多个民族的汇居之地。因战国七雄中的燕国和赵国分别建都于河北的北部和南部,故有"燕赵大地"的称谓。伴随着历史车轮的滚滚向前,燕赵大地留下了众多的历史古迹,谱写了无数动人的慷慨悲歌,演绎了众多的成语典故,塑造了鲜明的人文精神,对推动中国文化的发展做出了不可磨灭的贡献。

民风民俗文化体现的是人民群众的生活经验和自发性的文化心理,是民众对传统的公序良俗的认可与自觉遵从。"忠义淳朴,仗义豪放"可以说精确地概括了河北的民风特点。慷慨重义的战国四大名将之一廉颇,三国时期桃园结义于河北涿州的刘备、关羽、张飞,名垂千古的忠义之士赵云,素有"中华铁胆直臣"之称的魏征等,一个个鲜活的历史人物用他们的精彩人生完美诠释了"忠义淳朴,仗义豪放"的河北民风;"特色浓郁,多姿多彩"则是河北民俗的生动写照。沧州武术、吴桥杂技、永年太极独见魅力;蔚县剪纸、丰宁剪纸、武强年画、丰宁布糊画、辛集农民画、衡水内画、廊坊景泰蓝、曲阳石雕、易水古砚、白洋淀苇编等名扬中外;河北梆子、唐山评剧、唐山皮影、广宗太平道乐、常山战鼓、藁城战鼓、井陉拉花、徐水狮舞、丝弦等饶有特色;唐山陶瓷、定窑、邢窑、磁州窑是北方陶瓷艺术的典型代表。据河北非物质文化遗产保护网公布的数据,截至2014年年底,河北省共有国家级和省级非物质文化遗产项目148项和683项,国家级和省级非物质文化遗产项目代表性传承人106人和619人。两组数字在全国范围内都位居前列,说明了河北民俗文化内容的丰富性以及其形式的多样性。[①] 此外,河北省各地市还流传下来众多的节庆活动,是农民利用农闲时节,围绕着各类节日而形成的文化习俗以及进行的各种纪念庆祝活动,表现形式以庙会居多。其中规模盛大且影响广泛的庙会主要有:每年正月的正定庙会;每年农历三月十八的新乐伏羲台庙会;三月、十月的井陉苍岩山庙会等。此外,几乎各县的每个镇子也都有当地固定的庙会,仅井陉县就有大大小小的乡镇庙会二三十个。虽然各地的庙会节庆内容异彩纷呈,各不相同,但表达的内容却大致趋同,以祭拜、祈福、戏剧、歌舞、团聚等为主。[②]

总之,河北的农耕民俗文化资源厚重广博、绚烂多姿,不仅是民族精神的重要载体,也是广大民众的精神慰藉;不仅是精神力量,也是现实生产力;不仅是软实力,也是硬实力。[③] 其隐于民间,需要一个能够走进现代人内心深处并得以弘扬与传承的平台,而河北省的休闲农业也需要立魂,以打造不可复制的核心竞争力,二者的深度结合将成为最佳拍档。

---

① 范力勇:《河北民俗文化的传承与发展》,《大舞台》2013年第4期。

② 孙文莲、王俊奇:《河北省庙会节庆活动所蕴含的民俗内容和文化价值研究》,《河北青年管理干部学院学报》2012年第2期。

③ 范欣:《发挥河北民俗文化优势满足群众文化生活需求》,《产业与科技论坛》2010年第7期。

第三节 京津冀休闲农业生产要素的比较与评价

农村生态资源、农业生产资源、农民生活资源和农耕民俗文化资源共同构成了河北省休闲农业的生产要素，但每一类生产要素所包含具体资源的禀赋高低各不相同，本书将通过对京津冀休闲农业的生产要素进行综合比较的基础上作出客观评价，以期分清优势和劣势，为提升河北省休闲农业产业竞争力寻找路径。

一 京津冀农村生态资源的比较与评价

农村生态资源是河北省发展休闲农业最原初、最基底的要素资源，主要包括地理区位、地形地貌、气候资源、生物资源、水文资源以及大气环境等方面，下面就逐一与京津进行比较。

（一）京津冀地理区位的比较与评价

本书主要从地理位置、面积、行政区划和功能定位四个方面进行比较（见表4-3）。

表4-3　　　　　　　　　京津冀地理区位的比较

比较内容	河北省	北京市	天津市
地理位置	位于东经113°27′—119°50′，北纬36°05′—42°40′。东滨渤海，与天津市相连；南望黄河，与鲁、豫交界；西蓋太行，与晋为邻；北靠燕山，与内蒙古和辽宁接壤。环抱京津；处于华北平原东北部	位于东经115.7°—117.4°，北纬39.4°—41.6°；背靠燕山，毗邻天津市和河北省；处于华北平原北部	位于东经116°43′—118°04′，北纬38°34′—40°15′；东临渤海，北依燕山；地处华北平原北部
面积	188500平方公里	16410.54平方公里	11946.88平方公里
行政区划	地级区划数：11个；县级区划数：170个；乡镇级区划数：2251个	县级区划数：16个；乡镇级区划数：329个	县级区划数：16个；乡镇级区划数：244个
功能定位	全国现代商贸物流重要基地 产业转型升级试验区 新型城镇化与城乡统筹示范区 京津冀生态环境支撑区	全国政治中心 文化中心 国际交往中心 科技创新中心	全国先进制造研发基地 北方国际航运核心区 金融创新运营示范区 改革开放先行区

资料来源：《中国统计年鉴（2016）》第3页，以及2015年河北省、北京市、天津市《经济年鉴》。

首先,河北省占据环抱京津的殊要位置,是进出京津的必经之地,京津市民必然成为河北省休闲农业的重要客源;其次,河北省拥有超过京津十几倍的广阔面积,以及在此基础上构建的多层次行政区划单位,是形成独具地方特色的自然生态景观、农业生产资源与方式、农耕民俗文化的必要条件,为特色化、个性化、多元化地满足城镇居民的不同休闲需求造就了绝对优势;最后,河北省在京津冀协同发展四个功能定位中的"新型城镇化与城乡统筹示范区、京津冀生态环境支撑区"两个功能目标的实现,成为河北省必须大力发展休闲农业无可争议的理由。显而易见,河北省在地理区位方面与京津相比具有突出的优势。

(二)京津冀地形地貌的比较与评价

在地形地貌方面(见表4-4),相较于北京"山地+平原"、天津"平原+洼地"的单一状态,河北省则是高原、山地、丘陵、盆地、平原、海河湖淀等种类齐全,并且在全国也是唯一地形地貌如此齐备的省份,可谓得天独厚,为创建主题各异的休闲农业园区奠定了先天的优势;尤其是河北省拥有487公里的漫长海岸线,相对于并不临海的北京以及仅有153公里海岸线的天津而言,成为河北省冲出京津休闲农业区域性抑制的重要突破口。

表4-4　　　　　　　　　　京津冀地形地貌的比较

比较内容	河北省	北京市	天津市
地形地势	地势总体为西北高、东南低,由西北向东南倾斜;坝上高原、太行山和燕山山地、河北平原是河北省的三大典型地貌单元,分别占总面积的8.5%、48.1%和43.4%	北京的地形西北高,东南低。山区面积约占总面积的62%,平原区面积约占总面积的38%	地貌总轮廓为西北高而东南低,有山地、丘陵和平原三种地形,其中平原约占总面积的93%
地貌种类	高原、山地、丘陵、盆地、平原类型齐全	以山地和平原为主	以平原和洼地为主
海岸线长度	487公里	0公里	153公里

资料来源:中国林业网以及河北省、北京市、天津市360百科。

(三)京津冀气候资源和生物资源的比较与评价

通过对京津冀气候资源和生物资源的比较(见表4-5)可见,京津冀在气候类型、年均气温、年均降水量和年日照时数方面都存在一定的差异,有利于适应不同气候条件的农作物种植以及动物的养殖产业的发展,为差异化打造河北省休闲农业的产业特色奠定了基础。在生物资源方面,不管是植物种类,还是动物种类,河北省都远超京津,为河北省大力发展动植物的种养产业,尤其是在畜牧、蔬菜、果品三大优势产业的基础上发展休闲农业创造了条件。

表4-5 京津冀气候资源和生物资源的比较

指标	比较内容	河北省	北京市	天津市
气候资源	气候类型	温带半湿润、半干旱大陆性季风气候	暖温带半湿润大陆性季风气候	暖温带半湿润季风性气候
	年均气温	4℃—13℃	10℃—12℃	约为14℃
	年均降水量	484.5毫米	约为640毫米	约为600毫米
	年日照时数	2303.1小时	2000—2800小时	2500—2900小时
生物资源	动物种类	780余种	343种	497种
	植物种类	共2722种,分属于216科、1099属	共2056种,分属于169科、869属	共1365种,分属于163科、748属

资料来源:中国林业网和《河北植物志》《北京植物志》《天津植物志》。

(四)京津冀水文资源的比较与评价

本书选取2005—2014年京津冀水资源总量、人均水资源量、农业用水总量、生态用水总量四个指标进行比较(见图4-2、4-3和表4-6),其中图4-2、4-3的数据来源于国家统计局官网,表4-6的数据由国家统计局官网数据计算得出。

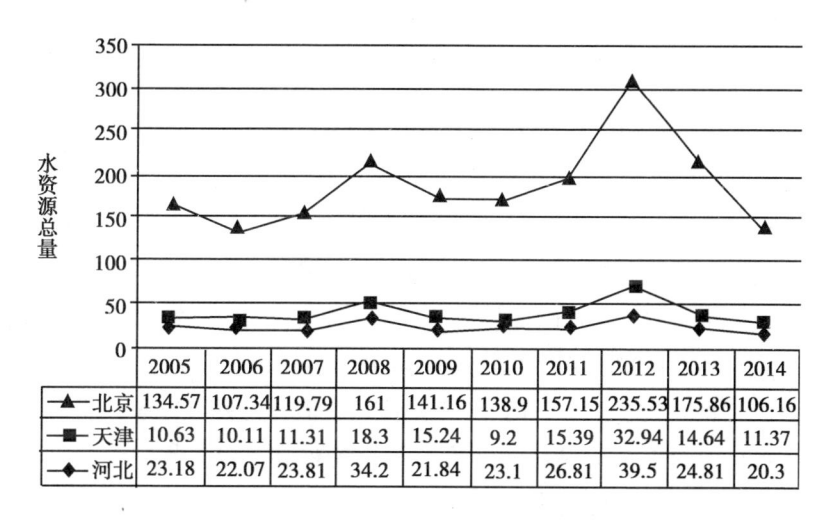

	2005	2006	2007	2008	2009	2010	2011	2012	2013	2014
北京	134.57	107.34	119.79	161	141.16	138.9	157.15	235.53	175.86	106.16
天津	10.63	10.11	11.31	18.3	15.24	9.2	15.39	32.94	14.64	11.37
河北	23.18	22.07	23.81	34.2	21.84	23.1	26.81	39.5	24.81	20.3

图4-2 京津冀水资源总量的比较(亿立方米)

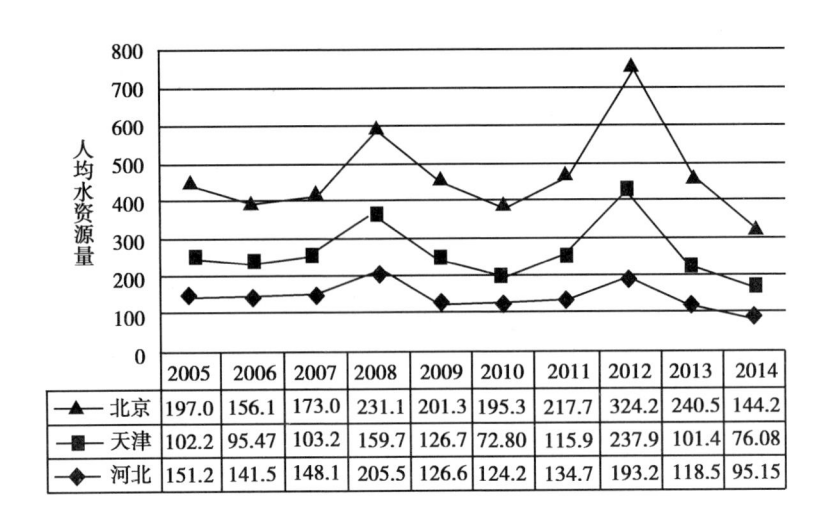

	2005	2006	2007	2008	2009	2010	2011	2012	2013	2014
北京	197.0	156.1	173.0	231.1	201.3	195.3	217.7	324.2	240.5	144.2
天津	102.2	95.47	103.2	159.7	126.7	72.80	115.9	237.9	101.4	76.08
河北	151.2	141.5	148.1	205.5	126.6	124.2	134.7	193.2	118.5	95.15

图 4-3　京津冀人均水资源量的比较（立方米/人）

表 4-6　　　　2005—2015 年京津冀年均农业用水总量、年均生态用水总量的比较

省市	年均用水总量（亿立方米）	年均农业用水总量（亿立方米）	年均农业用水总量占年均用水总量的比重（%）	年均生态用水总量（亿立方米）	年均生态用水总量占年均用水总量的比重（%）
北京	35.75	10.29	28.78	4.54	12.7
天津	23.4	12.5	53.42	1.16	4.96
河北	195.75	143.71	73.42	3.29	1.68

说明：生态用水总量是维护或改善组成现有生态系统的植物群落、动物以及非生物部分的平衡所需要的水量。

资料来源：《生态用水》，360 百科（http://baike.so.com/doc/7870435-8144530.html）。

通过上述数据的比较可见，河北省在水资源总量和人均水资源量方面均高于京津，占有一定的优势，而在用水方面却存在着分配失衡的问题。一方面，2005—2015 年京津年均农业用水总量占年均用水总量的比例分别为 28.78% 和 53.42%，河北省则高达 73.42%；另一方面，北京年均生态用水总量为 4.54 亿立方米，在三地中为最高，但其年均生态用水总量占年均用水总量的比例为 12.7%，也是最高的，说明其用水量的分配相对平衡；天津年均生态用水总量仅为 1.16 亿立方米，在三地中为最低，但其年均生态用水总量占年均用水总量的比例为 4.96%，低于北京却高于河北，说明其用水量的分配也是相对平衡的；而河北省年均生态用水总量为 3.29 亿立方米，比北京少了 1.25 亿立方米，但年均生态用水总量却只占其年均用水总量的 1.68%，比北京低了 11.02 个百分点，显然远远不能满足生态用水总量的要求。概括而言，河北省年均农业用水总量和年均生态用水总量所占年均用水总量的比重，在京津冀三地的比较中，一个是最高，高得出奇，一个是最低，低得可怜。究其原因，河北省固然是农业大省，农业用水总量比京津多也是很正常的事情，但大幅度地减少生态用水总量，揭示出两个突出的问题：一是河北省对保护和维护生态平衡的重视程度不够；二是农业用水方面存在着方式粗放、浪费严重和农作物种植品种优选不科学的问题。如何平衡农业与生态用水之间的关系，实现科学种植和高效用水，是作为生态农业的休闲农业面临的一个严峻挑战。

（五）京津冀大气环境的比较与评价

对农村生态资源的评价，自然不能绕开人们所关注的一个热点问题，即大气环境。本书选取废气中二氧化硫、氮氧化物和烟（粉）尘在 2011—2014 年的排放量进行比较（见图 4-4、图 4-5 和图 4-6），数据均来源于国家统计局官网。

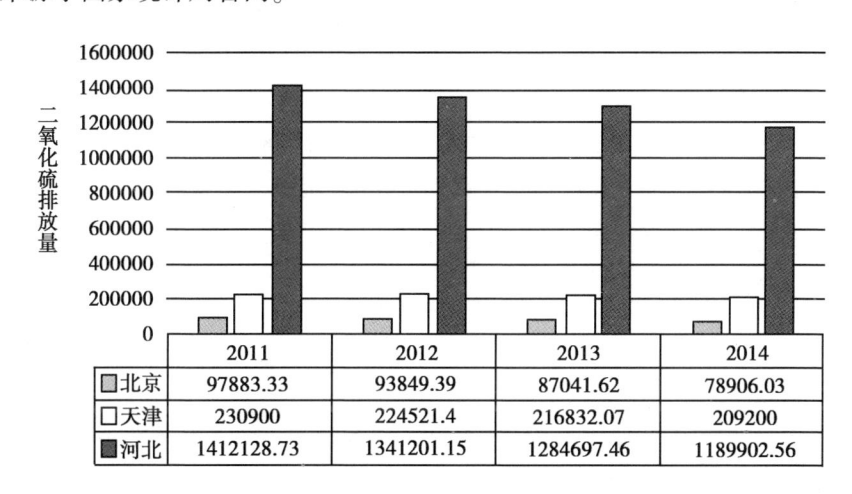

二氧化硫排放量	2011	2012	2013	2014
北京	97883.33	93849.39	87041.62	78906.03
天津	230900	224521.4	216832.07	209200
河北	1412128.73	1341201.15	1284697.46	1189902.56

图 4-4 京津冀二氧化硫排放量的比较（吨）

通过比较可见，京津冀二氧化硫和氮氧化物的排放量均呈现下降的趋势，而烟（粉）尘的排放量除北京在下降外，河北和天津却在逐年上升，

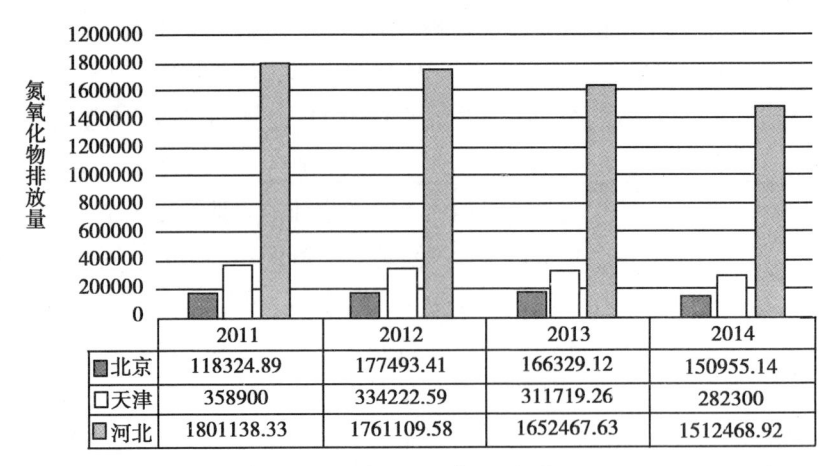

氮氧化物排放量	2011	2012	2013	2014
北京	118324.89	177493.41	166329.12	150955.14
天津	358900	334222.59	311719.26	282300
河北	1801138.33	1761109.58	1652467.63	1512468.92

图 4-5 京津冀氮氧化物排放量的比较（吨）

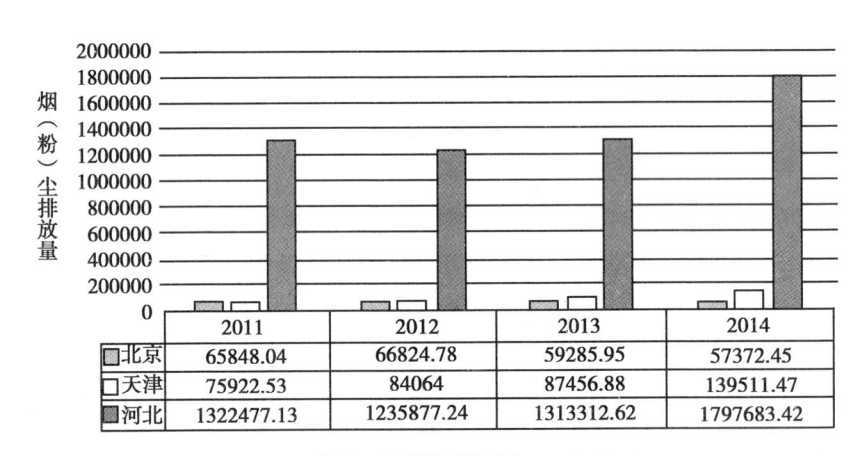

烟（粉）尘排放量	2011	2012	2013	2014
北京	65848.04	66824.78	59285.95	57372.45
天津	75922.53	84064	87456.88	139511.47
河北	1322477.13	1235877.24	1313312.62	1797683.42

图 4-6 京津冀烟（粉）尘排放量的比较（吨）

而且2013—2014年的上升幅度明显增大。2014年河北省二氧化硫、氮氧化物和烟（粉）尘排放量分别是京津的15.08倍和5.69倍、10.02倍和5.36倍、31.33倍和12.89倍。毋庸置疑，河北省的大气环境质量与京津相比，劣势非常显著。根据中国环保部《中国环境状况公报》公布的统计结果，河北省在2013—2015年全国空气质量相对较差的10个城市中分别有7个、6个和7个城市位列其中，天津市在2014年位居倒数第十名。这些数据一方面说明，整个京津冀区域的大气环境质量在全国属于最为严重的地区，河北省尤甚；另一方面，这种现状使得京津冀的市民对于优良环境的渴望度相对更高，对休闲农业的需求欲望会更加强烈。

通过对京津冀农村生态资源在地理区位、地形地貌、气候资源、生物资源、水文资源以及大气环境等方面的比较，可以归纳出河北省在农村生态资源方面的优势与劣势所在。优势主要表现在地理区位、地形地貌、气候资源和生物资源四个方面，是河北省大力发展休闲农业的重要基底；水文资源方面河北省既有优势又有劣势，优势表现为水资源总量和人均水资源总量均高于京津，劣势则突出体现在农业用水总量偏高，而生态用水总量偏低的不均衡状态，对河北省发展高效节水休闲农业给出了方向性的指引；极为突出的劣势体现在大气环境方面，二氧化硫、氮氧化物和烟（粉）尘三大废气排放量均数倍于京津，而且烟（粉）尘的排放量还呈现出不降反升的趋势，对河北省休闲农业的发展既是一个严峻的挑战，又是一个不可忽视的内隐性需求驱动力。

二 京津冀农业生产资源的比较与评价

农业生产资源是河北省发展休闲农业的核心生产要素，主要包括土地、劳动力、资本、科技等资源，是休闲农业的根之所在。之所以这样说，是因为农业生产是休闲农业的根本，而休闲只是辅助功能。因此，农业生产资源的禀赋不仅决定着农业生产的情况，也决定了休闲农业的根基是否深稳。

（一）京津冀土地资源的比较与评价

从京津冀农作物总播种面积来看（见图4-7，数据来源于国家统计局官网），河北省占有绝对优势。2014年河北省的农作物总播种面积分别是京津的44.4倍和18.2倍；2005—2014年，京津冀的农作物总播种面积总体上均呈现减少的趋势，其中北京市的减少速度最快，2014年与2005年相比，减少了38.33%，天津减少了4.1%，河北则只减少了0.8%。休闲农业以农业生产为主，以休闲为辅。因此，土地既是农业生产的重要资源，也是休闲农业的重要资源。农作物总播种面积的大小及其变化趋势，能够在一定程度上反映出土地资源的供给情况和农业生产规模的大小。经过比较不难看出，河北省在土地资源比京津更具优势。

（二）京津冀农业劳动力资源的比较与评价

以2005—2014年京津冀第一产业从业人员作为比较对象，可以分析

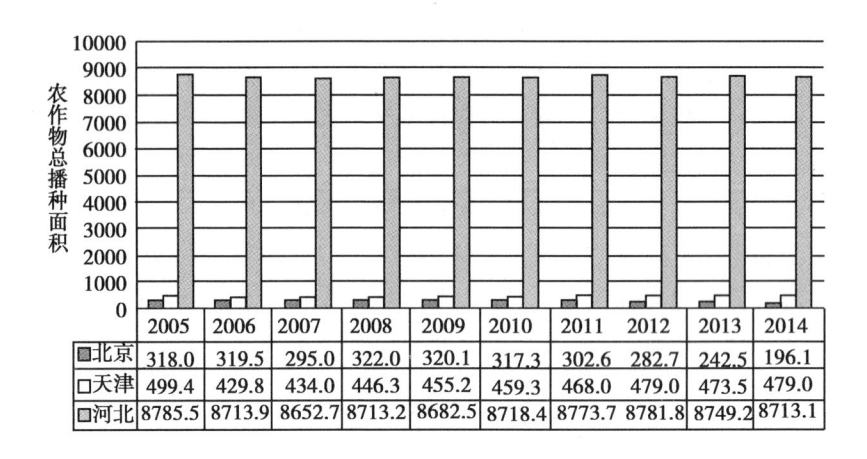

	2005	2006	2007	2008	2009	2010	2011	2012	2013	2014
北京	318.0	319.5	295.0	322.0	320.1	317.3	302.6	282.7	242.5	196.1
天津	499.4	429.8	434.0	446.3	455.2	459.3	468.0	479.0	473.5	479.0
河北	8785.5	8713.9	8652.7	8713.2	8682.5	8718.4	8773.7	8781.8	8749.2	8713.1

图 4-7 京津冀农作物播种总面积的比较（千公顷）

出三地农业劳动力资源的数量差异和变化趋势（见图 4-8）。作为传统农业大省，河北省第一产业从业人员的绝对数量远超京津，占有显著优势；从整体趋势来看，京津冀第一产业从业人员的数量均呈下降趋势，京津的下降趋势基本一致，2005—2013 年河北占京津冀的比重均在 91% 以上，2014 年达到近十年来的新高 92.1%，说明河北的下降速度要慢于京津。导致第一产业从业人员数量持续下降的原因主要有三个：一是农业的生产成本不断提高，经济效益不断下降导致一部分农民弃农务工；二是农业的机械化水平不断提高导致所需农民的数量减少；三是城镇化的发展使得一部分农民因进城而转行。这一现象揭示出第一产业对劳动力的吸引力在不断降低。休闲农业被视为农业转型升级的重要抓手，河北省虽然在劳动力资源的绝对数量方面与京津相比占有显著优势，但在吸引既有农业和旅游业的相关知识，又有一定管理经验和技术的高素质人才方面，则面临艰巨考验，是能否提升河北省休闲农业产业竞争力的一个关键问题。

（三）京津冀资本资源的比较与评价

选取全年金融机构贷款余额、农林牧渔业固定资产投资和全社会基础设施投资三项指标对京津冀的资本资源进行比较（分别见图 4-9、图 4-10 和图 4-11）。

休闲农业是一个投资大、资金回收周期长的产业，对资本具有较高的要求。休闲农业的发展不仅需要金融机构和企业具备雄厚的资金实力与强而活的融资能力，还需要政府与经营主体共同对农林牧渔业和基础设施进

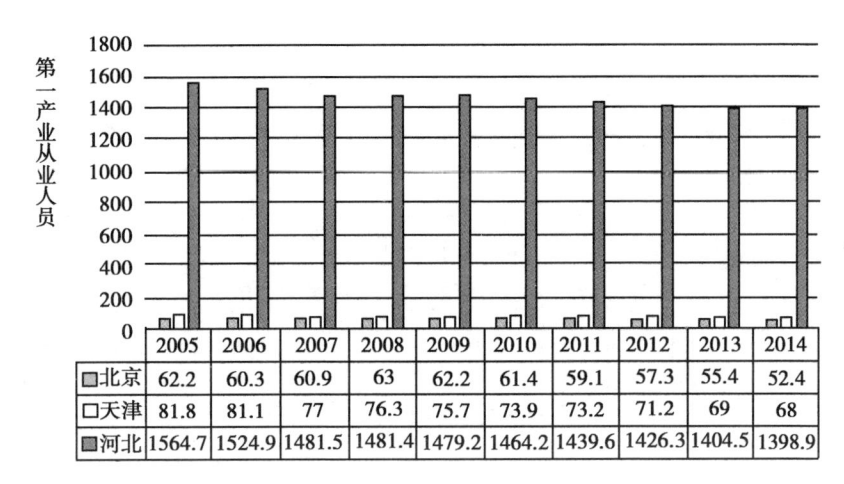

第四章 河北省休闲农业的生产要素分析

第一产业从业人员	2005	2006	2007	2008	2009	2010	2011	2012	2013	2014
北京	62.2	60.3	60.9	63	62.2	61.4	59.1	57.3	55.4	52.4
天津	81.8	81.1	77	76.3	75.7	73.9	73.2	71.2	69	68
河北	1564.7	1524.9	1481.5	1481.4	1479.2	1464.2	1439.6	1426.3	1404.5	1398.9

图 4-8　京津冀第一产业从业人员的比较（万人）

资料来源：《河北经济年鉴（2015）》，第 675 页。

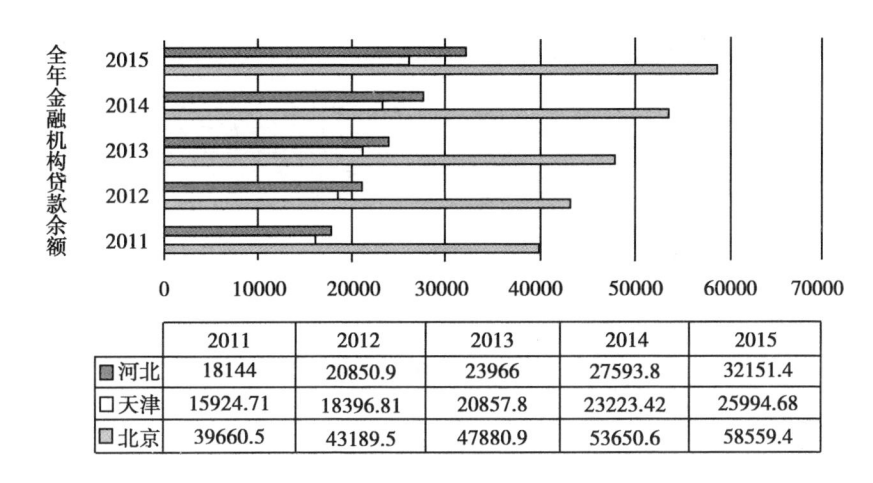 全年金融机构贷款余额	2011	2012	2013	2014	2015
河北	18144	20850.9	23966	27593.8	32151.4
天津	15924.71	18396.81	20857.8	23223.42	25994.68
北京	39660.5	43189.5	47880.9	53650.6	58559.4

图 4-9　京津冀全年金融机构贷款余额的比较（亿元）

资料来源：《2011—2015 年京、津、冀国民经济和社会发展统计公报》、国家统计局官网和《河北经济年鉴（2015）》，第 675 页。

行大量的投资。全年金融机构贷款余额代表着当地金融机构市场货币供应量的多少，直接制约着企业的融资能力。从 2011 年至 2015 年京津冀全年金融机构贷款余额的比较来看，北京的货币供应量最多，河北居中，天津

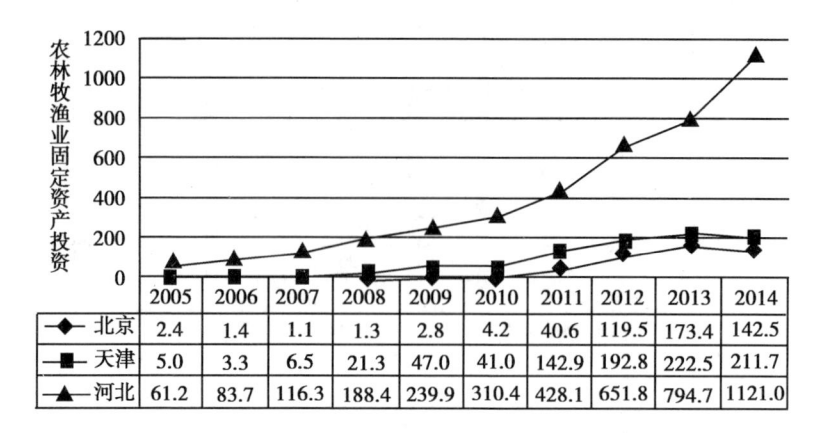

	2005	2006	2007	2008	2009	2010	2011	2012	2013	2014
北京	2.4	1.4	1.1	1.3	2.8	4.2	40.6	119.5	173.4	142.5
天津	5.0	3.3	6.5	21.3	47.0	41.0	142.9	192.8	222.5	211.7
河北	61.2	83.7	116.3	188.4	239.9	310.4	428.1	651.8	794.7	1121.0

图 4-10 京津冀农林牧渔业固定资产投资的比较（亿元）

资料来源：《2011—2015 年京、津、冀国民经济和社会发展统计公报》、国家统计局官网和《河北经济年鉴（2015）》，第 675 页。

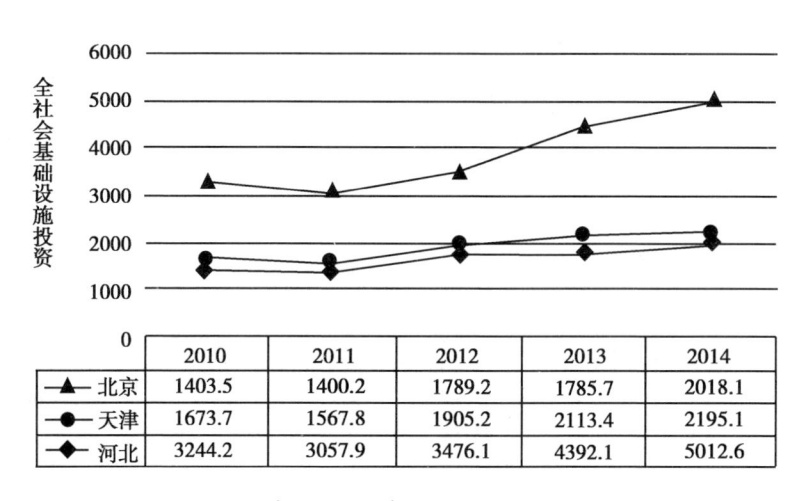

	2010	2011	2012	2013	2014
北京	1403.5	1400.2	1789.2	1785.7	2018.1
天津	1673.7	1567.8	1905.2	2113.4	2195.1
河北	3244.2	3057.9	3476.1	4392.1	5012.6

图 4-11 京津冀全社会基础设施投资的比较（亿元）

资料来源：《2011—2015 年京、津、冀国民经济和社会发展统计公报》、国家统计局官网和《河北经济年鉴（2015）》，第 675 页。

最少；三地均呈逐年递增的趋势，但增长速度北京最快，天津最慢。2005—2014 年农林牧渔业固定资产投资方面，河北省的投资数量最多，增长速度最快，其次是天津，最后是北京。尤其是 2010—2014 年期间，京津对农林牧渔业的投资力度明显趋缓,而河北则强势增长。在全社会基础设施投资方面,2011年以来,三地明显加强了对基础设施的投资,其中河北最多,天津第二,北京最后,而且河北的投资力度和增长幅度都远超京津。将三个指标综合来看,虽然河北省的金融机构贷款余额在绝对数量上是一个非常明显的劣势,但河北省在市场货币供应量大幅低于北京的情况下,对农林牧渔业和基础设施的投资却是大手笔的增加,政府和企业这种高度重视和大力投资的势态,为休闲农业的发展奠定了深厚的资本基础,有利于休闲农业产业竞争力的快速提升。

(四)京津冀科技资源的比较与评价

选取京津冀R&D经费支出、技术市场成交额和专利授权量进行比较(见表4-7、图4-12和图4-13)。R&D经费支出代表着科技投入的多少,技术市场成交额和专利授权量则可以反映出科技产出的水平,技术市场成交额与R&D经费支出之比,在一定程度上能够反映出科技产出的效率,间接说明科技水平的高低。

表4-7 2005—2014年京津冀R&D经费支出和技术市场成交额的比较

(亿元)

省份	指标	2005年	2006年	2007年	2008年	2009年	2010年	2011年	2012年	2013年	2014年
北京	R&D经费支出	379.5	433.0	527.1	620.1	668.6	821.8	936.6	1063.4	1185.0	1268.8
北京	技术市场成交额	434.4	697.3	882.6	1027.2	1236.2	1579.5	1890.3	2458.5	2851.7	3136.0
天津	R&D经费支出	72.9	95.2	114.7	155.7	178.5	229.6	297.8	360.5	428.1	464.7
天津	技术市场成交额	50.7	58.9	72.6	87.5	106.2	119.8	171.6	251.2	300.7	418.1
河北	R&D经费支出	59.3	77.2	90.5	109.3	134.8	155.4	201.3	245.8	282.5	314.2
河北	技术市场成交额	10.4	15.9	16.5	16.6	17.2	19.3	26.7	37.8	31.6	29.9

资料来源:《河北经济年鉴(2015)》,第687页。

由表4-7、图4-12和图4-13可见,京津冀的R&D经费支出分别从2005年的379.5亿元、72.9亿元和59.3亿元增加到了2014年的1268.8亿元、464.7亿元和314.2亿元,技术市场成交额分别从2005年的434.4、50.7和10.4亿元增加到了2014年的3136.0亿元、418.1亿元和29.9亿元,国内专利授权量也从2005年的1.0万件、0.3万件和0.4万件增加到了2014年的7.5万件、2.6万件和2.0万件。虽然三地在这三个指标上都呈现出了不断增长的共同趋势,但通过图4-12对技术市场成交

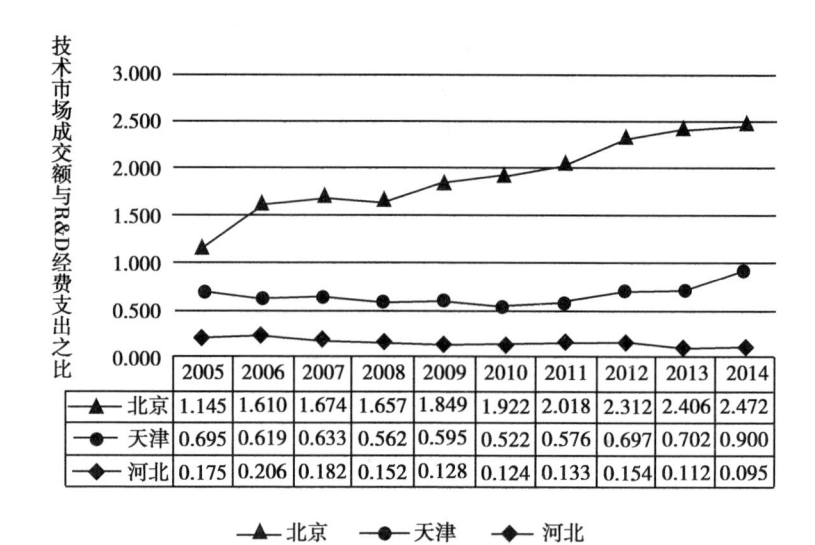

技术市场成交额与R&D经费支出之比	2005	2006	2007	2008	2009	2010	2011	2012	2013	2014
北京	1.145	1.610	1.674	1.657	1.849	1.922	2.018	2.312	2.406	2.472
天津	0.695	0.619	0.633	0.562	0.595	0.522	0.576	0.697	0.702	0.900
河北	0.175	0.206	0.182	0.152	0.128	0.124	0.133	0.154	0.112	0.095

图 4-12　京津冀技术市场成交额与 R&D 经费支出之比的比较（%）

资料来源：由表 4-7 计算得出。

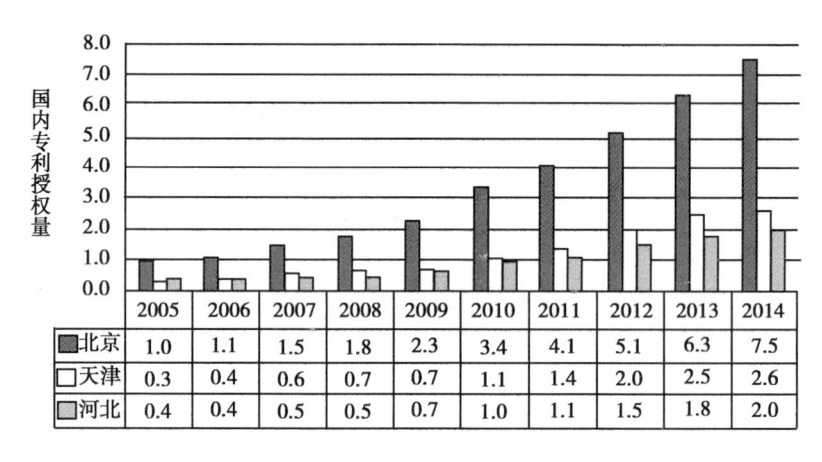

国内专利授权量	2005	2006	2007	2008	2009	2010	2011	2012	2013	2014
北京	1.0	1.1	1.5	1.8	2.3	3.4	4.1	5.1	6.3	7.5
天津	0.3	0.4	0.6	0.7	0.7	1.1	1.4	2.0	2.5	2.6
河北	0.4	0.4	0.5	0.5	0.7	1.0	1.1	1.5	1.8	2.0

图 4-13　京津冀国内专利授权量的比较（万件）

资料来源：《河北经济年鉴（2015）》，第 687 页。

额与 R&D 经费支出之比的比较，就能清晰地看出三地之间在科技产出效率上的巨大差距与变化趋势。尤其是 2012—2014 年，与京、津科技产出效率快速提升形成鲜明对比的是河北省的快速下降，导致河北与京津之间的差距呈现出日益拉大的趋势，这一现象不能不引起河北省政府及相关科研部门的重视与反思。

通过对京津冀农业生产资源从土地、劳动力、资本和科技四个方面的比较，可以得出如下的结论：第一，河北省在土地资源方面与京津相比占有绝对优势，且这一优势正在逐年递增，为河北省休闲农业奠定了不可超越的农业产业规模和基础。第二，在劳动力资源方面，虽然京津冀第一产业从业人员的数量均在逐年下降，表明农业产业对劳动力的吸引力在持续下降，但河北省在第一产业从业人员的数量方面占有明显优势。未来的挑战在于河北省如何利用京津冀协同发展的难得机遇，吸引高质量人力资源的加入，是提升河北省休闲农业产业竞争力的关键点。第三，在资本资源方面，河北省的劣势有目共睹，但河北省在市场货币供应量大幅低于北京的情况下，持续大幅度地增加对农林牧渔业和基础设施的投资，无疑是对河北省休闲农业产业的看好和大力支持，为休闲农业产业竞争力的提升创造了条件。第四，科技实力和效率水平是河北省农业生产资源中最大的软肋，不仅科研经费的投入无法与财大气粗的北京相比，而且科技产出的效率出现了与京津逐步拉大的趋势，非常不利于依靠科技才能实现农产品和农业多重休闲附加值的休闲农业的发展，是对河北省休闲农业产业竞争力的一个严峻挑战。总之，河北省与京津相比，在土地资源和劳动力资源方面占据绝对优势，而在资本资源和科技资源方面却是劣势突出。唯有在充分利用优势资源的同时，坚持不懈地夯实农业产业的基础，抓住京津冀协同发展的机遇，科学谋划，务实创新，才能将京津雄厚的资本和优秀的人才吸引过来，进而推动河北省休闲农业产业竞争力的提升。

三 京津冀农民生活资源的比较与评价

在体现农民生活资源的衣、食、住、行四个方面，京津冀的穿着打扮和交通出行已经非常趋同，没有太大的差异，而在饮食和居住方面依然还保留着各自的传统和特色。

（一）京津冀饮食的比较

首先，作为世界第八大"美食之城"、位居内地之首的北京，融合了汉、回、蒙、满等多民族风味小吃以及明、清宫廷小吃的特色，形成了历史悠久、品种繁多、用料讲究、制作精细的京味小吃，约有二三百种。其中名气最大的当数老北京小吃十三绝，包括驴打滚、艾窝窝、糖卷果、姜丝排叉、糖耳朵、面茶、馓子麻花、萨其玛、焦圈、糖火烧、豌豆黄、豆馅烧饼、奶油炸糕等，口味与众不同，各有特色，成为北京小吃的亮点。每一种小吃的做法与吃法都蕴含着深刻的哲理和北京人特有的审美情趣，一种小吃就是一个故事，不仅可以品出皇室贵胄与北京小吃的情缘，感知风味饮食里的士大夫情怀，还可以勾勒出市井烟火与舌染凡尘的温馨画面。

其次，作为退海之地的天津，与历史悠久的北京相比，虽然形成较晚，但漕运的便利条件使得五方杂处的居民带来了各地的饮食习惯，造就了天津饮食文化的丰富多彩。天津人饮食习俗的形成与其所处的环境有密切的关系。因河、湾、湖、淀、塘众多且临海，故而水产极为丰富，"吃鱼吃虾，天津为家"，道出了天津人喜食鱼虾的优越条件与特殊爱好。津人爱吃会吃且擅长烹饪，口味既有"南甜"，又有"北咸"，且酸、辣、香、麻一应齐备。津菜菜系以扒、烹、烧、炒、煎、烙、烤、煮、炝、凉拌、腌、酱等为主要烹调方式，并以"八大碗"配置宴席菜肴。民间小吃风味独特，有口皆碑，如炸糕、麻花、包子、锅巴菜、棒棒鸡、糕干、油酥烧饼、面茶、烫面炸糕、牛肉香圈、豆皮卷圈、水爆肚、老豆腐、煎焖子、煎饼果子、门坎素包等。"狗不理包子""十八街麻花"和"耳朵眼炸糕"被誉为"津门三绝"，不仅是旧时朝廷指定的御膳，而且也是今天享誉世界的美食佳品。

最后，河北省作为京畿重地，环拥京津，自古以来就是京津的粮仓和菜篮，是名副其实的农业大省，物产丰饶，人杰地灵，各地市的劳动人民发挥聪明才智，创造出了不计其数的经典民间美食。如石家庄的金凤扒鸡、西河肉糕、马家卤鸡、正定八大碗、石塔烧饼和藁城宫面等；唐山的饹馇、郝家火烧、麻糖、棋子烧饼、义盛永熏鸡、农家懒豆腐等；秦皇岛的回记绿豆糕、抚宁老髦肉、孟和尚粉肠、饽椤饼、老二位烧饼和四条包子等；邯郸的武安拉面、马头酥鱼、永年驴肉灌肠和老槐树烧饼等；邢台的武大郎烧饼、南宫熏菜、威县火烧和任县老炒肉等；保定的漕河驴肉火烧、定州焖子、烙炸、高碑店豆腐丝和白洋淀熏鱼等；张家口的柴沟堡熏肉、莜面窝窝、糊糊面和烧南北等；承德的坛焖肉、都山水豆腐、荞面饸饹、南沙饼和拨御面等；沧州的河间驴肉火烧、羊肠汤、油酥烧饼和丁氏香肠等；廊坊的香河肉饼、薛家窝头、小熏鸡、三河豆腐丝、永清胡记烧鸡和文安熬鱼等；衡水的深州酥糖、郭庄旋饼、武邑扣碗和饶阳金丝杂面等。这些历史悠久、独具风味的地方小吃，淋漓尽致地展现出河北饮食文化"杂"的特色。

2016年11月18日刚刚出炉的首届中国金牌旅游小吃中,京津冀分别有5个、6个和9个特色小吃榜上有名。包括北京的天兴居炒肝、大顺斋糖火烧、东来顺羊肉串、仿膳饭庄豌豆黄、锦芳元宵;天津的狗不理包子、桂发祥十八街麻花、果仁张、大福来锅巴菜、万全堂杨村糕干、宝坻卷馅肉饼;河北的白家牛肉罩饼、石家庄红星包子、李春秋驴肉火烧、鸿宴饭庄棋子烧饼、昌黎赵家馆饺子、唐山凤凰园酥饼、石门一味缸炉烧饼、张家口捞汁莜面、承德老三羊汤[①]。说明京津冀的饮食各有特色,河北在数量上更胜一筹。

(二)京津冀居住特色的比较

首先,北京作为历史文化名城,尤其是曾经作为12朝之都,形成了辨正方位、注重风水、讲求对称和突出中心的建筑风格,其中四合院是北京人最大的居住特色。因此把老北京看作以胡同为金丝串起众多四合院而构成的文明古都毫不为过。北京四合院作为老北京人世代居住的主要建筑形式,驰名中外,世人皆知。首先,它的历史十分悠久。自元代正式建都北京,大规模规划建设都城时起,四合院就与北京的宫殿、衙署、街区、坊巷和胡同同时出现了。其次,北京四合院的构成有独特之处。院落宽绰疏朗,四面房屋各自独立,有游廊连接彼此,起居十分方便;封闭式的住宅使四合院具有很强的私密性,关起门来自成天地;院内的四面房门都开向院落,一家人和美相亲,其乐融融;宽敞的院落中还可植树栽花、饲鸟养鱼、叠石迭景,居住者尽享大自然的美好。最后,四合院虽为居住建筑,却蕴含着深刻的文化内涵。除了东南西北四面房屋严格按照儒家文化的长幼尊卑进行分配之外,四合院的营建也是极其讲究风水,是中国传统建筑理论的重要组成部分。四合院的装修、雕饰、彩绘也处处体现着民俗民风和传统文化,表现出人们对幸福、美好、富裕、吉祥的追求,如以蝙蝠、寿字组成的图案,寓意"福寿双全";以花瓶内安插月季花的图案寓意"四季平安";而嵌于门簪、门头上的吉辞祥语,附在抱柱上的楹联,以及悬挂在室内的书画佳作,更是集贤哲之古训,采古今之名句,或颂山川之美,或铭处世之学,或咏鸿鹄之志,风雅备至,充满浓郁的文化气

---

① 《京津冀三地联手打造休闲农业旅游圈》,2015年9月1日,中央政府门户网站(http://www.gov.cn)。

息，有如一座传统文化的殿堂。北京四合院虽是中国封建社会宗法观念和家庭制度在居住建筑上的具体表现，但庭院方阔，尺度合宜，宁静亲切，花木井然，是十分理想的生活居所。①

其次，天津的传统民居也以四合院为主，并有三合院、筒子院、独门独院和门脸房等，尤其推崇大四合套院落，以横向连接的两侧跨院多为富，以纵向连接的进深院落层次多为荣，并讲究装饰砖雕和木雕。

最后，河北也沿袭四合院的布局风格，住宅大多因地就势，坐北朝南，就地取材，有石头房子、窑洞、土木结构、砖木结构等类型。一般北屋作为正屋，供人居住，室内陈设以实用为原则，鲜有华而不实的修饰。东西厢房作为储藏农具、粮食以及杂物之用，一般院内还建有鸡鸭鹅猪等圈舍。

总之，虽然京津冀的民居都采用的是以四合院为主的布局风格，但其规模、口碑、文化影响力等方面却存在较大差异。北京占据绝对优势，天津和河北在四合院的基础上呈现出建筑材料和结构布局的多元化趋势，为京津冀休闲农业打造差异性的民宿风格奠定了基础。

四 京津冀农耕民俗文化资源的比较与评价

首先，北京具有三千多年的建城史，历史上曾经成为12个朝代的都城，时间长达一千多年，这一历史背景造就了北京文化鲜明的地域性、城市性和都城性的特点。如京腔京味的北京话、北京四合院、胡同文化、皇家文化、市井文化和北京特色小吃等广为人知。与此同时，由于北京所处的地理位置、北京功能定位的重新调整以及世界性城市发展目标的确定，使得北京的文化中包含着三个层次的交融：即农耕文化和牧猎文化的撞击与融会、京师文化和地区文化的辐辏与辐射、中华文化与外来文化的排斥与吸纳。

其次，天津的传统文化有着深厚丰富的内涵和突出的地域特色，表现在建城设卫、生产商贸、地域文化、人生礼仪、岁时节日、信仰及民间艺术等诸多方面，形成了特色鲜明的漕运文化、盐商文化、租界文化、礼仪文化、节庆文化和天后文化。

最后，河北的农耕民俗文化资源厚重广博、绚烂多姿，不仅体现在代

---

① 高晓红：《古仓新韵——北京南新仓文化街》，《城建档案》2008年第11期。

表农业生产力的农具上,还有农民对农时节令民谚等农业生产经验的智慧总结;不仅形成了"忠义淳朴,仗义豪放"的民风,创造了"特色浓郁,多姿多彩"的民俗,还拥有众多的以祭拜、祈福、团聚为内容的节庆活动,对中国文化的贡献不可磨灭。

京津冀虽然地缘相接、文化同源,但各地在长期的历史进程中却取得了不同的农耕民俗文化成果(见表4-8)。

表4-8　　　　　　　　京津冀农耕民俗文化资源的比较

指标	数据说明	全国	北京	天津	河北
国家级非物质文化遗产代表性项目(项)	2006—2014年共计四批	1372	54	12	69
中国历史文化名镇、名村(个)	2003—2014年共计六批	528	7	2	19
中国重要农业文化遗产(项)	2013—2015年共计三批	62	2	1	3
中国民间艺术之乡(个)	2011—2013年 2014—2016年,共两批	590	19	16	43
中国最有魅力(最美)休闲乡村(个)	2010—2016年共计七批	410	15	12	13
中国美丽田园(个)	2013年和2014年共计两批	248	8	4	6

资料来源:本研究整理。

农村生态资源、农业生产资源、农民生活资源以及农耕民俗文化资源作为河北省发展休闲农业的基底要素、核心要素、吸引要素和灵魂要素,资源禀赋并不均等。其中,农村生态资源中的水文资源和大气环境资源,以及农业生产资源中的资本和科技资源是河北省休闲农业生产要素的劣势所在,其他各项资源则具有较大的优势。在对各项要素资源进行开发的过程中,面对劣势,需要客观认知,智慧整合,善于借势,变劣为优;而对于优势,更应善待和珍视,以长远的眼光进行合理开发,力争优势永存。即优势要素资源要善用并用足,对劣势资源要善于借势整合并促其转优。

第四节　河北省休闲农业生产要素开发利用中的主要问题

河北省休闲农业因为自发发展阶段比较长,虽然从2006年政府开始进行规范引导,但真正以休闲农业的产业视角进行规范化发展还是 2011 年之后的事情了。近几年,政府相对偏重于数量的增长,对质量的重视程度则相对较弱。加之河北省休闲农业经营主体自身对休闲农业的认知程度不高,导致对休闲农业生产要素的开发利用上还存在一些具有普遍性的问题,直接影响河北省休闲农业产业竞争力的提升。

一 缺乏对农村生态资源的保护意识

良好的农村生态环境是休闲农业对城里人最首要的吸引点。归根结底,物质渐丰,但被污染的环境、巨大的压力、食品安全的威胁重重包围的城里人,最想体会的无非就是与城市生活完全不同的农村自然风光和良好的生态环境。因此,纵情于蓝天白云、绿水青山、新鲜空气、乡间小路、田园风光之中,暂时忘记名利,抛开一切烦忧,尽情享受慢时光的生活意境,弥补无暇兼顾的亲情友情,感悟人生真谛,找回忙忙碌碌背后的初心,正是城里人最为渴求的,当然也是农村生态资源的休闲价值所在。如果视若珍宝,进行保护性开发,必将受益无穷。但如若开发保护不当,对地形地貌、水文资源任意破坏,不注重垃圾处理和环境卫生,功能分区划定不合理,不重视环境游客承载能力,游览区域和线路设计不合理等,不仅会破坏当地的生态环境,而且更为严重的还可能危及当地的生态系统,这点在河北省某些管理混乱的农家乐聚集区已经暴露出来。如不及时处置,将产生无法弥补的严重后果,甚至给休闲农业产业带来毁灭性的打击。因此,发展休闲农业,开发农村生态资源,却没有意识到它的宝贵性,不能严格执行习近平主席所提出的"像保护眼睛一样保护生态环境,像对待生命一样对待生态环境"的理念[①],不管是认识不到位的问题,还是急功近利的原因,都应进行深刻反思并予以高度重视。

二 缺乏对农业生产资源的长期投资机制

休闲农业是在农业生产的基础上,对农业的多重功能进行开发,增加休闲价值,提高综合效益的新型农业产业形态。因此,农业才是休闲农业的根本,而休闲功能只是辅助,离开了农业根基的休闲就不再是休闲农业

---

① 习近平:《要像保护眼睛一样保护生态环境》,2015 年 3 月 8 日,中国农业新闻网(http://www.farmer.com.cn/ywzt/wlh/bd/201503/t20150308_ 1017185.htm)。

了。调研中发现河北省对农业生产资源的开发利用中存在以下几个突出问题：一是对土地资源的不合理开发。主要表现为不了解地力情况，尤其是跨行进入农业领域的投资主体，想当然地进行耕种，种植的作物与土壤不匹配，也没有科学的休养轮耕理念，导致项目失败的例子不在少数。也有一些园区脱离农业生产而单纯打造观光娱乐、休闲度假项目，或者打着投资农业的幌子，主要产业并不是进行农业生产带动农民致富，而是变相搞其他产业。类似这样的情况，会引起人们对休闲农业的误解，把本来是沟通城乡、促进农民就业增收的好事变成了城市对农村的再次剥削，不利于休闲农业的健康可持续发展。二是对劳动力资源的长期投资机制还需完善和强化。目前，休闲农业的劳动力资源除了主要的管理和技术人员之外，绝大部分还是来源于当地的农民，而农民要转化为适应休闲农业要求的劳动力，必须经过长期的培训。虽然现在河北省对农民实施了阳光培训和新型职业农民培训工程，但其覆盖面、定期化、持续性均需加强。三是涉农项目的投融资机制还不健全。休闲农业投资大且回收周期长，对资金的持续性投入要求较高，成为发展休闲农业的一个重要约束条件。2016年4月，《农村承包土地经营权抵押贷款试点暂行办法》和《农民住房财产权抵押贷款试点暂行办法》的出台意味着困扰农村贷款难的"两权"抵押问题终于有了答案，有利于缓解农业生产的资金之困。但仍存在产权登记、抵押物变现、第三方评估市场的空缺等诸多困扰，其他投融资渠道也存在各种需要完善之处。四是科技资源的投入与推广机制仍需不断创新。改变以往科技投入不少，但成果的实用性不强，推广的平台和力度不够的情况，必须从机制创新上进行突破。营造浓厚的科技氛围，鼓励科技人员的研发积极性，构建科技供需对接平台等，需要政府和休闲农业企业携手共推。总之，土地、劳动力、资本、科技等农业生产资源对休闲农业竞争优势的影响至深至远，需要长期投资，更需要良好的运行机制，这正是河北省休闲农业最主要的短板，也成为产业竞争力提升的重要突破口。

三 缺乏对农民生活资源的创意呈现

广大农民在生产生活中顺应自然，发挥聪明才智所创造和保留下来的生活方式和实践智慧是河北省休闲农业取之不竭的营养之源。但在如何保护性开发利用和创意呈现方面却不尽如人意。如河北省在2014年农家乐的数量就已达666家，其中绝大多数是靠当地的特色农家饭菜作为吸引顾客的招牌。但由于缺乏对饮食文化的渊源故事、内涵及寓意的创意开发，使得其价值和留给顾客的印象大打折扣。再如一些保留几百年的古村古镇、特色民居等开发利用时被改得面目全非，特色全无。因此，如何把创意融进朴实的农民生活资源之中，使现代技艺与传统生活资源碰撞出精彩，馆陶特色小镇的经验值得借鉴推广。河北数不胜数的农民生活资源需要更多更好的创意去呈现。在开发农耕民俗文化资源时，应让这个"灵魂"有"体"可依，把地方特色浓郁的乡土文化、农耕文化、民风民俗文化、节庆文化、民居文化等，渗透在整体规划和具体项目之中，既可建立农耕民俗文化博物馆，以静态的方式进行实物展示和图片文字介绍；还可以让这些文化走出博物馆，动起来，活起来，给游客提供融入其中、亲身感受的体验舞台。通过艺术化的表现形式，使之具有观赏性、互动性、趣味性、体验性和科普性，穿越时空，生命常新，灵魂永驻。这些宝贵的农耕民俗文化资源与河北这块土地密不可分、水乳交融，因此是不可复制的，也是河北省休闲农业核心竞争力的重要依托和灵魂支柱，而休闲农业也理应成为保护、传承、弘扬和呈现河北农耕民俗文化的重要载体。

四 缺乏对农耕民俗文化资源的深度挖掘

习近平总书记在同各界优秀青年代表座谈时指出，一个没有精神力量的民族难以自立自强，一项没有文化支撑的事业难以持续长久。作为被2016年中央一号文件赋予了"繁荣农村、富裕农民的新兴支柱产业"重要使命的休闲农业来说，这句话也同样适用。河北省拥有底蕴深厚、丰富多彩、形式多样的农耕民俗文化资源，只有把优秀的农耕民俗文化渗透到休闲农业的骨子里，使其成为休闲农业的灵魂所在，精神依托，这个产业才能持续长久。但事实并不理想，河北省休闲农业对资源的开发方面关注更多的是外在的"梳妆打扮"和浅层的开发，如采摘、餐饮等，而对内在的夯实并不上心或者心有余而力不足，对农耕文化、民风民俗资源开发深度不够，重物质轻文化现象严重，导致农业资源的综合价值不能得到有效发挥，深度化、广度化程度远远不够，无法满足消费者对文化层面的更高需求。拥有如此丰富优秀的文化资源不会利用，白白浪费，实在令人惋惜。与其苦恼于刚刚创新的一个项目马上就被人模仿，倒不如在老祖宗留下的文化资源上多用用心，下下功夫，毕竟农耕民俗文化是有很强的地域性和独特性的。有了文化滋养的河北省休闲农业才更有内涵，更有味道，也更具竞争力。

本章小结

　　生产要素是钻石理论中产业竞争力的第一个影响因素，是指进行生产经营活动所必不可少的因素。河北省休闲农业的生产要素包括农村生态资源、农业生产资源、农民生活资源以及农耕民俗文化资源四大类型，其中农村生态资源包括地理区位、地形地貌、气候、水文以及生物资源五个方面；农业生产资源包括土地、劳动力、科技与资本四项资源；农民生活资源则主要包括衣、食、住、行四个方面；农耕民俗文化资源主要包括农耕文化和民风民俗文化资源两大类。这些资源都是河北省发展休闲农业的重要依托，但每类生产要素所包括的各种具体资源的禀赋各不相同，有优有劣。通过与京津的比较发现，农村生态资源中的大气环境和水文资源以及农业生产资源中的劳动力、资本和科技资源是河北省休闲农业生产要素的劣势所在，其他各项资源则具有一定的优势。因此，需要客观评价和科学利用要素价值。目前，河北省休闲农业对生产要素的开发利用仍存在四个方面的问题，即缺乏对农村生态资源的保护意识、缺乏对农业生产资源的长期投资机制、缺乏对农民生活资源的创意呈现和缺乏对农耕民俗文化资源的深度挖掘。这些问题的存在揭示了河北省休闲农业的薄弱之处，恰恰也是今后产业竞争力的提升之处。

第五章 河北省休闲农业的市场需求分析

在钻石理论中，第二个影响产业竞争力的因素就是市场需求，它既是产业发展的动力，也是创建和维持产业竞争力的重要条件。市场需求反映的是一个产业所面对的目标市场是谁，规模有多大，市场需求的结构是怎样的，受哪些因素影响，顾客满意度如何，成长性如何，有哪些特征等方面的情况。本章将就河北省休闲农业市场需求的上述相关问题进行定性与定量分析，以期从中找到河北省休闲农业产业竞争力的提升路径。

第一节 河北省休闲农业市场需求的定义与数据来源

一 河北省休闲农业市场需求的定义

顾名思义，市场需求由"市场"和"需求"两个概念组合而成。狭义的市场仅指进行商品交换的场所，广义的市场则指在一定的领域或场所内的商品交换关系和商品交换活动的总和。目前比较权威的市场定义是由现代营销之父菲利普·科特勒提出的，他认为"市场是由那些具有特定需求或欲望，愿意并能够通过交换来满足这种需求或欲望的全部潜在顾客所组成"[①]。对需求的定义经济学和市场营销学各有侧重。经济学认为需求是在一定时期内，在各种可能的价格下，人们愿意并且有能力购买的某种商品的数量。市场营销学则认为需求是人们愿意并且有能力购买的具体产品的欲望。前者强调的是需求的现实性，后者强调的是需求的潜在性。综合来看，市场需求就是在一定的时期内，在一定的价格条件下，全部潜在顾客对某种产品或服务愿意并能够购买的欲望和购买的数量。这一定义既阐明了市场需求的主体是包括现实顾客和潜在顾客在内的全部顾客，也

---

① 许以洪、刘玉芳：《市场营销学》，机械工业出版社2012年版，第2页。

指出了市场需求的两个重要条件,一个就是顾客在主观上的愿意,另一个就是客观上的实际购买能力;而且还概括了市场需求的两大主要类型,一类是现实的市场需求,以最终的购买数量作为表征;另一类是潜在的市场需求,以停留在还没有付诸购买行为的购买欲望层面作为表征。那么,具体到河北省的休闲农业这一具体产业及其提供的产品和服务而言,河北省休闲农业的市场需求就是指在当前及未来一段时间内,在现有的价格条件下,河北省休闲农业的现实和潜在顾客对休闲农业产品和服务愿意并能够购买的欲望和购买的数量,主要包括河北省休闲农业市场需求的规模、结构、影响因素、满意度、成长性、现状特征以及发展趋势等内容。

二 河北省休闲农业市场需求的数据来源

为了获取休闲农业市场需求的相关数据,在2014年4月至2015年11月期间,对河北省和京津分别采取了不同的调研方法。对省内的张家口市怀来县,廊坊市的安次区、广阳区、永清县,承德市的兴隆县、围场县,秦皇岛市的北戴河区,保定市的涞源县、易县和涞水县,邢台市的临城县以及石家庄市的鹿泉区、栾城区、藁城区、晋州市、正定县、赵县等20多个休闲农业点进行了问卷调查、实地考察和深度访谈相结合的方法,获取了大量宝贵的第一手资料和数据。同时,对石家庄市、保定市和沧州市的城镇居民以喜欢休闲农业旅游作为填写调查问卷的前提要求,进行了随机抽样问卷调查。二者相加共计发放问卷780份,收回710份,回收率为91%。剔除掉不完整和不合格的问卷,得到有效问卷646份。对京津市民休闲农业市场需求的调查则采取了借助在京津工作和生活的亲朋好友的朋友圈加以了解汇总的方式,获得了总量为652人的积极反馈,并据此进行了统计分析(调查问卷见附录1)。

第二节 河北省休闲农业市场需求的现状分析

一 河北省休闲农业市场需求的规模

市场需求的规模是指产业的目标顾客是谁,人数有多少,由包括现实顾客和潜在顾客在内的全部顾客所组成,对产业的发展壮大具有重要作用,尤其是现实顾客的质量和潜在顾客的数量对市场需求规模的扩大以及竞争力的提升影响更为关键。根据休闲农业的定义，其利用农村生态资源、农业生产资源、农民生活资源和农耕民俗文化资源开发农业多重功能，主要目的就是满足城镇居民观光娱乐、休闲度假、体验农事、康体怡情等多元化需求。因此，休闲农业的目标顾客非常明确，就是城镇居民。

河北省休闲农业的目标顾客，根据半径大小，首先面向的是各个园区所在地的核心城市，然后逐步放大半径到相邻地市的一些主要城市，再到全省的主要城市以及京津冀整个区域的城镇居民。截至2014年年底，京津冀三地的城镇化率分别为86.34%、82.27%和49.32%，城镇人口数量分别为1858万人、1248万人和3642万人，城镇人口总数达到6748万人，是一个规模巨大的市场。根据问卷调查，目前，即使在全省发展水平相对较好的国家级和省级休闲农业示范点、星级园区，也主要以其所在地市周边的城镇居民为目标顾客，还不能在全省范围内产生较大的影响，更不用说对京津市民的吸引力了。通过对收回的646份有效问卷的统计发现，过去一年中曾经有过2次以上休闲农业旅游经历的有460人，占有效问卷的71.21%；虽然喜欢休闲农业旅游活动，但由于各种原因还没有亲身体验过并表示将来肯定会找机会实现愿望的有186人，占有效问卷的28.79%。也就是说，参与过休闲农业的现实顾客的比例达到了71%，但仍有约29%的被访者属于潜在顾客。而90%左右的被访京津市民周末或节假日的主要出行目的地则以京津郊区的休闲农业园区为主，如近几年数量迅速增加，质量和口碑也都得以快速传播的怀柔、平谷、昌平、密云、大兴和房山等区县。只有10%左右的京津市民曾经到过河北省张家口的怀来县、承德的兴隆县、唐山的遵化市以及廊坊的三河市等地进行过休闲农业自驾游活动。问及原因，主要集中在两点：一是不知道河北省哪里有不错的休闲农业园区，二是要看交通是否方便。从中不难发现，河北省休闲农业在针对京津市民的宣传促销方面做得还很不到位；此外，京津冀接壤处的断头路、瓶颈路的确是影响京津市民把河北省作为休闲农业自驾游目的地的重要阻碍，但这一问题随着京津冀协同发展交通一体化的率先推进，将很快得以解决。因此，省内29%、京津90%左右的潜在顾客成为河北省休闲农业市场需求规模扩展的巨大空间，尤其是京津这块"大蛋糕"就摆在眼前，如何吃到嘴里，的确需要在提升吸引力和加强宣传推广力度方面下足功夫。

二 河北省休闲农业市场需求的结构

市场需求的结构主要是指市场需求的多样化细分,即顾客的动机有哪些类型。通过对问卷调查数据的统计分析,发现河北省休闲农业市场需求的动机主要包括审美、情感、体验、养生保健、学习与文化以及社交6个类型(见表5-1)。其中,审美动机位居第一,主要是为了满足亲近自然和欣赏田园美景的目的,说明农村生态环境对顾客的吸引力还是非常大的;情感动机位列第二,以释放压力和增进亲情为主要诉求,说明城镇居民普遍压力较大,因为终日忙碌也忽略了亲情,因此,借助到休闲农业园区游玩的机会加以释放和弥补;体验动机排在第三位,说明城镇居民因对农业、农村、农民的陌生而心生好奇,希望到休闲农业园区能亲身体验和感知;位列第四的动机是养生保健,虽然目前所占比例只有25.5%,相对较低,但随着我国老龄人口的不断增长以及人们对生活质量的追求,相信持有此动机的人群将会有大幅度的增加;学习与文化动机以11.7%的占比排在第五位,一方面是由于在休闲农业发展的初始阶段,城镇居民对审美、情感和体验方面的市场需求处于饥渴状态,因而表现程度更为强烈;还有一个很重要的原因就是休闲农业园区对农业知识、农耕文化和民风民俗的重视程度、利用水平、项目创意设计等方面做得远远不够,没有起到刺激的作用,但随着审美、情感和体验动机的逐步满足,必将转而追求更高层面的精神营养,对知识和文化的需求将日益增长。排在最后一位的是社交需求,说明现在河北省的休闲农业园区承办一定规模和层次的会议、商务会谈等方面的能力还比较低,另一方面与政府的廉政建设密切相关,影响了这方面的动机强度。

表5-1　　　　　　　河北省休闲农业市场需求的动机类型

动机类型	选项描述	比例(%)	分类合计
审美动机	亲近自然	56.6	97.6
	欣赏田园美景	41.0	
情感动机	释放压力	58.7	91.9
	增进亲情	33.2	
体验动机	体验农家生活	18.4	73.2
	参与农事活动	54.8	

续表

动机类型	选项描述	比例（%）	分类合计
养生保健动机	养生养老	11.6	25.5
	强身健体	13.9	
学习与文化动机	学习农业知识	6.4	11.7
	了解农耕文化和民风民俗	5.3	
社交动机	工作或商务需要	3.7	3.7

说明：由于是多选项，因此各项比例之和不等于100%。

三 河北省休闲农业市场需求影响因素的计量分析

从理论上看，市场需求受到消费者的收入、产品本身的价格、消费者的偏好与预期、相关产品的价格等诸多因素的影响，而在实际发展中，河北省休闲农业的市场需求到底受到哪些因素的影响呢？本书以2014年4月至2015年11月期间，以喜欢休闲农业旅游作为填写调查问卷的前提条件而得到的646份有效问卷为数据来源，运用计量模型对数据进行统计分析，从中找到影响河北省休闲农业市场需求的主要因素。

（一）研究假设

在有休闲农业市场需求意愿的前提下，这种需求能否被满足取决于影响人们实施休闲农业旅游的相关因素。根据以往研究成果，本书对河北省休闲农业市场需求的影响因素做如下假设。

第一，个人特征。主要指调查对象的性别、年龄、文化程度和职业等状况。首先，从性别来看，随着女性文化素质的提高、观念的转变、社会地位的提升以及闲暇时间的增加，现代女性已经越来越成为休闲产业中的重要角色。一方面，休闲农业场所距离城市较近，不用远途奔袭，对体力精力都弱于男性的女性而言更为适合；另一方面，女性感情细腻，以体验参与为主旋律的亲子游、家庭游、采摘游等休闲方式更容易获得女性青睐。因此，我们假设相对于男性，女性对休闲农业旅游的需求会更高。其次，从年龄来看，不同的年龄段有不同的成长环境、经历和记忆，工作和生活的压力也不同，对休闲农业的兴趣点、关注点、好奇心、理解力也会存在差异。"90后"的城市学生群体，对农村和农业都很陌生，因出于好奇心、新鲜感以及距离近、价格低等原因而选择休闲农业；"60后"到

"80后"的城镇居民,或来自农村家庭,对农村有着刻骨铭心的童年记忆与挥之不去的情结而偏爱,或对农村有一定程度的接触和了解,厌倦了城市钢筋水泥的包围和旅长游短、走马观花式的传统旅游休闲方式,转而喜欢这种更具自主性、更能置身其中的休闲农业旅游;而年龄再大一些的老年人,虽然拥有更多的可支配时间和一定的经济基础,需求程度也很高,但自由出行、身体健康方面的不便可能会影响到其需求的实现。因此假设休闲农业的客源以中青年为主。再次,在文化程度方面,学历层次越高、自我要求越高、脑力劳动强度越大的调查对象,精神压力相对也较大,喜欢休闲农业所带来的回归农本、放松身心的程度也会越强。因此,假设文化程度与休闲农业需求呈正相关。最后,对于不同职业的调查对象来说,假设工作相对繁忙、压力较大、工作节奏较快的企事业单位职员,更喜欢享受休闲农业所带来的慢节奏的感觉体验。

第二,经济状况。经济状况决定了消费者的消费能力和水平,主要体现在调查对象的年收入水平。休闲农业既能够满足人们赏农村景、住农家院、吃农家饭等低层次的生理与安全需求,同时也能满足消费者与亲朋好友一起在观光休闲、农事体验过程中实现爱的归属和自我实现的最高需求,而这些需求的满足都要以一定的经济基础作为保障。一般而言,收入越高,其消费能力和水平就越高,实施休闲农业旅游的经济保障就越高。由此,本书假设休闲农业的市场需求与年收入水平呈正相关。

第三,信息获得途径。信息的获得途径直接影响信息的可信度与目的地的选择。通常人们只有在了解相关信息的前提下,结合自身实际情况进行横向比较和利弊权衡后,才能最终选择去或者不去,去哪儿或者什么时候去哪一个休闲农业点。信息获得途径越便捷、信息越可靠,越有利于满足消费者的休闲农业需求,因此假设其与休闲农业的市场需求正相关。

第四,出游便利性。出游的便利性主要考察行程时间和出行方式的影响。鉴于休闲农业大多分布在城市郊区或景点周边,距离较近,而且全年115天的假日中以1—3天的短假为主,更方便人们进行休闲农业的1—2日游。因此,假设行程时间相对越短,人们对休闲农业旅游的需求强度越高;相对于乘坐公共交通工具出行的方式,方便快捷的自驾游与休闲农业的市场需求正相关。

为了检验上述对调查对象休闲农业市场需求影响因素的假设,本书建立计量经济模型,对646个喜欢休闲农业旅游的有效样本数据进行计量分析。

（二）Logistic 模型的构建

由于因变量是喜欢休闲农业的调查对象是否参与过休闲农业旅游，是一个二分位离散变量，即当参与过休闲农业旅游时，$y=1$；反之 $y=0$。因此，本书选取 Logistic 二元选择模型。Logistic 模型是研究定性变量与其影响因素之间关系的有效工具之一，被广泛应用于因变量为定性变量的回归分析中，其基本形式可表示为：

$$P_i = F(Z_i) = \frac{1}{1+e^{-Z_i}} = \frac{e^{Z_i}}{1+e^{Z_i}} \tag{5-1}$$

（5-1）式中，P_i 表示参与休闲农业旅游的概率，$1-P_i$ 表示不参与休闲农业旅游的概率，则 $\frac{P_i}{1-P_i}=e^{Z_i}$，因为 $0<P_i<1$，两边取自然对数，得到一个线性函数：

$$\mathrm{Ln}\left(\frac{P_i}{1-P_i}\right) = Z_i = a + bx_i \tag{5-2}$$

（5-2）式中，x_i 表示休闲农业旅游需求的影响因素，主要包括个人特征、经济状况、出游便利性和信息获得途径四个方面。反映调查对象个人特征的变量有性别（x_1）、年龄（x_2）、文化程度（x_3）、职业（x_4）；经济状况用年收入（x_5）来表示；信息获得途径主要用朋友推荐（x_6）和网络与电视媒体（x_7）来表示；出游的便利性主要用行程时间（x_8）、出行方式（x_9）来表示。模型变量定义及具体统计结果见表5-2。

表 5-2　　　　　　　　模型变量的定义与统计结果

变量特征	变量名称	变量赋值	均值	标准差
个人特征	性别（x_1）	男=1；女=2	1.61	0.489
	年龄（x_2）	连续变量	33.67	9.906
	文化程度（x_3）	高中及以下=1；大专=2；本科=3；硕士=4；博士=5	2.83	0.646
	职业状况（x_4）	行政单位=1；事业单位=2；企业=3；学生=4；其他=5	2.82	1.072
经济状况	年收入（x_5）	无=1；5万元及以下=2；5万—10万=3；10万—20万元=4；20万元以上=5	1.98	0.729

续表

变量特征	变量名称	变量赋值	均值	标准差
信息获得途径	朋友推荐（x_6）	是=1；否=2	1.29	0.455
	网络、电视媒体（x_7）	是=1；否=2	1.30	0.460
出游便利性	行程花费时间（x_8）	1小时内=1；1—2小时=2；2—3小时=3；3小时以上=4	1.97	0.874
	出行方式选择（x_9）	自驾游=1；骑车=2；公共交通工具=3；其他=4	1.67	0.814
休闲农业需求	是否去过（因变量）（y）	去过=1；没去过=0	0.71	0.453

（三）样本统计描述

通过对646份调查问卷进行计量模拟，分别从性别、年龄、文化程度、职业、年收入状况五个方面对样本信息进行了统计描述（见表5-3），以期从中找出影响河北省休闲农业市场需求的主要因素。第一，调查对象的性别选取比例不平衡，女性高出男性近10个百分点，这与女性在社会上越来越经济独立、生活上越来越关爱自我、休闲上更喜欢采摘等参与体验性的旅游需求高于男性的常识相一致。第二，在年龄上以中青年为主，20—50岁占92.26%，说明20—50岁的城镇居民是河北省休闲农业的主要目标顾客。不管是即将或初入职场的年轻人，还是已经成家立业、取得一定成绩但依然努力拼搏的中年人，都对休闲农业的需求程度较高。第三，调查对象的文化程度处于中高水平，其中大专学历占22.29%，本科学历达64.71%，说明休闲农业的农味土趣、回归自然的休闲方式对中高学历者更具吸引力。第四，调查对象所从事的职业中，政府机关和事业单位的职员占到40.87%，企业从业人员占30.34%，学生群体占23.84%，反映出职业的覆盖面较广泛，这与休闲农业功能众多，能满足不同人群的多样化需求相符。第五，调查对象的年收入水平57.89%处于5万元左右，年收入5万—10万的为15.48%，而10万元以上的只占3.1%，这符合河北省的经济发展和收入水平，也说明中等收入阶层成为河北省休闲农业的主要消费群体。

表 5-3　　　　　　　　　　　样本基本信息

指标	特征值	比例（%）	指标	特征值	比例（%）
性别	男	45.01		行政人员	11.15
	女	54.99	职业状况	事业人员	29.72
年龄	20 岁以下	1.24		企业职工	30.34
	20—29 岁	37.53		学生	23.84
	30—39 岁	30.03		其他	4.95
	40—49 岁	25.7			
	50 岁及以上	6.5			
文化程度	高中及以下	2.79	年收入状况	0 元	23.53
	大专	22.29		5 万元及以下	57.89
	本科	64.71		5 万—10 万元	15.48
	硕士	9.91		10 万—20 万元	2.79
	博士	0.3		20 万元以上	0.31

（四）模型估计与回归结果分析

描述性统计分析的结果并不能反映各因素的实际影响程度，因此，需要对影响休闲农业市场需求的因素进行计量分析。本研究运用 Eviews6.0 统计软件对调查数据进行回归处理。从回归结果看（见表 5-4），模型整体拟合效果较好且具有较强的解释力，大多数变量的作用方向与理论预期基本一致，回归结果可信。根据模型运行结果，本书将影响休闲农业市场需求的主要因素、显著性和影响程度归纳如下。

表 5-4　　　　　　　河北省休闲农业市场需求的影响因素

变量 Variable	系数 Coefficient	标准差 Std. Error	Z-统计量 Z-Statistic	概率 Prob.
C	-1.984867	1.701621	-1.166457	0.2434
X_1	-0.208986	0.308755	-0.676866	0.4985
X_2	0.063961	0.022022	2.904481 ***	0.0037
X_3	0.279088	0.231153	1.207371	0.2273
X_4	-0.048432	0.163011	-0.297107	0.7664
X_5	0.775359	0.333927	2.321939 **	0.0202
X_6	0.298017	0.339272	0.878401	0.3797
X_7	-0.812388	0.315244	-2.577008 ***	0.0100

续表

变量 Variable	系数 Coefficient	标准差 Std. Error	Z-统计量 Z-Statistic	概率 Prob.
X_8	0.031256	0.161004	0.194132	0.8461
X_9	-0.141511	0.177002	-0.799488	0.4240
最大似然估计值 LL		-156.399100		
似然比 LR		74.985190		
McFadden R^2		0.193369		

说明：**、*** 分别表示在5%、1%水平上显著。

第一，个人特征对休闲农业市场需求的影响。个人特征中的性别、文化程度和职业状况未能通过检验，表示这三个因素对休闲农业市场需求的影响并不明显。而年龄在1%的水平上显著，且系数为正，说明年龄与休闲农业的市场需求呈正相关。随着年龄的增长，大部分人从学生时代开始走上工作岗位，而工作在增加人们收入的同时也带来了精神压力与心理焦虑，尤其是20—50岁的中青年，在工作、生活和家庭方面的责任和压力相对更大，故而对休闲农业旅游的需求也相对提高。

第二，经济状况对休闲农业市场需求的影响。年收入在5%的水平上显著，且系数为正，说明休闲农业市场需求与人们的经济收入水平呈正相关。根据马斯洛层次需求理论，经济收入越高，其需求层次越高，在满足了基本生活条件的前提下，就会产生精神需求，选择休闲农业的可能性也就越大。同时也说明休闲农业是比较适合中等收入阶层、更具普适性和大众性的休闲方式。

第三，信息获得途径对休闲农业市场需求的影响。首先，通过朋友推荐途径获得休闲农业相关信息，在一定程度上能够降低亲自搜索相关信息的成本，并可增强信息的可信度，但是未能通过模型检验，表明其对休闲农业没有直接影响。可能的解释是朋友在推荐时没有能够特别清楚地描述休闲农业园区详细具体的地址，加上农村的道路比较曲折，如果缺少路标导引或路标不明显就会增加顺利找到休闲农业园区的难度。其次，电视、网络媒体作为获得休闲旅游信息的重要途径，计量结果在1%的水平上显著，且系数为负，表明其与休闲农业市场需求负相关。可能的原因有二：一是河北省休闲农业整体仍处于投入期和成长期，在利用电视、网络等媒体进行营销宣传方面做得还不是很到位，致使消费者不能通过此渠道方便快捷地找到与自己需求密切相关的信息,如高达 90% 的受访京津市民没有参与过河北省休闲农业旅游活动的主要原因就是无从获得河北省休闲农业的信息;二是消费者对以往那种直奔旅游目的地、在各个景点之间匆忙赶场似的传统旅游休闲方式越来越反感,转而更喜欢不设立明确目的地、边走边玩式的自主游、随意游。

第四,出游便利性对休闲农业市场需求的影响。行程时间长短、出行方式的选择共同反映了休闲农业旅游的便利性条件,在一定程度上与休闲农业市场需求存在相关性,但未能通过模型检验。可能的解释是,目前的休闲农业点大多分布在距离城市 1—2 小时的车程辐射圈内,不管采取哪种出行方式,行程时间长短差别不大。因此,这两个因素对休闲农业市场需求的影响并不明显。同时也反映出在假期的合理安排下,不管是乘坐公共交通工具、自驾、还是骑行,休闲农业均可满足不同消费者的个性化、多元化需求。

(五)结论与讨论

通过对河北省休闲农业市场需求影响因素调研数据的计量分析,可得出如下结论:第一,河北省休闲农业市场需求与消费者的年龄正相关,不同年龄层次对休闲农业的需求程度也不同。20 岁以下的城镇居民对休闲农业的需求程度相对较低;20—50 岁的中青年需求程度则相对较高,且成为目前比例最高的主要顾客群体。第二,河北省休闲农业的市场需求与经济收入水平正相关,以年收入在 5 万元左右的比例最高,说明中等收入阶层是河北省休闲农业的主要需求者。第三,河北省休闲农业市场需求与电视、网络等媒体的信息获取方式负相关,揭示出宣传推广的媒介选择和范围成为制约河北省休闲农业市场需求的一个主要因素。第四,消费者的性别、文化程度、职业状况、朋友推荐以及行程时间长短、出行方式等因素对河北省休闲农业的市场需求没有直接影响。可见,目前河北省休闲农业市场需求总体处于粗线条的较低水平,呈现出需求主体大众化、需求条件中等化的特征,以年收入在 5 万元左右、年龄为 20—50 岁的中青年为主流的消费者市场需要精心维护和用心服务。与此同时,省内 28.79% 和京津 90% 左右的巨大潜在市场更是有待于进一步创新驱动。

四 河北省休闲农业市场需求的满意度评价

从国内外对休闲农业的研究情况来看,休闲农业的市场需求普遍存在一个共性的规律，即顾客的需求从满足共性化的观赏向追求个性化的体验发展，这一规律导致对顾客满意度的研究上升到重要地位。一般而言，顾客的满意度主要体现在对餐饮、住宿、交通、娱乐、服务、购物、信息等方面。下面就以市场调查获取的646份有效问卷中有过休闲农业旅游经历的460份调查问卷为统计样本，对河北省休闲农业的满意度进行评估，进而从中发现顾客满意度倾向，为更好地满足顾客需求和提升竞争力找到改进的方向。

（一）评价方法

按照Lekert（李克特）量表的5分制形式打分，分值从1—5分别代表非常不满意、不满意、一般、满意和非常满意。调查结果的均值越高，说明顾客的满意度越高。其中，"非常满意"或"满意"表示消费者的满意度高，意味着品牌忠诚度较高，不仅顾客本人愿意多次重游或购买，而且愿意推荐给他人；"一般"表示顾客对该休闲农业园区的满意度为中间水平，与其曾经去过的休闲农业园区相比没有什么太大的感知差异，或者与其预期基本持平，没有意外的惊喜，也没有特别不好的地方，有重游的可能性，但具有不确定性；"不满意"和"非常不满意"则表示顾客的满意度低，没有达到预期，甚至非常失望，一般来说顾客不会有重游的可能性，甚至会阻止周边亲朋好友前来游玩。此外，为了使评价结果更加客观，本书使用了"5%修整均值"这一指标进行分析。5%修整均值是把排在最前面和最后面5%的数据都去掉之后计算得出的均值，这一方法可以减少均值受极端值的影响而不能代表总体水平的情况，使所得到的评价结果更为客观，也更具代表性。

（二）评价结果

第一，河北省休闲农业市场需求的满意度仍有较大提升空间。调查结果显示（见表5-5），河北省休闲农业市场需求的满意度均值在"一般"（3分）和"满意"（4分）之间，标准差普遍为0.7—0.9。综合这两个指标看，河北省休闲农业市场需求的满意度不是很高，存在较大提升空间。第二，农家特色饮食和农业产业在河北省休闲农业旅游中发挥了重要的正面效能。评价结果中满意度偏向"满意"的指标有"餐饮""土特农产品采购""住宿"和"交通"四项，其5%修整均值分别为3.68、3.66、3.54和3.53，涉及旅游业"食住行游购娱"六大基本要素中的食、购、住、行四个方面，说明河北省休闲农业产业已经具备发展和提升的基础。其中，餐饮和土特农产品的满意度最高，且众数均为4，即顾客选择代表4分"满意"项的人数最为集中，揭示出河北省的休闲农业园区在农家风味特色餐饮和满足顾客采摘、购买安全绿色土特产品方面做得相对较好，抓住顾客的"胃"和生产农副土特产品的农业产业成为吸引城镇居民的两个重要产业支撑。第三，"软实力"决定满意度。调查结果中满意度偏向于"一般"的指标有园区环境、娱乐体验、旅游信息和接待服务水平，其5%修整均值分别为3.47、3.46、3.32和3.26。显示出河北省的休闲农业在园区规划设计、生态环境保护、体验项目创意、旅游信息建设和接待服务水平方面，还不能达到顾客满意的要求，这些"软实力"的提升将是下一个阶段竞争的焦点。

表5-5　　　　　　　　　满意度的调查统计结果

指标	旅游信息	餐饮	住宿	交通	园区环境	娱乐体验	土特产品采购	接待服务水平
均值	3.32	3.68	3.54	3.52	3.49	3.48	3.62	3.21
5%修整均值	3.32	3.68	3.53	3.54	3.47	3.46	3.66	3.26
众数	3	4	3	3	3	3	4	3
标准差	0.785	0.704	0.713	0.769	0.846	0.835	0.85	0.931

说明：标准差即各数据偏离平均值的距离的平均数，反映一个数据系列的离散程度。

五　河北省休闲农业市场需求的成长性分析

河北省休闲农业市场需求的成长性主要体现在规模方面是否具有较大的扩展空间，结构方面顾客动机偏好的变化，顾客的成熟度、挑剔度和满意度以及顾客购买力、休假时间、家用轿车数量的变化等方面。

（一）市场需求规模的成长性

河北省城镇居民作为休闲农业潜在顾客的比例还有29%左右，京津市民的这一比例更是高达90%，而且随着城镇化水平的不断提高，城镇人口的总数还会持续增长，为河北省的休闲农业提供源源不断的新顾客。这些都有力地说明了，在京津冀协同发展的背景下，河北省休闲农业市场需求的规模存在巨大的拓展空间。这就需要河北省的休闲农业企业双管齐下，一方面，在提升休闲农业园区核心竞争力的基础上，加强针对京津市民的宣传推广度。否则，即使把顾客招来了，硬件和软件都无法与京津的休闲农业园区相比，落得一个差评，也只能是自毁前程；另一方面，对喜欢休闲农业但因各种原因未能成行的省内潜在顾客的持续关注与刺激强化也应引起足够的重视。

(二) 市场需求结构的成长性

与市场需求规模相比，市场需求结构对河北省休闲农业成长性的影响更为重要。如果把单纯的市场需求规模大，与更能把脉顾客动机，提供更有针对性的产品和服务，使其达到高度满意，进而成为忠诚顾客，重游率提高并自愿担当义务广告宣传员相比较的话，对成长性的影响之大显而易见。因此，根据顾客的动机类型进行市场细分，专攻市场需求的某一个环节，更能创造并维持较强的竞争力。密切关注顾客市场需求偏好的变化，发现并及时分析、预测市场需求动机的变化趋势，也是河北省休闲农业市场需求成长性的表现之一。

(三) 顾客的成熟度、挑剔度和满意度对市场需求成长性的影响

随着体验休闲农业次数的增加，经验的积累，顾客会变得越来越成熟；与此同时，处于较浅层面或相对较容易满足的一些显性和共性市场需求达到一定的满足程度之后，顾客也会变得越来越内行，越来越挑剔，提升满意度也会变得越来越难。尤其是京津市民，由于其最先接触的是产品质量和服务水平都相对优于河北省的京津郊县的休闲农业园区，因而京津市民的成熟度和挑剔度都会相对高于河北省的顾客，想要使其达到较高水平的满意度绝非易事。这会促使河北省休闲农业的市场需求变得越来越精致化、专门化和高端化，从长远来看，对河北省休闲农业企业把外部的竞争压力催化为企业不断创新竞争优势的动力是极为有利的，而且其成长的速度和质量是其他省份所无法比拟的。

(四) 其他方面对市场需求成长性的影响

顾客购买力、休假时间、家用轿车数量的变化也会对河北省休闲农业市场需求的成长性产生影响。2015年京、津、冀三地城镇居民人均可支配收入分别为52859元、34101元和26152元，比上一年分别增长7.0%、8.2%和8.3%。从全国范围来看，北京位居第二，天津第六，河北虽然排名第21位，但在京津冀三地之间增速却是最快的。因此，城镇居民可支配收入的高速增长为京津冀区域城镇居民购买力的不断提升奠定了坚实的基础。在休假时间方面，随着带薪休假制度的逐步落实以及2.5天周末小短假制度的鼓励推行，为人们拥有更多的休闲时间提供了有力的支撑。加之京津冀交通一体化的率先推进和家用轿车数量的快速增加，这些对河北

省休闲农业市场需求的快速成长都是有力的助推。

综上可见,河北省休闲农业的市场需求虽然目前处于较为粗浅的中低水平,但其未来的成长性不可估量,为提升河北省休闲农业的竞争力提供了有力的支持。

六 河北省休闲农业市场需求的特征

通过对河北省休闲农业点的考察调研和对调查问卷的统计分析,可以发现河北省休闲农业市场需求表现出以下几个方面的特征。

(一) 顾客自主设计旅游线路

休闲农业的顾客对以往那种按照旅行社事先设计好的既定路线按部就班地休闲旅游方式越来越不喜欢,而是越来越希望把决定权掌握在自己手里,由自己根据人员、时间等的实际情况,结合需求目的,自主设计旅游线路,这也成为休闲农业顾客个性化特征示强的表现之一。

(二) 情感动机是永恒的主题

不管其他动机如何变化,情感动机是休闲农业永恒不变的主题。亲子游、孝心游、恋人游、同学游、朋友游、同事游等,情感成为贯穿其中最为重要的主线。而除此之外的其他动机,则呈现出从外在到内在、从静观到参与、从物质到精神的更替变化。

(三) 自驾游成为主要出行方式

相较于其他出行方式,自驾已成为河北省休闲农业顾客毫无争议的首选交通方式。一方面,京津冀交通一体化的率先推进、家用轿车的快速增加,为人们自驾出游创造了条件;另一方面,自驾能够更好地满足顾客追求自主、自助、自在等个性化的休闲需求。

(四)"粗野"变"食尚"

随着人们越来越关注自身的养生保健,尤其是被城市"富贵病"所困扰的城里人,对曾经在生活困难时期人们为了果腹不得已而吃的粗粮野菜视若珍宝,使之华丽变身成为河北省休闲农业顾客的"食尚"与"新宠",而且身价倍增,真切地体现了休闲农业的返璞归真。

(五) 对土味十足的"儿化"体验项目的情有独钟

儿时的记忆,土中的乐趣,成为人们深藏内心挥之不去的情结。不管是一把年纪的老年人,还是年富力强的中年人,投身于休闲农业的体验娱乐项目之中,都会不由自主地暴露出那份未泯的童心,纵情于各种农味土趣的快乐之中。因此，那些能让顾客从中找到儿时快乐的土味十足的休闲农业体验项目深受顾客欢迎。

第三节 河北省休闲农业市场需求的发展趋势

通过对河北省休闲农业市场需求的规模、结构、影响因素、满意度、成长性以及现状特征的分析，不难发现其中所蕴藏着的未来发展趋势。

一 规模扩展潜力无穷

河北省休闲农业以京津冀城镇居民为目标市场，从现实的市场需求来看，由于休闲农业非常适合周末或短假的1—2日游，因此，现实市场中顾客出游的频次将会逐步增加；从潜在的市场需求来看，省内城镇居民尚有约30%、京津约有90%的潜在市场有待于开发。加之城镇化率的逐年提高，都会推动河北省休闲农业市场需求的规模不断扩大。

二 结构由共性浅层动机向个性深层动机转化

从目前河北省休闲农业市场需求结构的多样细分来看，如果说情感动机是不变的主旋律的话，那么其他动机却是动态变化的。初期审美动机成为主角的同时，体验动机正在强势增长，而养生保健动机、学习与文化动机虽然现在还不成气候，但却代表着未来的发展潮流。

三 影响因素由粗泛到精细的变化

目前河北省休闲农业的市场需求与顾客的年龄、收入正相关，与电视以及网络等信息渠道负相关，而与性别、文化程度、职业状况、朋友推荐以及行程时间长短、出行方式等因素关系不大。说明休闲农业市场需求还处于大众化、低端化的水平，顾客的挑剔度较低，没有更多更高的要求，因而对产业竞争力的影响力也相对较小。但随着休闲农业园区数量和内在质量的双升，城镇居民收入水平的不断提高，"互联网+"与移动互联网影响的扩大，以及市场需求向个性化、精致化的发展趋势，影响因素将会发生由粗泛到精细的变化，进而成为刺激河北省休闲农业企业紧跟市场需求变化的脚步，不断提升竞争力的重要一环。

四 "软实力"将成为未来竞争的焦点

满意度是什么,"金杯银杯不如口碑"这句话给出了最好的答案。满意度是顾客感知后的主观评价,是口碑,更是提升改进的风向标。哪里做得好,哪里做得还不够,一看顾客的满意度便清清楚楚。提高满意度,认真务实的态度极其重要。不放过任何一个细节,只要顾客不满意,就需要仔细查找问题所在,然后对症下药,扎扎实实地去改。从这个角度来看,满意度实质上已经成为反映休闲农业企业软硬实力的镜子。河北省休闲农业的市场需求虽然在代表产业发展和提升基础的"硬实力"方面满意度相对较高,但在代表"软实力"的满意度提升方面将面临严峻的考验。

五 即将迈入高速成长的新阶段

市场需求的规模扩展潜力无穷,市场需求的结构由共性浅层动机向个性深层动机转化,影响因素由粗浅到精细的变化,满意度仍有较大提升空间并转向"软实力"的竞争,以及顾客购买力、休假时间、家用轿车数量的普遍增长,这些都说明了河北省休闲农业的市场需求具有非常好的成长性。未来5—10年将是河北省休闲农业高速成长的新阶段,市场竞争也将日趋激烈。

本章小结

本章是对钻石模型中第二个影响休闲农业产业竞争力的要素——市场需求条件的分析。首先对河北省休闲农业市场需求的概念进行了界定与数据来源的说明。认为河北省休闲农业的市场需求就是指在当前及未来一段时间内,在现有的价格条件下,河北省休闲农业的现实和潜在顾客对休闲农业产品和服务愿意并能够购买的欲望和购买的数量,主要包括河北省休闲农业市场需求的规模、结构、影响因素、满意度、成长性、现状特征以及发展趋势等内容,并对本章所用数据的来源进行了说明。其次是对河北省休闲农业市场需求现状的分析,主要从规模、结构、影响因素、满意度和成长性五个方面进行了定性与定量分析。第一,根据休闲农业的定义,站在京津冀协同发展的大背景下,河北省休闲农业市场需求的目标市场是京津冀的城镇居民,既包括省内71%、京津10%的现实顾客,也包括省内29%、京津90%的潜在顾客,规模扩展空间巨大;第二,河北省休闲农业市场需求的结构主要表现为不同的动机类型,按照动机强度由高到低排列依次是审美、情感、体验、养生保健、学习与文化以及社交6类动机;第三,通过对影响因素的计量分析,发现河北省休闲农业的市场需求与顾客的年龄、收入正相关,与电视以及网络等信息渠道负相关,而与性别、文化程度、职业状况、朋友推荐以及行程时间长短、出行方式等因素关系不大;第四,通过对顾客满意度的调查发现,偏向于"满意"的指标有"餐饮""土特农产品采购""住宿"和"交通",偏向于"一般"的指标有园区环境、娱乐体验、旅游信息和接待服务水平,说明河北省休闲农业市场需求的满意度不是很高,存在较大提升空间,尤其是"软实力"的提升将是下一个阶段竞争的焦点;第五,通过对规模扩展空间,结构方面顾客动机偏好的变化,顾客的成熟度、挑剔度和满意度以及顾客购买力、休假时间、家用轿车数量的变化等方面的成长性分析,得出了河北省休闲农业的市场需求具有不可估量的成长性的结论;第六,在上述五个方面现状分析的基础上归纳了河北省休闲农业市场需求的五个特征,即自主设计旅游线路、情感动机是永恒的主题、自驾游成为主要出行方式、"粗野"变"食尚"以及对土味十足的"儿化"体验项目的情有独钟。最后分析了河北省休闲农业市场需求的发展趋势,即规模扩展潜力无穷、结构由共性浅层动机向个性深层动机转化、影响因素由粗浅到精细的变化、"软实力"将成为未来竞争的焦点以及即将迈入高速成长的新阶段。

第六章 河北省休闲农业的相关产业分析

在钻石理论中,第三个影响产业竞争力的因素就是相关产业,即与某一产业相互关联且对该产业发展和竞争优势的构建具有重要影响的产业。一个产业能否发展壮大,不仅取决于其所拥有的生产要素和市场需求条件,还会受到相关产业的影响,形成产业之间相互促进、集群发展的共生关系,休闲农业也不例外。在此需要说明的是,因本书认为休闲农业的产业属性是一种新型农业产业形态,其根植并从属于农业,故而未将农业列入相关产业之中。仅对旅游业、农产品加工业、交通运输业、信息产业以及文化产业等对河北省休闲农业具有显著支持与辅助作用的产业进行了分析。这些产业与河北省休闲农业的关联度如何,其发展现状对河北省休闲农业又会产生怎样的影响呢?本章将运用定量与定性相结合的方法对此进行具体探讨。

第一节 河北省休闲农业与相关产业的关联度分析

一 方法的选择

休闲农业与相关产业的关联程度孰大孰小,需要对休闲农业与各产业的关联度进行量化分析,选择灰色关联度分析方法较为适合。该方法是根据因素之间发展趋势的相似程度来衡量因素间的关联程度,其优点是对样本量的多少没有过分要求,也不需要典型的分布规律,计算量小,且不会出现关联度的量化结果与定性分析不一致的情况。如果两个因素变化的态势是一致的,即同步变化程度较高,则可以认为两者关联度较大;反之,则可认为两者关联度较小。

二 数据来源

本书以各相关产业的总产值作为比较分析的数据。由于河北省休闲农业的年营业收入从 2013 年才与乡村旅游分开单独进行统计，仅有 2013—2015 三年的数据可用，因此休闲农业与相关产业的数据均以 2013—2015 年的产值为依据（见表 6-1）。

表 6-1　2013—2015 年河北省休闲农业与相关产业的产值

产业名称	产值	2013 年	2014 年	2015 年
休闲农业	年营业收入（亿元）	22	44	64
旅游业	总收入（亿元）	2010.1	2562	3434
交通运输业	增加值（亿元）	2377.6	2490.1	2479.9
信息产业	固定互联网与移动电话用户之和（万户）	7037.8	7356.7	7593.7
文化产业	增加值（亿元）	950	1120	1280
农产品加工业	主营业务收入（亿元）	5792	7732.67	8042.32

其中，休闲农业 2013—2015 年的年营业收入分别来源于《河北经济年鉴 2014》《河北省农业厅关于加快发展休闲农业的意见》和河北省农业环境保护站提供的数据；旅游业、农产品加工业、文化产业和交通运输业的数据来源于 2013—2015 年的《河北省国民经济和社会发展统计公报》，其中文化产业 2015 年增加值因数据缺失为估算得出，信息产业的数据选择了固定互联网用户与移动电话用户之和。

三 计算过程

作关联分析首先要选定参考的数据列，本书要分析的是休闲农业与各产业的关联程度，休闲农业即为参考数列，记为 X_0，根据时刻顺序可表示为 $X_0 = X_0(1), X_0(2) \cdots X_0(k)$。关联分析被比较的数列则记为 $X_1, X_2 \cdots X_n$，表示方法与参考数列 X_0 相同。然后计算关联系数，表示为：

$$\varepsilon_i(k) = \frac{\min\limits_{i}\min\limits_{k}|x_0(k) - x_i(k)| + 0.5\max\limits_{i}\max\limits_{k}|x_0(k) - x_i(k)|}{|x_0(k) - x_i(k)| + 0.5\max\limits_{i}\max\limits_{k}|x_0(k) - x_i(k)|}$$

(6-1)

上式中，$\varepsilon_i(k)$ 是第 k 个时刻比较曲线 X_i 与参考曲线 X_0 的相对差值，

称为 X_i 对 X_0 在 k 时刻的关联系数；0.5 是分辨系数，记为 ρ，一般在 0 与 1 之间取值；$\min_i \min_k | x_0(k) - x_i(k) |$ 称为两级最小差，第一级最小差是对 k 而言，跑遍 k 选最小者；第二级最小差是对 i 而言，跑遍 i 选最小者；$\max_i \max_k | x_0(k) - x_i(k) |$ 称为两级最大差，先跑遍 k 选最大差，再跑遍 i 选最大差。最后计算关联度，即参考数列对被比较数列关联系数的均值。可表示为：

$$r_i = \frac{1}{N} \sum_{k=1}^{n} \varepsilon_i(k) \tag{6-2}$$

r_i 是曲线 x_i 对参考曲线 x_0 的关联度，r_i 越大，说明 x_i 是与 x_0 发展趋势越接近、影响越大的因素；反之，则关联度越小，影响也越小。

（一）对数列进行无量纲初值化处理（见表 6-2）

表 6-2　　　　　　　　数列的初值化处理

列数	1	2	3
休闲农业：X_0	1	2.000	2.909
旅游业：X_1	1	1.275	1.708
交通运输业：X_2	1	1.047	1.043
信息产业：X_3	1	1.045	1.079
文化产业：X_4	1	1.179	1.347
农产品加工业：X_5	1	1.335	1.389

（二）计算各时刻 $x_i(k)$ 与 $x_0(k)$ 的绝对差（见表 6-3）

表 6-3　　　　　　　　绝对差

差列	1	2	3
$\Delta_1 = \| x_0(k) - x_1(k) \|$	0	0.725	1.201
$\Delta_2 = \| x_0(k) - x_2(k) \|$	0	0.953	1.866
$\Delta_3 = \| x_0(k) - x_3(k) \|$	0	0.955	1.830
$\Delta_4 = \| x_0(k) - x_4(k) \|$	0	0.821	1.562
$\Delta_5 = \| x_0(k) - x_5(k) \|$	0	0.665	1.520

（三）求两级最小差与最大差

$$\min_i (0, 0, 0, 0, 0) = 0$$

$$\max_i(1.201, 1.866, 1.830, 1.562, 1.520) = 1.866$$

（四）计算关联系数

将已求出的 $\min_i \min_k |x_0(k) - x_i(k)| = 0$ 与

$\max_i \max_k |x_0(k) - x_i(k)| = 1.866$ 代入关联系数计算公式（6-1）得：

$$\varepsilon_i(k) = \frac{0.933}{\Delta_i(k) + 0.933}$$

再将表6-3的数据依次代入上式得：

$\varepsilon_1 = (1, 0.563, 0.437)$，$\varepsilon_2 = (1, 0.495, 0.333)$，$\varepsilon_3 = (1, 0.494, 0.338)$，$\varepsilon_4 = (1, 0.532, 0.374)$，$\varepsilon_5 = (1, 0.581, 0.380)$

（五）计算关联度

将 $\varepsilon_1, \varepsilon_2 \cdots \varepsilon_5$ 的数据依次代入公式（6-2）得：

$r_1 = (1+0.563+0.437)/3 = 0.667$　　$r_2 = (1+0.495+0.333)/3 = 0.609$

$r_3 = (1+0.494+0.338)/3 = 0.611$　　$r_4 = (1+0.532+0.374)/3 = 0.635$

$r_5 = (1+0.584+0.380)/3 = 0.655$

四　结论与讨论

（一）所选择的五个相关产业与河北省休闲农业都具有较大的关联度

旅游业、交通运输业、信息产业、文化产业、农产品加工业与河北省休闲农业的关联度分别为0.667、0.609、0.611、0.635和0.655，均大于0.6。因此，这五个产业与河北省休闲农业的关联度都比较大。

（二）旅游业与休闲农业的关联度最大，交通运输业的关联度最小

根据计算结果，0.667>0.655>0.635>0.611>0.609，五个相关产业按照与休闲农业的关联度由大到小排序依次为：旅游业、农产品加工业、文化产业、信息产业和交通运输业。可见，旅游业与休闲农业的关联度最大，交通运输业的关联度最小。

（三）结论分析

第一，旅游业与休闲农业的关联度为0.667，在五个相关产业中位居第一。说明旅游业与休闲农业的关联度最大，同步变化程度最高。今后应加大休闲农业与旅游业的融合程度，加强与口碑好、人气旺的旅游景点的线路串联设计，利用旅游业成熟而多元的营销渠道弥补休闲农业宣传推介的短板，相互促进，实现双赢。

第二，农产品加工业与休闲农业的关联度为 0.655，位居第二。这一结果与前章顾客满意度评价中"土特农产品的满意度仅次于餐饮，生产农副土特产品的农业产业成为吸引城镇居民的重要产业支撑"的结论具有一致性。揭示出未来河北省休闲农业应借力农产品加工业对初级农产品进行深加工，不断创新和丰富产品体系，创造价值新增点，提升休闲农业的经济效益。

第三，文化产业与休闲农业的关联度为 0.635，说明其与休闲农业的关联度也相对较大，同步变化程度相对较高。农业是文化的源泉，休闲农业恰恰提供了文化挖掘、传承、交流、传播的平台。鉴于目前我省休闲农业缺乏对文化的深度挖掘和利用，今后可通过与文化产业进行融合发展的方式创新休闲农业的竞争优势。馆陶特色小镇通过与文化产业实体联手打造文化特色方面已经取得了宝贵的经验。

第四，信息产业与休闲农业的关联度为 0.611，也具有相对较高的同步发展趋势。这一点与国外休闲农业文献综述中的研究发现具有高度一致性。国外学者发现，互联网技术为休闲农业的市场营销开辟了广阔的前景，社会媒体以最实惠、最高效、最及时的方式与人互动，讲述自己的故事，紧贴瞬息万变的市场趋势和品牌业务。因此，国外许多休闲农业经营者对采用社会化媒体来推销他们的农场相关业务表现出极大的兴趣，包括 Facebook、微博、博客、YouTube 和其他新工具。本书对河北省休闲农业市场需求的调研中发现，电视、网络等信息获取渠道与市场需求呈负相关，说明河北省休闲农业经营者利用固定互联网和移动媒体进行信息发布、营销宣传、沟通互动以及提供快捷支付等各项服务方面还是一个明显的短板，但信息产业与休闲农业具有较高的同步发展趋势，为突破这一短板提供了产业支撑，也为河北省的休闲农业借力"互联网+"提升产业竞争力给予了支持。

第五，交通运输业与休闲农业的关联度为 0.609，虽然在五个产业中最低，原因可能与前章对市场需求中得出的"自驾游成为主要出行方式"的特征有关。但交通运输业与休闲农业的关联度大于 0.6，说明其与休闲农业的同步发展态势还是不低的。四通八达且密集的交通网络、客运和货运能力的不断提升，为蓬勃发展的休闲农业提供了巨大的支持作用。

第二节 相关产业对河北省休闲农业的影响

既然旅游业、农产品加工业、文化产业、信息产业以及交通运输业都与休闲农业具有较高的关联度，就有必要对相关产业目前的发展现状及其对河北省休闲农业的影响作出进一步的分析。

一 旅游业对河北省休闲农业的影响

（一）河北省旅游业的发展概况

整体来看，在宏观经济下行压力加大，多项指标增速放缓的情况下，河北省的旅游经济却逆势上扬，发展势头强劲，成为河北经济的支柱产业。根据《河北省经济年鉴2015》的统计，2014年河北省接待海内外游客3.15亿人次，旅游业总收入达2561.5亿元，分别比上年增长16.2%和27.4%。其中国内游大幅上涨，尤其是国内的假日游更是强势增长。2014年假日期间共接待海内外游客5784.5万人，占全年总接待量的18.5%，实现旅游收入334.2亿元，同比增长19.5%。2015年在此基础上继续高歌猛进，共接待海内外游客3.72亿人次，旅游总收入3433亿元，同比分别增长18%和34%。其中秦皇岛、廊坊、保定、衡水、邢台等地旅游吸引力不断增强，旅游发展增速超全省平均水平。河北省旅游业的发展现状呈现出以下几个方面的特点：

第一，旅游营销渠道多元。游客接待量的两位数增长得益于构建了"主流媒体+新媒体""线上+线下"的多元化旅游市场营销渠道。一是利用央视的《朝闻天下》、香港亚洲电视台、中国旅游报以及省内主要报刊和电视等主流媒体进行全方位的宣传报道；二是利用微信、微博、官网、旗舰馆以及手机应用等新媒体构建了线上河北旅游智慧营销平台；三是广泛利用公交车候车亭、社区灯箱、地铁、机场等线下媒体，采用主题推广、系列促销、洽谈会、推介活动周、设立海外营销中心等多种形式对国内外市场进行宣传。此外，还拓展了联盟营销和部门整合营销的新渠道。

第二，旅游节庆活动丰富多彩。从2014年5月19日中国旅游日开始，一直到12月底，相继举办了"快乐旅游，公益惠民""9+10区域旅游媒体联盟河北行""野三坡杯知名书画家走太行""诚义燕赵，胜境河北——2014全国重点网络媒体河北行大型采访""美丽中国梦·太行燕赵行——原来身边这么美""河北长城旅游体验团""冬季深度游,体验不一样的燕赵——2014 河北国民休闲旅游优惠季"以及"旅游扶贫助推绿色崛起——河北旅游扶贫工作巡礼"等各种主题的旅游节庆活动,大力宣传了河北的旅游产品和品牌,收到了良好效果。

第三,形成多业态、多元化发展格局。截至 2015 年年底,河北省旅游项目投资总规模超过 6700 亿元,其中亿元以上项目 383 个,民营企业投资占比达 58%。旅游产品在原有单一观光旅游的基础上,加快向综合型、度假型、体验型转变,文化旅游、乡村旅游、滑雪旅游、温泉旅游、购物旅游成为新的消费和投资热点,旅游产品结构优化升级速度不断加快,多业态、多元化发展格局加速形成。

第四,京津冀旅游协同发展"亮点不断"。2015 年以来,京津冀三地整合特色旅游资源,联合发布了 50 条跨区域精品线路,出版并发行了《行走京津冀旅游路书》,开通了西柏坡号、大好河山张家口号、正定号等多趟旅游专列和 10 多条旅游直通车,共同打造京津冀旅游圈。此外,还建立了京津冀旅游产业投融资平台,共发布河北项目 130 余个;建立"河北旅游北京营销中心",年累计向河北省输送京津游客 30 万人次;推广发行"京津冀旅游通"和"京津冀自驾车旅游护照"均超 10 万份。2016 年 9 月 23 日至 25 日,以"转变旅游发展方式,实现旅游跨越发展"为主题的首届河北省旅游产业发展大会在京西百渡休闲度假区举行。不仅展示了河北省的旅游资源和产品,而且传达出河北省发展旅游业的新思路、新理念、新举措,取得了显著的成果,共签约 35 个旅游投资项目,项目总投资达到 1156 亿元。河北省首届旅发大会打破了各个城市旅游发展的界限,强化了大河北的区域优势,有利于让"京畿福地、乐享河北"旅游品牌走出河北,走进京津,走向全中国和全世界。

第五,旅游业成农民脱贫致富重要抓手。旅游业具有适用性强、产业链长、带动力大、富民增收效果明显、剩余劳动力转移便捷等特性。而河北省贫困县区与旅游资源富集县区的契合度高达 60%,特别是燕山—太行山片区既是扶贫攻坚的主战场,也是旅游资源富集的地区。2015 年以来,河北省将乡村旅游作为扶贫攻坚、富民增收的重要产业来抓,出台美丽乡村旅游示范区标准,开展旅游规划扶贫公益行动,省级旅游发展专项资金重点扶持旅游扶贫,取得显著成效。截至 2015 年年底,河北省有 630 多个乡镇、1650 多个村开展乡村旅游,创建国家级休闲农业与乡村旅游示范县、示范点49个,省级示范点87个。大批返乡农民工、大学毕业生成为"乡村旅游创客",带动村民直接就业22.7万人,带动从业农民人均增收9010元。旅游业正在成为促进贫困地区产业升级、加快美丽乡村建设、实现农民脱贫致富的重要抓手。

(二)旅游业对河北省休闲农业的影响

旅游业的强劲发展势头和全面开花的丰硕成果,是对河北省休闲农业最直接最有力的支持。第一,从前述对河北省休闲农业市场需求影响因素的调查可知,营销宣传的不力是影响游客获取休闲农业相关信息的一个重要原因,而河北省旅游业的良好业绩正是得益于其"主流媒体+新媒体""线上+线下"的多元化、无死角的旅游市场营销渠道。借助旅游业相对成熟的营销渠道,在产品组合和促销组合方面与其他旅游产品进行融合,恰恰能弥补休闲农业在市场营销方面的不足,可以有效地增强宣传推广的力度,扩大影响范围,吸引到更多的客源。第二,辉煌旅游成果的取得与主题鲜明、丰富多彩的旅游节庆活动密不可分。休闲农业可从中得到启发和经验借鉴,通过参与到大旅游系统的各种活动之中,扩大品牌的知名度和影响力。第三,随着河北省旅游产品结构优化升级速度的不断加快,旅游产品在原有单一观光旅游的基础上,加快向综合型、度假型、体验型转变,文化旅游、乡村旅游、滑雪旅游、温泉旅游、购物旅游的多业态、多元化发展格局的快速形成,为休闲农业的产业融合发展开辟了广阔的前景,可以进行各种主题精品线路的组合设计。第四,京津冀旅游协同发展的持续深入开展,京津冀旅游圈的形成,"河北旅游北京营销中心"吸客能力的不断提高,"京津冀旅游通"和"京津冀自驾车旅游护照"发行量的逐渐增大,既为京津冀休闲农业的协同发展铺平了道路,也积累了区域合作的经验,为河北省休闲农业充分开发京津这两个收入水平更高、消费能力更高、需求挑剔程度也更高的巨大潜在市场创造了条件,更有利于在与京津休闲农业进行合作与竞争的过程中提升河北休闲农业的竞争能力。此外,京津冀旅游产业投融资平台也成为休闲农业企业一个新的融资渠道,帮助资金实力相对较弱的河北省休闲农业提升资本要素的竞争力。第五,河北省将乡村旅游作为扶贫攻坚、富民增收的重要产业来抓,对休闲农业更是一个融合度最高的产业融合发展路径。借助旅游扶贫的资金支持和其他优惠政策,充分利用这些贫困地区保存完整的旅游资源、人为破坏相对较小的原生态环境、原汁原味的农耕文化和民风民俗,有利于创新河北休闲农业的独有特色和核心竞争力。

二 农产品加工业对河北省休闲农业的影响

(一) 河北省农产品加工业的发展概况

农产品加工业是对人工生产的农业物料进行工业加工的产业的总称,具有行业覆盖面宽、产业关联度高、中小微企业多、带动农民就业增收作用强等特点,是一、二、三产业融合发展的关键环节,也是保证国民营养安全健康的民生产业。河北省受钢铁等主导产业产能过剩和大气污染治理影响,经济增速下行压力加大,急需新的产业和新的增长点代替和填补传统产业。为此,河北省实施农产品加工业提升行动,加速一、二、三产融合发展,提出了"到2020年再新造一个河北农业"的目标,农产品加工业发展速度持续高于工业总体增速和农业增速,成为河北省经济"换挡不失速"、保持平稳健康发展的贡献力量。2014—2015年河北省农产品加工业取得了显著的成果。

第一,职能机构的完善与宏观指导的加强。2015年,河北省农业厅新增设了农产品加工局,职能机构的完善为做好农产品加工工作提供了组织保障。起草制定了《河北省促进农产品加工业发展的意见》,加强了对农产品加工业的宏观指导。

第二,项目的强力推进与投资步伐的加快。2014年,31个省级以上农产品加工示范基地完成基础设施投资70亿元,新开工200个项目,竣工100个,完成项目投资200亿元,同比增长15%左右;2015年,投资在1000万元以上的农产品加工项目有2130个,其中亿元以上项目1056个,比上年增长12.9%,计划投资总额达到5991亿元。通过项目的强力推进带动投资的加快,造就了一批新的农产品加工企业,提高了农产品加工能力。

第三,原料基地的建设构筑发展支撑。结合河北省优势农产品区域规划,依托龙头企业、合作组织、种养大户,建设了一批优质、生态、安全的原料生产基地,如农产品加工业园区的建设和规模化、专业化、标准化种养基地的建设,确保了农产品加工原料有效供给和质量安全。2015年,全省获得"三品一标"认证的种植基地面积、牲畜饲养量和禽类饲养量分别达到25万亩、35万头和6173万只。

第四,产业发展呈现"三个转变"。一是由数量扩大向质量提升转变。2015年河北省农产品加工龙头企业6000余家，规模以上加工企业3000余家，年销售收入7800亿元。二是龙头企业发展由单个突破向集群发展转变。在认定的30个省级农产品加工示范基地县中，产值超100亿元的有10个，产业集群发展和规模效应日益显现。三是企农利益联结由松散向紧密转变。通过合同联结、合作联结、股份联结等形式完善利益联结机制，组建了一批农产品经纪人队伍，加强企农合作和利益共享，将企业农产品加工增值与农民生活富裕融为一体，带动农户超过1000万户，增收350亿元以上，保证了农产品加工企业的发展后劲。

(二) 农产品加工业对河北省休闲农业的影响

农产品加工业是连接一产和三产的重要纽带，也是提高农产品附加值的重要环节。休闲农业是贯穿一、二、三产的新型农业产业，因此，农产品加工业是休闲农业延长产业链条，增加价值增长点的重要一环。河北省实施的农产品加工业提升行动取得了良好的效果，对休闲农业的发展是一个有力的促进。首先，农产品加工示范基地以及具有资金、技术和质量优势的农产品加工项目的建设，能够确保休闲农业所生产的绿色有机农产品的质量安全，有利于休闲农业的经济效益和生态效益的发挥。其次，农产品加工业原料基地的建设过程中，自然会带动一批成方连片的优势农产品种养基地和生产基地的形成，这些规模化、标准化和专业化的原料基地，成为拥有雄厚产业基础的休闲农业后备力量。最后，农产品加工业的产业集群发展和规模效应的不断提高以及品牌建设的不断突破，有利于发挥休闲农业接二连三的产业特性，不断提升开发单品的多元化深加工产品系列的实力和基础，丰富产品结构，满足顾客不同的消费需求和个性化偏好，进而创造出休闲农业的特色，提升竞争实力。

三 文化产业对河北省休闲农业的影响

(一) 河北省文化产业的发展概况

近年来，河北省在调整文化产业结构、培育拳头文化产业项目、推动文化与相关产业深度融合上积极引导、大力扶持，着力实现文化资源优势向文化产业发展优势转变，全省文化产业呈现出蓬勃发展、突飞猛进的良好态势。

第一，以项目带动文化产业增效。河北省积极实施重大项目带动战略，利用资金引导、政策激励等手段，一批投资规模大、发展前景好、带动能力强的拳头文化产业项目相继实施或建成，其中，投资超亿元的文化产业项目共有215个，基本建成项目50个，正在建设项目115个，正在谋划实施项目50个，产生了良好的社会效益和经济效益。

第二，以龙头带动文化产业做大做强。把培育扶持龙头文化企业作为发展文化产业的重中之重，坚持"政府引导、市场运作、企业主体"的推进模式，培育合格市场主体，营造良好发展环境，推动文化企业不断做大做强，并加快龙头文化企业股改上市的步伐。在努力提升省属重点文化企业质量和效益的同时，大力培育发展民营文化企业和特色文化产业。

第三，以融合促进文化产业发展。近年来，河北省积极推动文化产业与科技、农业、旅游等相关产业的深度融合，"有中生新"，"无中生有"，催生出廊坊九天创意农业园、迁安乐丫农业文化体验园、唐山启新文化创意园等一批文化与农业、工业融合项目，取得了良好的社会效益和经济效益。

第四，以计划加强对文化产业的规范指导。《河北省文化产业发展三年行动计划（2015—2017年）》明确了河北省文化产业发展的主要任务，包括扶持传统文化产业做大做强、大力发展新兴业态、加快新媒体融合发展、实施文化品牌战略、推动创意设计服务发展、加快发展对外文化贸易6个方面。推动京津冀文化产业发展一体化，主动与京津有关部门建立合作机制，吸引更多更好的文化产业项目落户河北。此外，河北还将在政策法规保障、投融资体系建设等方面对文化产业给予重点扶持和倾斜，将文化产业打造成为河北省国民经济的支柱产业。

（二）文化产业对河北省休闲农业的影响

文化产业的繁荣兴盛和蓬勃发展，尤其是呈现出的不断加大与相关产业融合发展的态势，与河北省休闲农业的发展态势和发展目标完全契合，也决定了文化产业与休闲农业之间必然会具有较高的产业关联度，无疑对河北休闲农业通过文化的挖掘而建立不可复制的竞争优势极为有利。借鉴馆陶特色小镇的成功经验，与文化产业的龙头企业"联姻"，深度挖掘农耕民俗文化，在文化的传承、展演以及在休闲农业项目的融合渗透中打造出鲜明的文化特色和核心竞争力，是对弥补河北省休闲农业文化挖掘力度不够这一短板的强有力的支持。借势文化产业多元化的媒介与渠道，如表演团体、文化馆、博物馆、图书馆、档案馆、电影电视等，加大对休闲农业的宣传推介，扩大影响，增强吸引力，创建品牌，推动河北省休闲农业成为具有文化灵魂和底蕴的绿色支柱产业。

四 信息产业对河北省休闲农业的影响

(一) 河北省信息产业的发展概况

信息产业是依靠新的信息技术和信息处理的创新手段,制造和提供信息产品、信息服务的生产活动的组合(美国信息产业协会 AIIA 对信息产业的定义)。随着信息技术和信息处理手段的不断出新,计算机、互联网、移动互联网以及万物互联的发展态势彰显出信息产业强大的生命力和影响力。尤其是互联网无所不及的互联互通能力,使"互联网+"成为一个热词,并将其理念延伸渗透到每一个产业中去。本书仅从通信业和"互联网+"的角度对河北省信息产业的发展概况进行分析。

第一,京津冀协同发展两年来河北省通信业的发展情况。2014 年,着力推进了宽带网络建设。移动电话用户 6229.1 万户,列全国第七位;固定电话 1085.1 万户,列全国第八位。"宽带河北"建设成效显著,全省宽带接入端口 2202 万个,互联网宽带用户达到 1127.6 万户,列全国第 5 位。4.94 万个行政村完成了通宽带任务,行政村通宽带比例达到 98.7%。2015 年,3G 和 4G 移动电话用户分别达到 1910.6 万户和 1798.8 万户,固定互联网宽带接入用户数 1226.5 万户,互联网宽带接入端口 2663 万个,分别比上年增加了 98.9 万户和 461 万个,实现了固定互联网和移动互联网的双增。

第二,"互联网+"取得初步成效。首先,在"互联网+农业"方面。通过实施农业信息化"114 工程"(即 1 个全省农业数据中心、1 个河北农业信息网站群,4 个平台:全省农业视频指挥、农业政务、农业科技服务和农业市场信息平台),现代农业发展水平有一定的提升。2014 年 7 月,发布了《河北省农业信息化发展规划(2014—2017 年)》,提出要着力推进农业生产智能化、农业经营网络化、信息服务便捷化、行政管理透明化,全面提升河北省农业信息化建设水平的目标和具体任务。2015 年 12 月省政府又出台了《关于推进农村电子商务全覆盖的实施意见》,提出到 2016 年年底,在全省实现县域农村电子商务体系全覆盖、农村电子商务双向流通渠道全覆盖、行政村电子商务应用全覆盖。到 2020 年,初步建成统一开放、竞争有序、诚信守法、安全可靠、绿色环保的农村电子商务市场体系,在降低农村流通成本、推动农民创业就业、开拓农村消费市场、带动农村扶贫开发等方面取得明显成效。力争全省农村电子商务交易额突破 9000 亿元，占全省电子商务交易总额的 20% 以上。其次，在"互联网+旅游"方面。2015 年 11 月 20 日出台的《河北省人民政府办公厅关于进一步促进旅游投资和消费的实施意见》中，提出了借助"互联网+"的强大功能，启动乡村旅游电商村建设，推进乡村旅游线上线下互动促销的 O2O 经营模式的要求。主要包括加快推进机场、车站、景区景点、旅游购物店、休闲农业和乡村旅游点等游客聚集区无线网络的覆盖；在 4A 级以上旅游景区的游客集中区域、环境敏感区域、旅游危险设施和地带，合理设置视频监控、人流监控和环境监测等设施，将旅游服务、客流疏导和安全监管纳入互联网范畴；推动旅游企业和旅游创新在线平台的建设，鼓励旅游企业和互联网企业通过战略投资等市场化方式融合发展，构建线上与线下相结合、品牌和投资相结合的发展模式。支持有条件的旅游企业开展互联网金融探索，拓宽移动支付在旅游业的应用。到 2020 年，推动全省 4A 级以上景区实现免费 Wi-Fi、智能导游、电子讲解、在线预订和信息推送等功能全覆盖。

（二）信息产业对河北省休闲农业的影响

"互联网+"是在充分利用现有信息技术的基础上，把互联网的理念应用到其他产业中去，把产品、技术、信息、生产过程、生产者和消费者等互相联系连接起来，而不是仅仅把互联网作为一个工具去使用。正如习近平总书记 2012 年 12 月 7 日在腾讯公司考察时所指出的，"现在人类已经进入互联网时代这样一个历史阶段，这是一个世界潮流，而且这个互联网时代对人类的生活、生产、生产力的发展都具有很大的进步推动作用"。在我国实施网络强国战略，推动"互联网+"行动计划，发展分享经济的宏观背景下，2016 年中央一号文件也明确提出了要"大力推进'互联网+'现代农业，应用物联网、云计算、大数据、移动互联等现代信息技术，推动农业全产业链改造升级"的目标。河北省对信息产业的发展越来越重视，不断加快通信业和"互联网+"方面的追赶速度，对于刚刚驶入快车道的河北省休闲农业来说，无疑是一个巨大的助推。其对河北省休闲农业的发展将带来以下几个方面的促进：

一是通信产业在宽带端口的扩增以及 3G 和 4G 用户的不断增多等方面的成果，有利于河北省休闲农业的网络化、智能化发展，建立生产者与消费者之间零距离、低成本、高效便捷的联通平台。

二是随着"互联网+农业"中"114工程"、提升河北省农业信息化建设水平和推进农村电子商务全覆盖等举措的实施,把互联网思维应用到休闲农业发展理念和发展过程之中,通过"互联网+技术""互联网+产品""互联网+人才""互联网+市场"实现信息和生产过程的数据化、在线化,对休闲农业生产过程的智能化、生产方式的精准化、经营的网络化、信息服务的便捷化以及行政管理的透明化等方面都将产生深刻且长远的影响。通过产地溯源,实现各个生产环节的可追溯性和产品质量的可控性,解决食品安全的问题。还可以通过手机软件的应用,让客户足不出户就能随时看到休闲农业园区的生产环节,了解农产品的生长情况,根据个人所需选购各种蔬菜和其他农产品,使休闲农业成为可视、可听、可互动的时尚产业,有利于全面提升休闲农业产业对各种优质要素资源的吸引力和竞争能力。

三是在"互联网+旅游"方面启动乡村旅游电商村建设,推进乡村旅游线上线下互动促销的O2O经营模式,有利于休闲农业企业借助大数据、云计算等技术,分析顾客的消费心理和消费行为,为项目开发、产品设计等生产经营的科学决策提供服务,对河北省休闲农业克服市场营销不力的短板,发挥网络营销的强大功能,扩大宣传推广的辐射范围,提高促销效果,提升创新能力,将起到巨大的推动作用。

五 交通运输业对河北省休闲农业的影响

(一)河北省交通运输业的发展概况

河北省的交通运输业在刚刚过去的"十二五"期间取得了有目共睹的显著成效,尤其是京津冀协同发展战略把交通一体化确定为先行军率先突破,《京津冀协同发展交通一体化规划》的编制完成,《京津冀交通一体化2015年重点工作》《京津冀协同发展规划纲要交通一体化实施方案》等文件的制定与实施,推动河北省交通运输业取得了突飞猛进的发展。

第一,"十二五"期间河北省交通运输业实现重大跃升和跨越发展。一是现代综合立体交通网络初步形成。根据河北省统计局公布的数据,截至2015年年底,河北省的铁路营运里程、高速公路通车里程和港口通过能力均跃居全国第二位。二是汽车保有量持续快增。民用汽车保有量1137.1万辆,比上年末增长14.3%,其中私人汽车保有量1036.2万辆,增长15.7%;民用轿车保有量649.3万辆,增长19.4%,其中私人轿车

621.4万辆，增长20.4%。三是货运量增长，客运量下降。全年货物运输总量23.1亿吨，比上年增长9.3%；旅客运输总量5.7亿人，下降6.6%。

第二，京津冀协同发展使得交通经脉率先破题。一是在城际铁路方面，规划了总长度为3400公里的23条城际铁路网的建设方案，2015年年底，津保高铁开通，实现三地之间城际铁路的互联互通。二是在高速公路方面，2015年打通了10条河北与京津之间的"断头路""瓶颈路"，到"十三五"末将全部打通。高速公路通车里程将增加3000公里，全程约940公里的北京大外环在河北省境内的850公里将于2017年完工。三是在铁路方面，京津冀交通网由"单中心放射状"向"四纵四横一环"格局转变。四是大力发展运输机场和通用机场。积极推进北京新机场建设，将石家庄机场打造成区域枢纽机场，建成承德、邢台机场，力争建成衡水、沧州机场，启动保定机场建设和唐山、张家口、邯郸机场改扩建工程。大力发展通用航空，以环首都、冬奥会区域、主要旅游景区为重点，加快通用机场建设，建成三河、张北、崇礼等一批通用机场。五是在公交方面，2015年河北省的石家庄、保定、沧州、承德、邯郸、廊坊、张家口7个城市的360条公交线路与京津率先实现了"公交一卡通"，预计2017年京津冀区域将实现公交、地铁等主要交通方式的一张卡互通。

(二) 交通运输业对河北省省休闲农业的影响

交通运输的重要性可以说对任何一个地区和任何一个产业来说，都是扼喉的条件。没有方便快捷、四通八达的交通网络，再好的地方人们无法抵达，再好的产品无法运输出去，整个地区及其经济就像一潭死水，毫无生机和活力。河北省在"十二五"期间，尤其是在京津冀协同发展中交通一体化成为开路先锋，促使河北省的交通运输业得以飞速发展，全面提升。海陆空以及铁路、公路、公交等织就的密度大、通达性好的交通网络，有利于河北省休闲农业提高对游客的吸引力，为游客尤其是自驾游客这一休闲农业的主要目标顾客群体，在1—2小时交通圈内能够一路畅通无阻、心情愉快地抵达目的地，尽情享受休闲农业之乐提供了保证，对提高游客满意度，扩大口碑宣传，提升竞争力，都是至关重要的支持。随着京津冀交通一体化的日益完善，对吸引京津市民前来河北进行休闲农业旅游休闲消费活动，促进河北休闲农业的消费升级，助其不断提质增效，起到了无可比拟的推动作用。

综上所述，通过对相关产业与河北省休闲农业的关联度及其对休闲农业影响作用的分析，可以清晰地发现河北省休闲农业与相关产业的关系，即无"旅"不富、无"农"不稳、无"工"不强、无"文"不兴、无"网"不达、无"路"不通。因此，河北省休闲农业的发展壮大，只有以农业多功能性理论和产业集群理论为指导，不断挖掘农业的新功能，创造价值新增点，成为区域经济发展极，在纵向上不断打通产业内部上中下游的联结通道，横向上持续拓展与相关产业的优势融合，才能真正实现立足一产、带动二产、繁荣三产的产业集群效应，从而建立起河北省休闲农业根深蒂固、不可动摇的竞争优势。

本章小结

相关产业是钻石模型中影响产业竞争力的第三个因素。本章首先运用灰色关联度分析方法对休闲农业与旅游业、农产品加工业、交通运输业、文化产业以及信息产业的关联度进行了定量分析，研究发现，五个相关产业与休闲农业的关联度由高到低的顺序依次为：旅游业、农产品加工业、文化产业、信息产业和交通运输业，并对结论进行了讨论。其次，对五个相关产业的发展概况及其对河北省休闲农业的影响进行了具体分析。首先，旅游业的强劲发展势头和全面开花的丰硕成果，在市场营销、品牌宣传、产业融合发展、开发京津市场、增加融资渠道以及实现休闲农业与旅游扶贫的深度结合等方面，给予了河北休闲农业最直接最有力的支持。其次，农产品加工业在农产品加工示范基地、加工项目、原料基地、产业集群发展和规模效应的不断提高以及品牌建设的不断突破等成绩的取得，有利于发挥休闲农业接二连三的产业特性，提升产业竞争实力。再次，文化产业的蓬勃发展，在文化项目、龙头企业、产业融合发展等方面取得的成绩，其拥有的多元媒介和渠道，都有助于河北休闲农业克服对文化挖掘力度不够的短板，有利于竞争优势的创新。复次，通信产业、"互联网+农业"以及"互联网+旅游"的发展，有利于河北休闲农业的网络化、智能化、精准化、数据化和智慧化水平的提升，进而促进竞争力的提升。最后，交通运输业的突飞猛进，有利于河北休闲农业提高对游客的吸引力，尤其是对吸引京津市民前来河北进行休闲农业旅游休闲消费活动，促进我省休闲农业的消费升级，助其不断提质增效，起到了无可比拟的推动作用。总之，要充分认识到相关产业对河北休闲农业的重要影响，明确无

"旅"不富、无"农"不稳、无"工"不强、无"文"不兴、无"网"不达、无"路"不通,充分利用相关产业的各自优势,主动与旅游扶贫、农产品加工、文化产业、"互联网+"以及美丽乡村建设等充分融合,延长产业链条,发挥其"立一接二连三"的优势,形成产业集群、协同发展、共生共赢的发展格局,从而不断优化和提升产业竞争力。

第七章　河北省休闲农业的企业战略、结构与同业竞争分析

钻石理论中影响产业竞争力的第四个因素是企业战略、企业结构与同业竞争。如果说前述生产要素、市场需求和相关产业三个因素分别从不同方面为河北省休闲农业提供了发展的必要条件和辅助性支持的话，那么，对作为第四个因素的企业战略、企业结构与同业竞争的分析，则是将视线聚焦于最终承载这些条件与支持的主角——企业身上，通过对河北省休闲农业企业的发展战略、组织结构形式以及同业竞争情况的分析，找到提升休闲农业产业竞争力的突破点。

第一节　河北省休闲农业的企业战略分析

一　企业战略的内涵与结构

(一) 企业战略的内涵

"战略"（strategy）一词最早是军事方面的概念。在西方，strategy 源于古希腊语 "strategos"，意为军事将领或地方行政长官，后演变为军事术语，指军事将领指挥军队作战的谋略。在我国，"战略"一词历史久远，春秋时期孙武的《孙子兵法》被认为是最早对战略进行全局谋划的著作，其中的 "战" 指战争，"略" 指谋略。后引申到其他领域，泛指重大的、带全局性或决定全局的谋略。对于什么是企业战略，不同的学者有不同的观点。其中较有代表性的观点有如下四个：

第一，安德鲁斯的定义。美国哈佛商学院教授安德鲁斯（Kenneth R. Andrews）1971 年发表了《经营战略论》，将企业战略划分为四个构成要素，即市场机会、公司实力、个人价值观和渴望、社会责任。认为企业总体战略就是通过一种决策模式，把企业的目的、方针、政策和经营活动有机地结合起来，将不确定的环境具体化，以便较容易的着手解决这些问

题，进而形成自己的特殊战略属性和竞争优势。

第二，魁因的定义。美国达梯莱斯学院管理学教授魁因（James Brian Quinn）认为，战略是一种模式或计划，它将一个组织的主要目的、政策与活动按照一定的顺序结合成一个紧密的整体。一个完善的战略有助于企业组织根据自己的优势、劣势和环境中的预期变化，以及竞争对手可能采取的行动而合理地配置自己的资源。

第三，安索夫的定义。1965年，美国学者安索夫（Ansoff）所著《企业战略论》成为现代企业战略管理理论的研究起点和标志。他在研究美国多元化经营企业的基础上，提出了"战略四要素"说，认为战略应当包括产品与市场范围、增长向量、协同效果和竞争优势四个构成要素。

第四，明茨伯格的定义。加拿大麦吉尔大学管理学教授明茨伯格借鉴市场营销学的4P（产品、价格、渠道、促销）观点，提出了企业战略的5P（计划、计策、模式、定位、观念）定义。

综合上述观点，本书认为企业战略就是企业在特定发展环境下，为实现一定的长期目标而对资源和能力进行最佳配置与整合，具有全局性、长期性、基本性和纲领性的谋略或谋划。战略对企业的发展事关生死兴衰，意义非同一般。通过对本企业所处的外部环境做出正确判断，根据自身能力，把有限的资源投入到最重要的地方，做到有所为有所不为，是对企业"在哪里，去哪里，怎么去"三个根本问题的解答，关系企业的发展条件、发展方向和发展方式，直接影响企业的未来命运。[①]

（二）企业战略的结构

根据现代企业的组织状况，企业战略一般包括以下三个基本层次：第一层次是企业总体战略。它是在综合分析企业外部环境与内在条件的基础上，根据企业使命选择企业经营活动的领域，合理配置企业资源，以保证企业持续稳定发展的、最高层次的、全局性的战略，涵盖企业主要竞争领域、主要政策与价值观、远景与发展方向，通常由企业高管主管负责制定并监督落实。第二层次是业务单位战略。即各个战略业务单位（如二级单位、事业部、子公司等）的战略，是企业总体战略的具体化和细化，通常由战略业务单位的主管负责制定并落实。第三层次是职能部门战略。

---

① 张全胜：《企业如何定战略》，《企业改革与管理》2015年第2期。

是企业各个职能部门在企业总体战略和业务单位战略的基础上制定的本部门的发展战略。通常涉及市场营销、生产、物流、财务、人力资源和产品开发等部门，由各部门主管负责制定和实施。

可见，企业战略在结构上包括企业总体战略、业务单位战略和职能部门战略三个层次，企业总体战略需要企业高层管理和决策人员能够深谋远虑、高瞻远瞩，为企业未来发展框定宏图、指明方向，以实现企业使命和远景目标；业务单位战略的地位可谓至关重要，起到承上启下的作用。不仅需要在企业总体战略的指导下，对其进行细化和分化，结合企业已有业务以及未来有可能开展的新业务进行科学系统的分析评价，从而制定出切实可行的具体战略，而且还需要企业各个职能部门在此基础上，制定出各部门的战略，并能与本部门员工有效沟通，做到每个员工心中有数、目标明确、各负其责、形成合力，才有企业总体战略的最终实现。因此，企业战略绝不仅仅是企业高层管理和决策人员的事情，对企业战略的制定、实施和评价的战略管理过程中，需要包括管理者和员工在内的全体人员为了企业使命而共同努力。

二 河北省休闲农业的企业战略分析

（一）分析对象说明

本书以 2014 年由河北省农业厅和省旅游局联合评选的 12 家河北省休闲农业与乡村旅游示范点作为考察调研对象，认为其具有一定的代表性。农业部与国家旅游局自 2010 年就开始了对全国休闲农业与乡村旅游示范点的评选工作，通过公布评选标准、自主申报的方式，从申报企业中根据各省分配的名额择优评选。而河北省对与休闲农业有关的评优工作，有省旅游局关于工业旅游、农业旅游以及 A 级景区的评选工作，也有由河北省休闲农业协会所组织的休闲农业星级企业的评选，但或因其并非专门针对休闲农业的评优而导致评选标准各有侧重，或因民间组织的非官方性质导致其评选结果的权威度不足。而由河北省农业厅和省旅游局共同牵头组织对河北省休闲农业与乡村旅游示范点的评选工作，则是从 2014 年才开始的。根据《河北省休闲农业与乡村旅游示范点评分标准》，经河北省农业厅和河北省旅游局组织有关专家组审阅材料、听取汇报、质疑答辩、综合打分评定得出，程序严谨、标准严格，既有针对性，又有权威性。与此同时，当选的 12 家休闲农业示范点既是近 1—2 年内河北省休闲农业中高水平企业的代表,也是未来3—5年内正处于快速成长中的后起之秀的代表,在一定程度上能够代表河北省休闲农业企业当前与未来几年的企业发展的主流。

(二) 分析结果

通过对这12家省级休闲农业示范点的资料搜集与实地考察,发现其中有11家企业均程度不同的制定了企业发展规划,仅有1家没有很明确的战略规划目标。整体来看,河北省休闲农业的企业战略意识还是比较普遍的,但细究起来却不难发现,12家企业对什么是企业战略、如何制定、实施与管理企业战略等方面存在的差距还是非常大的,并与企业所选择的组织形式密切相关。具体来说,河北省休闲农业企业在企业战略方面的现状可概括为较好、一般、较差三个层次。

首先,企业战略处于较好层次的仅有2家,约占17%,主要以企业集团或公司制企业为组织形式。不仅具有较强的企业战略意识,战略层次结构完整,既有总体战略,也有业务单位战略和职能部门战略,而且企业战略的制定程序和内容也都较为规范和完整。如沧县力源生态农业发展有限公司和廊坊市永清县新苑阳光农产品产业园,两家企业分别隶属于力源活塞工业集团股份有限公司和新奥集团,都是跨行进入休闲农业产业领域的集团企业。沧县力源生态农业发展有限公司把企业战略的规划期限确定为自2013年到2028年共计15年,将其划分为前期规划(2013—2018年)、中期规划(2019—2023年)和远期规划(2024—2028年)三个战略阶段,每一个阶段都设定了明确的具体发展战略和目标。其中发展定位包括总体定位、主题定位和形象定位,发展战略包括综合开发战略、生态制胜战略、文化带动战略、区域联合战略、精品带动战略和效益优先战略六个方面,发展目标包括总目标和分期目标。永清县新苑阳光农产品产业园的企业战略也非常明确系统,实施了前向一体化战略,且理念超前,创造性地提出了"互联网农业战略"。这两家示范点因其总公司具有经营管理大型企业集团的先进经验,虽然跨行进入休闲农业产业开展多角化经营,但其成熟规范的战略理念和管理机制也会自然而然地被植入进来,对其朝着既定方向和目标顺利发展、少走弯路极为有利。目前这类企业在河北省休闲农业企业中的数量相对较少,但随着河北省产业结构的深度调整以及休闲农业的美好前景,越来越多的企业集团进入到河北省休闲农业企业行列中来将是必然的趋势。

其次，企业战略处于一般层次的有9家，约占75%，组织形式以龙头企业为主。表现为虽有企业战略的意识，但对战略内涵的理解高度和深度都不够，企业战略的层次结构也不完整，往往只有总体战略和职能部门战略，缺失承上启下的业务单位战略。这类企业普遍存在的问题是，认为战略只是高层管理者的事情，上层拍板，下层执行就行了。至于为什么要制定企业战略、因何制定这样的战略以及如何才能实现战略目标，往往仅停留在中高层管理层面，未能在各业务部门、职能部门以及全体员工之间进行有效沟通和渗透。同时，由于企业管理者对战略的驾驭能力不是很强，导致所制定的战略目标与规划不够长远，一般仅涉及今后三五年，内容也较为肤浅，很容易被竞争者所模仿甚至超越。这种情况不仅不利于上下合力实现企业的战略目标，而且随着企业的不断成长，战略意识淡薄、战略目标短浅、战略结构不完整的问题，必然带来企业战略的不稳定，需要不断重新调整才能适应企业的发展变化。而战略事关全局、牵一发而动全身，频繁的变动有违战略的长远性、基本性等特点，不利于企业顺利发展。

最后，处于企业战略较差层次的仅有1家，约占8%，组织形式为合作社。表现为缺乏战略思想，仅有模糊的总体战略且只有少数核心领导者才知道，根本没有业务单位战略的概念和相对应的机构设置，职能部门从不关心企业战略，只关注具体业务。这类企业对未来发展没有长远规划，只是走一步看一步。主要是因为合作社的管理者大多为农民，没有管理甚至没有接触过规范化的企业，对战略更是知之甚少，眼界相对狭小和近视，只能摸着石头过河，边走边看。

基于上述分析可知，河北省休闲农业企业战略的现状不容乐观，很多企业因为缺乏战略意识和中长期战略规划，战略层次结构不完整。在发展初期缺少评估、规划、市场定位，中后期缺乏战略的持续跟进，导致开业的时候热热闹闹，没过几天就亏损倒闭或者处于半死不活、骑虎难下的尴尬境地，严重影响全省休闲农业的品质提升和持续发展。因此亟须政府和休闲农业协会等相关部门给予高度重视，对休闲农业的经营管理者有必要进行企业战略相关知识的培训，建立专家智库，创造面授、网络授课、一对一帮扶、电话与邮件咨询等多种方式的培训平台，为休闲农业的实干者们提供战略理论指导，培养战略意识，提升企业竞争力。

第二节　河北省休闲农业的企业结构分析

一　河北省休闲农业企业结构的类型

企业结构即企业的组织形式，反映了企业的性质、地位、作用和行为方式，规范了企业与出资人、债权人、政府、企业之间以及企业与职工等内外部的关系。本书以2010—2015年河北省获得国家级休闲农业示范点和2014—2015年获得省级休闲农业示范点荣誉称号的39家企业（见表7-1）为分析对象，对河北省休闲农业的企业结构进行分类汇总（见表7-2）。

表7-1　河北省国家级和省级休闲农业示范点企业结构分类

序号	级别	获批年份	名称	企业结构类型
1	国家级	2010	秦皇岛市北戴河集发农业综合开发股份有限公司	股份有限公司
2	国家级	2010	唐山市迁西县渔夫水寨休闲农业观光园	个体企业
3	国家级	2010	河北省承德市滦平县周台子现代农业休闲园区	村集体
4	国家级	2011	邢台临城蓝天生态观光园有限责任公司	有限公司
5	国家级	2011	邯郸永年县文兰种养有限公司	有限公司
6	国家级	2012	张家口市张北县生态人农业科技园区	有限公司
7	国家级	2012	唐山市迁安白羊峪休闲农业与乡村旅游区	村集体
8	国家级	2012	保定市秀水峪旅游开发有限公司农业观光园	有限公司
9	国家级	2012	保定市定兴县昌利农业旅游示范园	有限公司
10	国家级	2013	廊坊市永清县绿野仙庄	集团公司
11	国家级	2013	张家口市张北县佳圣现代农业科技园	有限公司
12	国家级	2013	承德市双桥区尚亚葡萄产业示范园	公司+合作社+农户
13	国家级	2014	唐山市迁西县喜峰口板栗专业合作社观光园	合作社
14	国家级	2014	张家口市宣化县假日绿岛生态农业文化旅游观光园	有限公司
15	国家级	2014	邢台市临城县尚水渔庄	公司+合作社
16	国家级	2014	邯郸市武安市白沙村休闲农业园区	公司+基地+农户

第七章 河北省休闲农业的企业战略、结构与同业竞争分析 153

续表

序号	级别	获批年份	名称	企业结构类型
17	国家级	2015	唐山市乐亭县丞起现代农业发展有限公司颐天园现代农业园	有限公司
18	国家级	2015	秦皇岛市抚宁县仁轩酒庄	有限公司
19	国家级	2015	易县狼牙山中凯大酒店集团有限公司万亩花海休闲农业园	有限公司
20	国家级	2015	邯郸市广平县三农生态有限公司安居农庄	有限公司
21	国家级	2015	秦皇岛市卢龙县葡萄酒庄园有限公司柳河山庄生态园	有限公司
22	省级	2014	石家庄市平山县沕沕水生态观光园	有限公司
23	省级	2014	廊坊市永清县新苑阳光农产品产业园	集团公司
24	省级	2014	沧州市青县司马庄绿豪农业专业合作社	合作社
25	省级	2014	唐山市遵化尚禾源农业开发有限公司	有限公司
26	省级	2014	承德市兴隆县雾灵山乡眼石村	村集体
27	省级	2014	张家口市涿鹿佳和生态开发有限公司	有限公司
28	省级	2014	沧州市沧县力源生态农业发展有限公司	集团公司
29	省级	2015	廊坊市永清县佰金农业开发有限公司盛世福地科技园	有限公司
30	省级	2015	辛集市欢乐谷生态农业开发有限公司	有限公司
31	省级	2015	沧州神然生态观光园有限公司沧州神然生态观光园	有限公司
32	省级	2015	秦皇岛市海港区连峪农林专业合作社	合作社
33	省级	2015	邯郸武安市万乐蔬菜专业合作社	合作社
34	省级	2015	保定博野县大北河美丽乡村生态游景点	村集体
35	省级	2015	秦皇岛市巨丰种植有限公司	有限公司
36	省级	2015	河北海燕农牧有限公司幸福小镇生态观光园（石家庄灵寿）	有限公司
37	省级	2015	张家口金聚现代农业开发有限公司金聚高端生态休闲农业园	有限公司
38	省级	2015	河北南沟绿森林果有限公司（邢台市临城县）	有限公司
39	省级	2015	邯郸市紫海芳庭旅游开发有限公司	有限公司

资料来源：根据网上搜集、电话访问和考察调研整理而得。

汇总结果显示，河北省休闲农业的企业结构主要包括公司制企业、合作社、村集体和个体企业四种类型。公司制企业占比最大，在39家国家级和省级休闲农业示范点中有30家为公司制企业，占比达76.92%。其中有限公司、股份公司和集团公司的个数分别为 26 个、1 个和 3 个,占比分别为 66.67%、7.69% 和 2.56%;其次为合作社和村集体,各有 4 个,占 10.26%;最后是个体企业,仅有 1 家,占比为 2.56%。

表 7-2　　　　　　　　企业结构类型的数量与占比

企业结构类型	数量（家）	占比（%）
公司	30	76.92
其中：有限责任公司	26	66.67
股份有限公司	1	2.56
集团公司	3	7.69
合作社	4	10.26
村集体	4	10.26
个体（家庭）	1	2.56
合计	39	100.00

资料来源：根据表 7-1 资料统计得出。

二　河北省休闲农业企业结构类型的比较分析

（一）公司制企业结构

根据我国《公司法》的规定,公司是指由股东出资设立的,股东以其全部认缴的出资额或者所认缴的股份为限对公司承担责任,公司以其名下的全部财产对公司的债务承担独立责任的企业法人,包括有限责任公司和股份有限公司两种类型。一般而言,公司具有法人性、营利性和社团性三个基本的法律特征,并具有三个优点：一是拥有独立的法人地位,能够独立地享有民事权利和承担民事责任；二是有限责任制度,股东和公司对债权债务承担有限责任,起到了一定的保护作用；三是科学的管理制度,股东会、董事会和监事会三权分立,相互监督,彼此约束。基于此,公司制被誉为现代企业管理制度。在 39 家休闲农业示范点中,有 30 家企业选择的是公司制,占比达 76.92%,可以说代表着河北省休闲农业企业的中坚力量,也揭示了河北省休闲农业企业按照现代企业管理制度规范化发展、数量和规模快速增长的发展趋势。具体而言,在公司制中又可分为股份有限公司和有限责任公司,其中有 3 家属于跨行进入休闲农业领域的集团公司,为了便于分析,本书将其单独列为一类。

第一，股份有限公司。在 30 家公司制企业中，只有 1 家是股份有限公司，即秦皇岛市北戴河集发农业综合开发股份有限公司。它是河北省休闲农业起步最早（1983 年成立的集周蔬菜联合体）、也是第一批（2010 年）被评为国家级休闲农业示范点的企业，经过 30 多年的不断发展，已成为集建筑房地产、绿化、农业旅游观光等 16 个经济实体，5000 多名员工，年产值 3 亿多元的综合性企业，先后被全国科协、水利部、河北省及秦皇岛市政府等 13 个部门确定为科技推广、科普教育、菜篮子工程基地，荣获中国驰名商标、全国首批休闲农业与乡村游五星级企业、全国首家高科技农业旅游 4A 级景区、全国首批农业旅游示范点、国家旅游局向全国推荐的"农业旅游样板景区""河北省最美 30 景区"等 300 多项荣誉称号。采取"公司+基地+农户连市场"的方式，在全国最早开创了"村企联村共建"新模式，并将现代企业管理理念引入村庄，实行金字塔形管理机制，实现了村企资源整合，互惠双赢。股份有限公司相较于有限责任公司，在股东个数、注册资本额度、公司规模以及募集资金的渠道等方面均有较大的优势，当然对公司管理水平的要求也高出很多。39 家示范点中仅此 1 家是股份有限公司的企业组织形式，说明综合实力强、管理水平高的河北省休闲农业企业虽然已经有了零的突破，但数量太少，力量单薄。

第二，有限责任公司。在 30 家公司制企业中有 26 家是有限责任公司，代表了河北省休闲农业企业结构的主流。这些有限责任公司以当地的龙头企业为主，虽然在企业规模、综合实力、资金渠道等方面与股份有限公司相比，稍逊一筹，但却有其独具的优势。一是地利优势。这些土生土长的企业可凭借对当地资源的了解，借势已有一定口碑和发展历史的土特产品或资源特色，快速精准地确立主打产品，有利于集中优势建立核心竞争力。二是人和优势。可凭借与乡里乡亲的熟人社会关系，在土地流转、获取劳动力等方面更具可信度和号召力。三是天时优势。这些企业的经营管理者们，经过打拼多年，都已积累了丰富有效的管理经验和敏锐的商机捕捉意识，休闲农业的顺势而起，自然逃不过他们的眼睛。加之规模相对较小、决策灵活、转型迅速，在其原有的涉农或涉旅的产业基础上，转型到休闲农业上来也更加容易一些。这些有限责任公司大多采用"公司+合作社（基地）+农户"的形式，能够高效整合当地资源，对农民也有较强的带动性。这些占据天时、地利、人和优势，在龙头企业基础上发展起来的有限责任公司,数量增长迅速,成为河北省休闲农业企业结构的主流也就不足为奇了。

第三,集团公司。我国公司法规定的公司类型只有有限责任公司和股份有限公司两种,但为了突出其与上述两种公司制企业的不同之处,本书特将跨行进入休闲农业、实施多元化经营战略、作为工商资本和社会资本代表的公司制集团企业单独归为一类。2013年中央一号文件就已经提出"鼓励和引导城市工商资本到农村发展适合企业化经营的种养业",虽然目前集团公司进入河北省休闲农业的企业数量相对较少,30家公司制企业中只有3家属于此种类型,但却代表着一股汹汹而来的大潮,必将改变河北省休闲农业的企业结构现状。这类企业往往管理先进、机构完备、组织规范,在技术、资金、人才、营销等方面综合实力雄厚,把成熟的工业理念引入新兴的休闲农业,实施规范的公司化运作,把农产品生产、加工、销售、休闲娱乐、农事体验等环节有机链接,按照市场需求有组织、有目标、有计划地进行。虽然跨行进入休闲农业,但其竞争实力最强,而且可持续发展前景可观。

(二) 合作社制企业结构

2007年7月1日开始施行的《中华人民共和国农民专业合作社法》明确指出,农民专业合作社是在农村家庭承包经营基础上,同类农产品的生产经营者或者同类农业生产经营服务的提供者、利用者,自愿联合、民主管理的互助性经济组织。以其成员为主要服务对象,提供农业生产资料的购买,农产品的销售、加工、运输、贮藏以及与农业生产经营有关的技术、信息等服务。在其组织机构中,成员(代表)大会为主要权力机构,对合作社的重大事项进行表决和决策。农民专业合作社是在家庭承包经营基础上,分散的小农经济生产方式已无法满足复杂多变的市场需求,农户在市场竞争中处于明显弱势地位的背景下应运而生的。开发经营休闲农业,专业性强,投资较大,农户"单枪匹马"往往显得力不从心。而农民专业合作社在不改变原有的生产关系、不触及农民财产关系的前提下,将分散的农户组织起来,作为同类农副产品的生产者或农业生产经营服务的提供者,形成资源联合、民主管理的互助性经济组织,既可节约交易费用、降低成本,还能增强对抗风险的能力、增加获利机会,不仅有利于农民走向互助合作,对推进农业产业化和现代化,促进农村经济发展也具有独特的功能和作用。

目前，在39家示范点中有4家属于这一类型，占比为10.26%，可以说数量较少，规模还不是很大，但随着政府对合作社在法律保护和政策支持方面力度的不断加大，合作社发展休闲农业还有一定的提升空间。但受制于农民自身在知识体系、管理能力、发展目标、资金实力、技术创新与引进以及人才缺乏等方面的诸多局限，能够真正做大做强做长远，与公司制企业相抗衡，绝非易事。党的十八届三中全会通过的《中共中央关于全面深化改革若干重大问题的决定》指出，"加快构建新型农业经营体系"，"鼓励承包经营权在公开市场上向专业大户、家庭农场、农民合作社、农业企业流转，发展多种形式规模经营"。农民专业合作、供销合作、信用合作"三位一体"的合作组织，由于合作内容丰富、机制灵活、产业链长，将有可能成为引领农民进入休闲旅游市场的重要经营组织形式，对提高休闲农业的组织化程度、更好地带领农民闯市场起到积极的作用[①]。

(三) 村集体制企业结构

村集体是开展农村工作的基层组织，在维护农村稳定、深化农村改革、推进农业现代化、促进农民就业增收等方面占有重要地位。农村集体经济是指主要生产资料归农村社区成员共同所有，实行共同劳动，共同享有劳动果实的经济组织形式。农村集体经济的发展与村民生活水平的提高存在水涨船高的对应关系，集体富则村民富，刘庄、南街村、华西村以及河北省晋州市的周家庄作为集体经济的典型村就是很好的例证。自2007年中央一号文件倡导开发农业多种功能以来，休闲农业成为农业转型升级重要路径的发展趋势越来越明确，激发了一些有头脑、有闯劲、有能力的村干部以休闲农业为突破口，整合全村的优势资源，进行休闲农业整体开发，带领全村共同致富、为村民创造福利的创业激情。

从具体操作来看，村委会与自愿流转土地的村民签订土地流转合同，再将流转出来的土地由村集体统一进行规划和经营，或者承包给村内外专业种养大户经营，或委托专业管理人员负责经营管理的方式发展休闲农业。村集体作为休闲农业经营主体，一方面解决了村级主导产业的培育和集体资产的经营管理问题，另一方面也解决了村民就业增收的问题，既给无外出打工能力的农民创造了家门口的就业机会，也吸引了那些漂泊在

---

① 范子文：《北京休闲农业升级研究》，中国农业科学技术出版社2014年版，第128页。

外、有一定的眼界学识和能力、立志于改变家乡面貌的贤人志士回归故里。村民通过村集体参与入股、分红，不仅可以获得保底收入，还可以通过在休闲农业园区就业，甚至承包园区内的经营项目而获得更多的经济收入。村集体经营的休闲农业园区一般规模较大，经营内容也较为丰富。既可从事以种养业为基础的农业生产活动，也可开展农副产品深加工的第二产业，还可以整合村民闲置的房屋和宅基地开展旅游餐饮服务以及对民风民俗、农耕文化的挖掘、整理、保护、展览、表演等经营内容，彻底盘活村集体的资源，打造相互支撑的休闲农业产业链条，实现村民共富的双赢目标。

目前，在河北省的39家示范点中有4家企业属于村集体制企业结构类型，占比为10.26%，数量较少。这一数字既说明了村集体发展休闲农业具备组织基础和产业基础，能够做得很好，但同时也说明了其发展休闲农业之路并非坦途，存在的困难以及需要面对和解决的问题还有很多。主要表现为：农村"空心空壳"现象严重、村干部观念落后、村民集体观念淡薄、农村基础薄弱、村集体可用资源有限，能人、资金、技术、项目都严重缺乏。但农民不惧困境，在生存发展方面的韧性和创新能力不容低估。一方面，用好各项政策，解决土地、资金、项目和人才等要素匮乏问题。首先，可充分利用集体资源，结合现代农业发展，在实施高标准农田建设、国土整治、农业综合开发、中低产田土改造、低产林改造等项目中，依靠项目建设产生的增量土地作价入股，增加集体经济收入。其次，用足用好金融信贷扶持政策，建立村集体经济发展专项基金，整合各部门支农惠农资金，对发展计划可行、经营风险小、管理科学的村集体休闲农业经营项目予以扶持。再次，利用各级领导帮镇联村、县镇（乡）两级机关部门包村帮扶、同步小康驻村工作队员驻村指导等结对帮扶活动，从班子建设、发展规划、资金和项目等方面获取帮助。还可以推行"村企结对帮扶"活动，鼓励村企自愿结对，开展项目合作、产品配套、资产出租、农副产品配送、技术支持等，实现双赢。最后，选优配强村支"两委"班子，打破行业、身份、地域限制，从致富带头人、科技致富能手、返乡创业人员、退伍军人、大学生村官、国家正式干部等人群中，大胆选用思想解放、事业心强、思路清晰、懂经营、善管理的能人，不拘一格用人才。另一方面，依据资源特色确立休闲农业发展方向，壮大集体经济实力。立足区位、资源、人文等优势，有针对性地发展"城郊型""种养型""资源型""服务型"等类型的集体经济,采取"支部+合作社(协会)+农户"等形式,在观光农业、休闲体验农业上做文章,为企业、种养大户等提供后勤保障、服务外包、劳务中介、农业生产等微利服务,增加集体收入。自然资源丰富的村,可依托自然风光、乡土文化、生态资源等优势,结合美丽乡村建设,开办乡村旅馆、农家乐等项目,做大做强旅游产业,增加村集体资源开发收入和服务经营收入。从村集体制休闲农业企业的发展趋势来看,在组织形式上将逐步引入公司制的现代企业管理机制,在经营规模和产业发展上,将突破单个行政村的局限,呈现村村联合的发展势头。

(四)个体(家庭)制企业结构

个体(家庭)为经营主体的休闲农业企业是指有经济头脑、有技能、能钻研、肯吃苦的专业种养大户在自家承包地,或以转包、租赁、互换、股份合作等形式流转的土地(鱼塘、林地)上开展休闲农业生产经营活动的组织形式。一般而言,土地细碎化导致个体农民拥有的土地资源有限,个体农民或以家庭为单位开发的休闲农园占地规模相对较小。加之个体农民资金有限,贷款途径不畅,园区投资金额受到限制,导致配套设施和接待服务能力相对较差。在河北省的39家休闲农业示范点中,只有1家(唐山市迁西县渔夫水寨休闲农业观光园)属于这一类型的企业结构,占比为2.56%。

在河北省休闲农业的起步阶段多以个体(家庭)经营为主,呈现出自发、分散、粗放的特征。随着市民需求的升级、市场竞争的加剧,个体农民(家庭)经营的休闲农园的弱势性逐渐体现,如投入明显不足、基础设施不完善、产品档次较低、开发深度不够、提升空间有限、人才智力支撑不足等,成为这类企业长远发展的制约因素。可见,具有一定竞争实力、能够脱颖而出的个体休闲农业企业数量是最少的,其未来的发展趋势,一是走向联户合作的形式,通过抱团经营促进休闲农业的市场化和规模化;二是走向更为规范、科学的公司制,打破仅仅依靠家族成员的智慧和力量的"独木桥"式企业结构和管理机制。通过对该企业的电话访问,其负责人也表达了同样的想法。

通过上述分析,不难发现河北省休闲农业企业结构的变化趋势,即在规模上,由一家一户一园的分散状态,向园区和集群发展转变;在结构形式上,从以农户经营为主向农民合作组织经营、社会资本共同投资经营发展转变①。与个体（家庭）制、村集体制、合作社制和公司制企业结构相对应的休闲农业模式分别为农家乐、农家乐或民俗专业村、休闲农庄、休闲农业园区，从经营规模、投资总额、从业人数、服务水平、农副产品销售收入、年利润总额以及对当地农民的带动能力等方面来看，均呈递增之势。因此，可以说决定这一变化趋势的一个重要原因就是不同企业结构所产生的综合效率的不同。

第三节 河北省休闲农业企业的同业竞争分析

随着河北省经济绿色转型的不断推进，休闲农业被寄予厚望，其不可估量的发展潜力必然会极大地刺激诸多企业的进入欲望。虽然现在尚处于"诸侯割据"、占据有利地势、划分势力范围、注重自我发展的投入和成长阶段，没有精力顾及他人，因而表面上呈现出一片风平浪静、互不相扰的和平共处之势；待站稳脚跟、羽翼丰满、强弱分明之时，必然引发一场激烈的市场竞争。海尔总裁张瑞敏曾经说过："谁离消费者越近，谁就离竞争者越远。"这句话深刻地揭示了竞争的实质，说到底，企业之间的竞争就是对顾客的竞争，因为市场是由全部现实和潜在的顾客组成的。那么，休闲农业企业应如何分析其竞争者，选择适合的竞争战略，以增强对顾客的吸引力，提高接待服务水平和营利能力，进而提高企业竞争力呢？关键在于两步：第一步就是要对竞争者进行全面分析，包括识别、评估和选择主要竞争者；第二步就是要根据企业的实力和站位制定出适合本企业的竞争战略。

一 河北省休闲农业企业的竞争者分析

分析竞争者是企业制定竞争战略的基础。通过分析比较，企业可以清楚地知道谁是本企业的竞争者，竞争对手的企业战略和营销目标是什么，竞争对手的优势和劣势何在，其对竞争的反应方式是怎样的等问题，从而使企业在竞争博弈中能够进行准确的攻击和恰当的防御与回避。进行竞争者分析，首先要识别和评价竞争者，然后选择可以攻击或规避的竞争者

---

① 刘红瑞、安岩、霍学喜：《休闲农业的组织模式及其效率评价》，《西北农林科技大学学报》（社会科学版）2015年第2期。

(见图7-1)。

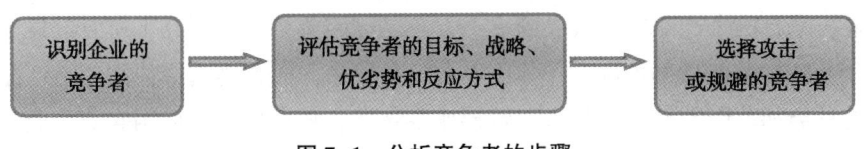

图 7-1 分析竞争者的步骤

(一) 识别竞争者

竞争者一般是指那些与本企业提供的产品或服务相类似,并具有相同目标顾客和相近价格的企业。河北省休闲农业企业的同业竞争者主要包括现有企业、潜在加入者和替代品提供者三大类。

第一类竞争者是现有企业。根据《2015中国休闲农业年鉴》的统计,截至2014年年底,河北省共有休闲农业经营主体881个,主要包括666个农家乐和191个休闲农园(庄)。仅以休闲农业示范县和星级企业统计,2014年年接待十万人次以上的企业达59家,其中年接待50万人次以上的15家,年接待100万人次以上的有7家。这些数字说明,河北省休闲农业的现有企业数量众多,成长快速,彼此之间都有可能成为直接的竞争对手。与此同时,京津休闲农业经营主体的数量远超河北,分别达到10164个和2510个,也是河北省休闲农业企业无法逃避的强大竞争对手。

第二类竞争者是潜在加入者。根据规律,当某一行业前景乐观、有利可图时,会引来新的竞争企业,使该行业增加新的生产能力,并要求重新瓜分市场份额。另外,某些多元化经营的大型企业也会利用其资源优势从一个行业侵入另一个行业。新企业的加入,将可能导致产品价格下降,利润减少。未来加入休闲农业竞争行列的企业数量将呈现大幅上涨之势,理由有五:其一,京津冀城镇居民日益增长的需求对休闲农业的强劲拉动;其二,从中央到河北省委省政府的高度重视与积极推动;其三,休闲农业是河北省实现京津冀协同发展规划区域生态改善重任的重要途径之一;其四,休闲农业成为帮助农民脱贫致富的重要依托;其五,休闲农业的进入门槛相对较低,不管是个体农民、村集体,还是合作社、公司都可以根据自身实力开展休闲农业经营活动,而且会吸引越来越多的大型企业集团跨行进入休闲农业。鉴于上述五个方面的原因,预计未来几年河北省休闲农业新进入者的数量将会大幅度增长,竞争也会日益激烈。

第三类竞争者是替代品提供者。与某一产品具有相同功能、能满足同一需求的不同性质的其他产品,属于替代品。休闲农业横跨农业和旅游业,来自两个产业的替代品众多,尤其是休闲旅游产业,几乎所有的休闲产品和旅游产品都可以看作休闲农业的替代品。而顾客选择休闲旅游产品的种类和范围的自由度越大,转换成本越低,将直接引发休闲农业企业与替代品提供者之间在主题定位、经营特色、产品价格、促销方式、顾客体验价值以及感知满意度等方面展开激烈的顾客争夺大战,竞争的加剧在所难免。

总之,能否客观准确地识别竞争者,对企业未来发展至关重要。为了避免"竞争者近视症",河北省休闲农业企业应对同行业内的三类竞争者进行全方位的扫描,以防被处于视野之外的潜在竞争者而非视野之内的现实竞争者所打败。

(二) 评估竞争者

在识别主要竞争者之后,接下来要解决的问题就是评估竞争者,包括了解竞争者的目标、战略、优劣势及其对竞争的反应方式等内容。

第一,了解竞争者的目标。竞争者的目标是由多种因素共同决定的,如企业规模、发展历史、经营管理现状以及财务状况等,每个竞争者都会据此而确立侧重点各不相同的一组目标,如市场占有率、营利性、技术的先进性和服务的水平等。只有了解竞争者的重点目标,才能准确判断他们对不同竞争行为的反应。例如,一个追求成本领先的企业会对竞争者在削减成本的生产技术上取得的突破反应更为强烈,而对其广告费用的增加并不关心。此外,企业还必须关注竞争者在不同细分市场的目标。如果发现竞争者的目标与本企业的细分市场将正面交锋时,就必须做好迎接挑战的准备。例如,位于石家庄市区周边的正定、栾城和藁城以草莓采摘为主要经营内容的休闲农业经营者之间,面对的目标消费者都是石家庄市民,与市区的距离也相差无几,采摘的时间也较为集中,尤其是规模相当、品类单一、服务水平相近的经营者之间的竞争必定是异常的激烈。

第二,判断竞争者的战略。最直接的竞争者即在相同的目标市场实施相同战略的企业,这些企业构成了竞争者战略群。对河北省休闲农业产业内的竞争者战略群的认知,不仅要从战略群内部竞争者的企业形象定位、地区范围、纵向一体化水平、技术先进水平、资金与人才实力、产品组合及其质量与特色、定价策略、分销与促销等方面详细分析,还应从外部即竞争者战略群之间也要进行战略的分析判断,因为竞争不单单发生在竞争者战略群内部，不同的竞争者战略群之间也存在竞争，以下三种情况是判断不同竞争者战略群时不能忽视的：一是不同的战略群却具有相同的目标顾客时，二是顾客很难区分不同战略群高低端产品的差异时，三是随着综合实力的消长出现战略群之间的流动时。纵观目前河北省的休闲农业企业，可大体划分为强、中、弱三个竞争者战略群。以集团企业、股份有限公司为主的休闲农业企业构成了竞争性强的战略群，以龙头企业、村集体和部分发展较好的合作社为主的休闲农业企业形成了竞争性中等的战略群，以规模相对较小的合作社和个体（家庭）企业为主的休闲农业企业则构成了竞争性相对较弱的战略群。但这种划分并非固定不变的，相互之间出现流动是必然的。在千变万化的市场环境中，企业只有不断审视战略群内外竞争者的战略变化情况，并相应调整自己的战略，才能立于不败之地。

第三，竞争者的优劣势分析。在评估竞争者时，还需要对其优势和劣势进行分析，以便于判断竞争者的目标和战略实现的情况。这就需要企业去收集竞争者业务上的近期关键数据，如营业额、市场占有率、接待游客的数量等。但这些关键数据往往很难通过直接的方式获得，可采取间接的方式，如各种媒体报道的二手资料，或通过问卷调查请顾客为本企业和竞争者在一些重要方面打分，了解本企业与主要竞争对手在顾客心目中的位置、顾客喜欢与否的原因以及满意度的评价，尤其是有哪些抱怨、遗憾和希望点，进而从中找到各自的比较优势和弱点所在，为提升本企业和攻击竞争者的软肋做好准备。

第四，评估竞争者的反应方式。在判定了竞争者的目标、战略及其优劣势之后，还需深入了解竞争者的经营哲学、内部文化、决策者的性格特征等，以期准确预见其可能采取的竞争行为和对市场竞争的反应方式。常见的反应方式主要有四种：一是从容型，即竞争者对竞争对手的攻击行为反应不强烈，很从容淡定。对此，企业需要分析竞争者从容不迫的真正原因到底是因为自己的顾客忠诚度高而不必担心，还是因为该攻击行为不会对自己产生大的影响而置之不理，还是缺乏做出必要反应的实力和条件。二是选择型，即竞争者只对某些类型攻击行为作出反应，而对其他类型的攻击则无动于衷。如有的竞争者对降价行为会作出针锋相对的回击，有的则对市场占有率非常敏感。了解竞争者在哪些方面作出反应，有利于企业选择最为可行的攻击类型。三是凶狠型，即竞争者对任何攻击都会作出迅速而强烈的反应，以警告竞争者不要轻举妄动，以免遭到严厉的报复。四是随机型，即竞争者对攻击行为的反应并无规律可循，带有较大的偶然性和随机性。一般而言，许多小企业受制于自身的资源、实力和成长阶段的约束，会对竞争行为作出随机反应。

（三）选择攻击和回避竞争者

企业在辨明主要竞争者并对其优劣势和反应方式进行分析之后，就要作出攻击谁、回避谁的决定，可从竞争者的强弱、远近、好坏三个方面进行选择。

一是竞争者的强弱。大多数企业喜欢将火力瞄准弱的竞争者，这样需要的资源少、时间短、风险小，但往往获利也不大；如果以较强的竞争者为进攻目标，虽然可提高自己的竞争能力，获利也较大，但风险和代价相对而言也较大。

二是竞争者的"远近"。这里的远近既可从地理区位的远近去理解，也可从经营内容和实力规模的接近程度去理解。多数企业主张与本企业最"近"的竞争者进行竞争，但同时也要避免因攻击相近的竞争者，迫使其投靠或与更难对付的竞争者进行联盟的不利局面。

三是竞争者的"好坏"。这里的"好坏"是指是否遵循行业竞争规则，企业要学会辨别竞争者的好坏。"好"的竞争者会将自己定位于行业的某一部分或某一细分市场，按照合理的成本定价，保持合理的市场份额和利润水平，进而促使竞争对手降低成本，提高产品或服务的差异化，有利于行业的稳定和健康发展；而"坏"的竞争者，则常常犯规，我行我素，冒险投资，或通过购买等不正当手段扩大市场份额，从而破坏和扰乱行业的均衡。

二　河北省休闲农业企业的竞争战略分析

企业在分析了竞争者之后，还需要结合自身实际情况及所针对的竞争对手制定总体的竞争战略和策略，以图获取竞争优势，提升企业竞争力。但不管是理论上还是实践中，并不存在一种适合所有企业的最佳竞争战略，每个企业必须根据自己的目标、机会、资源以及行业地位，选择最适合的战略。

（一）竞争战略的类型

竞争战略的类型主要包括三大基本竞争战略、四个处于不同市场地位的企业竞争战略以及战略联盟三类。

首先是三大基本竞争战略，由迈克尔·波特在《竞争战略》提出，即总成本领先战略、差异化战略和集中战略。

第一，总成本领先战略。也叫低成本战略，是指在努力保证产品质量和服务水平的前提下，通过降低产品的生产和分销成本，使本企业的产品价格低于竞争者，从而赢得更大市场份额的竞争战略。此战略对企业在良好的融资能力、持续的资本投资、较高的工艺加工能力、严格的成本控制体系以及精细化的监督管理方面有较高的要求。但此战略也存在一定的风险，应引起企业足够的重视。一是新技术的出现可能会使经过多年积累才得到的降低成本的投资方法、配套制度等优势丧失，并使竞争对手获得迅速采用新技术，反而创造出更低的成本优势的机会；二是本企业降低成本的方法被竞争对手模仿或掌握，导致优势丧失；三是过度关注成本而不能与消费者的需求变化与时共进；四是因定价处于最低边缘，一旦遭到竞争对手的报复性进攻，缺少回旋余地。

第二，差异化战略。即大力发展别具一格的差异化产品或服务，以与众不同的特色打造核心竞争力的战略。此战略的优势在于其不仅能构筑企业在市场竞争中特定的进入障碍，有效抵御其他竞争对手的攻击，还能削弱购买者讨价还价的能力。差异化战略的实施有赖于企业在技术、人才、资源、设计、营销等方面具有领先性或独到之处。与此同时，也要注意规避可能的风险，如差异建立在高成本、高价格基础上、差异不能与顾客偏好同步变化以及竞争对手的模仿等导致曾经的差异对顾客丧失吸引力的问题。

第三，集中战略。是指企业通过集中力量为某一个或几个细分市场提供产品或服务，充分满足目标顾客的特定需要，从而争取局部竞争优势的竞争战略。其与总成本领先战略和差异化战略既有区别又有联系。区别在于，它不是面向全行业，在整个行业的范围内进行活动，而是围绕一（几）个特定的目标市场进行密集型的生产经营活动，由于其市场面狭小，可以更全面和深入地了解市场和顾客，提供比竞争对手更好的产品或服务；联系在于，企业一旦选择了特定目标市场，便可以通过成本领先或差别化的方法，形成集中型战略。

其次是四个处于不同市场地位的企业竞争战略。被誉为"现代营销学之父"的菲利普·科特勒，根据企业在行业中所处的不同市场地位，提出了四种竞争战略，即市场领导者的竞争战略、市场挑战者的竞争战略、市场跟随者的竞争战略和市场利基者的竞争战略。企业只有客观认知自己在行业中所处的地位，才能制定出适合的竞争战略。

第一，市场领导者的竞争战略。市场领导者是指拥有最大的市场份额，在价格变动、新产品开发与引入、渠道覆盖面和促销力度等方面对行业内的其他企业具有引领作用的企业。作为市场领导者，既是行业发展方向的引导者，也是其他企业挑战、效仿或回避的对象。为了维护自己的优势，保持主导地位，必须保持高度警惕并采取适当的战略和策略。一般有三种战略可供选择：一是扩大总需求，二是保护市场份额，三是扩大市场份额。

第二，市场挑战者的竞争战略。市场挑战者是指在行业中居于第二及以后位次，主观上有野心，客观上有能力对包括市场领导者在内的其他竞争对手展开攻击的企业。那些成长快速、实力雄厚、管理规范并具有雄图大略的休闲农业企业，随着自身不断地发展壮大，不再甘居人后，或者有其他竞争者分享市场利益的时候，往往就会成为市场挑战者。如以集团企业投资经营的休闲农业企业，发展势头凶猛，潜力巨大，是市场挑战者的最大可能候选者。它们必须首先确定战略目标和挑战对象，然后选择适当的进攻战略。根据战略目标的不同，市场挑战者可对三种竞争者发起挑战：如果战略目标是取代市场领导者的地位，显而易见，就会以市场领导者为挑战对象；如果战略目标是夺取某些竞争对手的市场份额，就会选择实力相当但经营不佳、财力不足的企业作为挑战对象；如果战略目标是消灭或兼并竞争对手，就会以那些实力较弱、管理不善、财务困难的区域性小企业作为挑战对象。市场挑战者经常采用的进攻战略包括正面进攻、侧翼进攻、围堵进攻、迂回进攻和游击进攻等。一般情况下，市场挑战者很难单靠某一种进攻战略取得成功，也不可能同时运用所有这些战略，通常需要设计出一套适应环境和时间变化的整体战略，才能借此改变自己的市场地位，提高竞争能力。

第三，市场跟随者的竞争战略。并不是所有的位居第二及以后位次的企业都会成为挑战者，许多企业倾向于跟随或者模仿领导者，因为可以获得很多的好处。市场领导者往往需要承受研发新产品、开拓新市场、扩展渠道等方面的巨大支出和风险，而市场跟随者可以吸取市场领导者的经验教训，效仿或改进领导者的产品和方案，投入和风险很小，而获利却不少，同时也可以避免与市场领导者之间以卵击石的正面冲突。但市场跟随者也要注意,不能完全照搬领导者的做法,而应结合本企业的实际进行合理修正,以便更加适合己用,既采取有选择的跟随战略;还要注意保持与领导者保持适度的距离,不管是采取紧密跟随战略,还是有距离的跟随战略,都要以免遭领导者或挑战者的打击报复为衡量尺度。因此,市场跟随者必须保持低成本和低价格或高质量的产品和服务,并且趁新市场打开之际及时进入。

第四,市场利基者的竞争战略。每个行业中都存在着规模较小的或者被大企业忽略的某些细分市场,这种市场位置在西方成为"Niche",通常译为"利基"。市场利基者就是指专门为规模较小的细分市场或者被大企业忽略的某些细分市场提供专业化产品和服务的企业。利基市场虽然以小著称,但并非无利可图,其投资回报率甚至远超大市场。只是需要企业设法发现一个或几个这种既安全又有利的利基市场,对细分市场的需求进行细致入微的洞察和分析,并通过精致化、专业化的产品和服务加以满足,从创造的高附加价值中获得高回报。河北省休闲农业市场也不例外,随着城镇居民休闲旅游需求的日益多元化、个性化,利基市场的数量将会不断增加。那么,如何发现和判断哪些就是利基市场呢?首先,要有一定的规模、购买力和利润率,而且具备增长潜力;其次,企业具备提供特殊产品和服务的资源和能力;再次,对主要竞争者没有吸引力;最后,企业在顾客中建立了良好的信誉和口碑,足以对抗竞争者的攻击。一旦发现了这样的利基市场,就要制定见缝插针地专业化竞争战略,力求做深、做透、做精、做强,在顾客、产品、渠道等方面打造专业化的竞争优势,创造出小市场中的大天地。此外,市场利基者必须考虑到自身资源耗竭或受到攻击的风险,为了提高保险系数,应选择两个或两个以上的利基市场,以确保企业的生存和发展。

最后是战略联盟。随着市场环境的复杂化和竞争压力的不断增大,使得很多企业开始重新审视和调整企业之间的竞争关系,从绝对的对立竞争走向合作竞争,其中主要的形式之一就是建立企业战略联盟。战略联盟就是指两个或两个以上的企业,出于对整个市场的预期以及对企业总体战略目标和经营风险的考虑,为达到共同拥有市场、合作研究与开发、共享资源和增强竞争优势等目的而制定的优势相长、风险共担的合作协议[①]。战

---

① 张全胜:《企业如何定战略》,《企业改革与管理》2015年第2期。

略联盟具有组织的松散性、目标的多样性、合作的互利性、竞争的根本性、战略的长期性和管理的复杂性等特点。比较常用的类型包括股权式战略联盟、契约式战略联盟、产品联盟、知识联盟和品牌联盟等。

(二) 竞争战略的选择

结合本书对河北省休闲农业发展现状的宏观分析以及对河北省休闲农业竞争优势六大影响因素的现状微观分析，与三大基本竞争战略、四大不同市场地位竞争战略以及战略联盟等八种竞争战略类型进行了匹配，从中找到了比较适合河北省休闲农业企业的六种主要竞争战略（见表7-3），依次为战略联盟、差异化战略、集中战略、总成本领先战略、挑战者战略和利基者战略。

表 7-3　　　　　　　　河北省休闲农业竞争战略的选择

河北省休闲农业产业竞争力影响因素的分析结论		竞争战略类型							
^	^	三大基本竞争战略			四大不同市场地位的竞争战略				战略联盟
^	^	总成本领先战略	差异化战略	集中战略	领导者竞争战略	挑战者竞争战略	跟随者竞争战略	利基者竞争战略	^
全省发展现状	成绩：①四个发展阶段。②七种模式。③扩张快速、效益初显、潜力巨大。各地市发展水平参差不齐	√	√	√	√	√		√	√
^	问题：①政府总体发展规划与产业自发展的不协调问题；②盲目上项目与特色不明、农味不浓、精品不多的问题；③经济效益低、正外部性强但缺少补偿机制的问题		√	√		√		√	√
生产要素	优势要素：①地理区位；②地形地貌；③气候；④生物；⑤土地；⑥农民生活资源；⑦农耕民俗文化资源	√	√		√	√		√	√
^	劣势要素：水、大气环境、劳动力、资本、科技		√	√				√	√
市场需求	①规模扩展潜力巨大；②结构多样细分；③需求的大众化和中等化；④满意度和成熟度较低；⑤成长空间巨大	√	√	√	√			√	√

续表

河北省休闲农业产业竞争力影响因素的分析结论		竞争战略类型							战略联盟
		三大基本竞争战略			四大不同市场地位的竞争战略				
		总成本领先战略	差异化战略	集中战略	领导者竞争战略	挑战者竞争战略	跟随者竞争战略	利基者竞争战略	
相关产业	第一，旅游业：①营销渠道多元；②节庆丰富；③多业态、多元化格局形成；④京津冀旅游协同发展亮点不断；⑤成农民脱贫致富重要抓手	√	√	√	√	√		√	√
	第二，农产品加工业：①职能机构的完善与指导的加强；②项目强力推进与投资步伐加快；③原料基地的建设构筑发展支撑；④产业发展呈现"三个转变"		√	√		√		√	√
	第三，交通运输业：①"十二五"期间的重大跃升；②交通经脉率先破题；③"十三五"建成交通强省	√	√		√			√	√
	第四，信息产业：①通信业的宽带和4G业务发展迅速；②"互联网+农业"和"互联网+旅游"取得初步成效	√	√	√			√		√
	第五，文化产业：项目带动、龙头带动、产业融合与计划管理		√		√			√	
企业战略与结构及同业竞争	企业战略：①较好层次的企业约占17%；②一般层次的企业约占75%；③较差层次的企业约占8%	√	√	√		√		√	√
	企业结构：公司制、合作社、村集体制和个体企业分别占76.92%、10.26%、10.26%和2.56%	√	√	√	√	√		√	√
	同业竞争：包括现有企业、潜在加入者和替代品提供者三大类，竞争加剧是共同趋势	√	√	√		√		√	√
合计		10	13	12	4	10	1	13	13
排序		5	2	4	7	6	8	3	1

第一，战略联盟。该战略是企业在市场环境复杂多变，竞争压力不断增大的情况下，出于对整个市场的预期和经营风险的考虑，为达到共同拥有市场、合作研究与开发、共享资源和增强竞争优势等目的，从绝对的对

立竞争走向合作竞争的战略。目前，在京津冀协同发展战略的推动之下，京津冀三地之间在农业、旅游业和休闲农业等方面开展了多方面的协同合作，具有开创性的例证就是京东五地（河北省兴隆县、遵化市、三河市，北京平谷区，天津蓟县）整合旅游资源，于2015年3月5日达成京东休闲旅游示范区建设和发展合作意向，为京津冀旅游业协同发展上起笔破题。这种在竞争基础上的合作，使得共同争抢同一目标顾客群体的跨区域竞争对手之间，通过战略联盟合作协议的签订，联手共同开拓市场，形成合力，共同发展。此外，在河北省内各地市之间以及各地市内部休闲农业园区之间，也有一些企业开始建立战略联盟。如联合旅行社，把具有错位发展、产品特色鲜明、差异互补的各个休闲农业企业串联起来，由"点"到"线"，重新设计规划休闲旅游线路，既促进了各企业之间强化自身的特色建设，避免了同质化恶性竞争，也更好地满足了目标顾客个性化、多元化的需求。在京津冀协同发展战略的深入推进背景下，区域融合带动产业融合成为大势所趋，三地将会有越来越多的休闲农业企业选择战略联盟的竞争战略，以图在特定区域内的协同发展与竞争合作，因而成为首选竞争战略。

第二，差异化战略。此战略的核心是以差异化的产品和服务建立竞争优势。目前，河北省休闲农业的企业在实施差异化战略方面分为两个层次。较低层次的企业一般以个体（家庭）企业、合作社和村集体制企业为主体，没有明确的差异化战略目标，不是根据自身的实力和资源特色建立差异，而是看到别人什么搞得好就直接拿来主义，最后弄成一个大杂烩。较高层次的企业以公司制企业为主体，具有较为明确的差异化战略思想，可以说都想创造自己独有的差异化产品和服务，但往往因为这种差异极易被竞争对手所模仿而苦恼，导致相互之间的差异性越来越小，独创性越来越难，致使很多企业缺乏坚持差异化战略的后劲支撑，被淹没在越来越同类同质化的产品之中，很难再浮出水面。相反，那些在人才、技术、资金等高级要素方面具有明显优势的企业，对差异化战略的持续性实施提供了坚实的基础，把新进入盲目跟风效仿却无后劲支撑的企业越甩越远。因此，企业必须认真审视自己的资源，力争从中找到竞争对手难以模仿的差异，并把它不断做大，而不是丢掉自己的优势简单效仿他人。在这方面，一个重要未被充分利用的资源就是文化资源，如果休闲农业企业能够把所处区域的农耕文化、民风民俗等灵魂注入园区环境、体验项目、经营理念之中，由于文化突出的地域性、差异性特点，与橘生北国则为枳同理，这样的独特性才是可持久拥有、不可复制的差异所在。根据河北省拥有较多优势生产要素的实际情况，充分利用地理区位的殊要、地形地貌的齐全、气候的四季分明、生物种类的多样、土地的质优量足、农民生活资源的深厚底蕴以及农耕民俗文化的绚烂多姿等资源优势，结合顾客个性化、多元化的需求动机，发挥公司制、合作社、村集体制和个体企业等企业组织形式的多样灵活性，精心打造别具一格的差异化产品和服务，以与众不同的特色创造竞争优势。河北的休闲农业企业在选择差异化战略方面的条件优越，因而战略排位第二，非常适合。

第三，利基者战略。市场利基者是指专门为规模较小的细分市场或者被大企业忽略的某些细分市场提供专业化产品和服务的企业。利基市场虽小但并非无利可图，其投资回报率甚至有可能远超大市场。但目前河北省具备提供特殊产品和服务的企业非常少，而且人们的需求动机和消费水平都还处于大众化的阶段，具有一定的规模、较高的购买力和利润空间的利基市场还处于形成过程之中。但市场的小众化是未来发展趋势之一，选择利基者战略的企业可采取适合自己实力的专业化竞争战略（见表7-4）。

表7-4　　河北省休闲农业市场利基者的专业化竞争战略

类型	名称	目标	适用企业
市场专业化竞争战略	地理区域专业化	企业只将经营业务或服务对象限定在某一地理区域范围内	如石家庄市郊区的"开心农场"，把地块化整为零，主要以石家庄市民为租赁服务对象
	垂直层面专业化	企业专门致力于为生产和分销循环周期的某些层面提供产品或服务	如张家口市怀来县只为某个公司或酒庄种植酿酒葡萄的休闲农场
顾客专业化竞争战略	顾客规模专业化	企业专门致力于为某一种规模（大、中、小）的顾客群体服务	如只接待团队，或3—5人规模的家庭游客或个体散客的休闲农庄、农家乐等
	最终用户专业化	企业专门为某类最终用户提供产品或配套服务	如以蔬菜种植为主的合作社或家庭农场，为签约的社区居民每周提供蔬菜配送服务
	特定顾客专业化	企业只为某一或几个主要客户提供产品或服务	如只为某几个单位提供商务会议或员工培训服务的休闲农庄

续表

类型	名称	目标	适用企业
产品（服务）专业化竞争战略	产品线专业化	企业只生产某一种或某一大类产品	如邢台市临城县的尚水渔庄只经营赏鱼、钓鱼、摸鱼、吃鱼等与鱼有关的产品或服务
	产品特色专业化	企业只生产某一特色的产品	如以玫瑰花或中草药等附加值较高产品的种植及其精深加工为经营内容的休闲农庄
	客户订单专业化	企业只按客户的订单生产预定产品	如石家庄市农耕时代的主要客户是周边的部队，按照部队的订单内容为其进行所需产品的定制化生产
	质量和价格专业化	企业只生产高档高价或低价的产品	如永清天圆山庄的生态养老地产，针对北京市民提供面积在40—60平方米、价格在4000元左右每平方米、温泉入户，并提供体验农事的菜园、果园等配套设施和服务
	服务专业化	企业专门提供其他企业所没有的服务	如怀来海棠就是当地特有的省级农业名优产品，海棠种植园借此开展了海棠花节以及利用海棠果制作冰糖葫芦的体验性服务项目
渠道专业化竞争战略	分销渠道专业化	企业只为某一种分销渠道提供产品或服务	如藁城市九州绿色农业开发基地只为家家缘农产品直营专卖店提供其生产的农产品，每周的二、四、六、日还有专车免费接送专卖店的VIP客户到基地进行采摘

第四，集中战略。此战略是旨在集中力量专为某一（几）个细分市场提供特定的产品或服务以获取局部竞争优势的竞争战略。那么，在河北省休闲农业企业中，哪些适合采用集中型战略呢？首先是拥有完全不同的目标顾客群的企业。从顾客需求角度看，笼统地说，休闲农业的多重功能主要包括观光娱乐、休闲度假、康体怡情、农事体验等；具体而言，又可分为吃、住、行、游、购、娱以及商、养、学、闲、情、奇等不同需求。从顾客群体角度看，笼统地说，以城镇居民为目标顾客；具体来看，又可分为针对儿童的家庭亲子游市场、青少年农业教育市场、中青年婚恋市场、中年人舒压健体及社会交往市场、银发一族的养生养老等不同细分市场。休闲农业功能之多、市场之大、需求之异，决定了企业必须客观审视自身，与其贪大求全，不如只选取自己最擅长、最有把握、最有优势的某一个或少数几个细分市场作为目标顾客群体，在专业化、精致化中求大求

强。因此，实施集中战略的休闲农业企业必须拥有与竞争对手不同的目标顾客。其次是在相同的目标市场群中，其他竞争对手不打算实行重点集中的战略时，企业选择集中战略则可以避免与竞争对手直接地正面冲突，既能保存实力，又能创建竞争优势。再次是企业的资源不允许其追求广泛的细分市场，则企业必须量力而行。如不具备向新兴的自行车骑行这一相对小众且专业性很强的细分市场提供骑行道路、装备设施、野外宿营等产品和服务能力的休闲农业园区，就不要涉足，应该选择自己能做的且能做好的，所谓适合的就是最好的，有舍才有得。最后，由于休闲农业各细分市场在规模、获得能力、成长速度、发展潜力等方面存在很大的差异，企业各有看重，因而可选择占领不同细分市场的集中战略。集中战略适应了本企业资源有限这一特点，可以集中力量向某一特定细分市场提供最好的服务，占有较大甚至是领先的市场份额，降低成本，实现专业化，而且经营目标集中，管理简单高效，有利于提升竞争能力。但采取集中战略也存在较大的风险，如果产品或服务过于单一，就像把鸡蛋都放入了同一个篮子，一旦目标市场发生突变，企业就有可能陷入困境，一蹶不振，甚至没有东山再起的能力。因此，企业在使用单一产品或服务的集中增长战略时一定要谨慎。鉴于河北省休闲农业企业在规模大小、所擅长的领域以及所拥有的资源等方面差异巨大的特点，为了发挥有限资源的最大效用，集中力量专注于相对小众和专业性更强的目标市场，为其提供最好的产品和服务，从而占有较大甚至是领先的市场份额，提升竞争能力的战略也比较适合河北省的部分休闲农业企业选择。

第五，总成本领先战略。该战略是在保证产品质量和服务水平的前提下，通过降低产品的生产和分销成本获得价格竞争优势，以赢得更大市场份额的竞争战略。从河北省休闲农业企业的整体来看，由于绝大部分企业仍处于投入期和成长期的发展阶段，家庭农场、合作社、村集体、公司制企业等不同企业结构的投资额少则几百万元，多则上亿元，而且休闲农业具有前期投入大、成本回收周期长的特点，这种现状就决定了休闲农业企业在降低成本方面弹性巨大。既要借鉴工业化生产中降低成本的经验，更要结合休闲农业的产业特点；既要务实，也要务虚；把降低成本贯穿在硬件建设和软件创造的每一个环节，企业发展的每一个阶段，而且更应放眼长远，适应抓眼球、重体验、追求感知效果的体验经济时代要求，唯有创新，才是休闲农业企业规避降低成本的潜在风险，建立不可复制竞争优势的最优选择。如巧具匠心的创意能将农业生产、农民生活和农村环境中的一些旧物旧景被赋予新的生命力，并能给人以震撼性的审美视觉冲击和无疆的感知想象。对于那些已经进入快速成长周期，有相对稳定的目标市场和经营收入的休闲农业企业来说，可以选择此战略，加强成本控制，在确保产品质量和服务水平的前提下，建立价格竞争优势，争取市场份额的不断扩大。鉴于目前我省休闲农业的消费水平整体就不是很高的情况，加之此战略有引发价格大战的风险，因此仅排在第五的位置，需要谨慎选择。

第六，挑战者战略。作为市场挑战者要求企业必须在行业中居于第二梯队的前沿，主观上有野心，客观上有能力对包括市场领导者在内的其他竞争对手展开攻击。而河北省休闲农业企业目前绝大部分处于成长初期，还不具备保护好自己，攻击别人的实力，因此排位第六，选择范围相对较小。只有少数以集团企业投资经营、发展势头迅猛、潜力巨大的休闲农业企业，有希望成长为未来的市场挑战者，成为这一战略的选择者。

第七，目前不太适合的竞争战略主要是领导者战略和跟随者战略。一是因为在河北省的休闲农业企业中，拥有最大市场份额且能够在价格变动、新产品开发与引入、渠道覆盖面和促销力度等方面对其他企业具有引领作用的企业可以说是凤毛麟角。作为河北省休闲农业的领导者，秦皇岛的集发农业综合开发股份有限公司采取了扩大总需求和扩大市场份额的竞争战略。一方面，在原先单纯满足观光需求为主的基础上，不断开发新的产品和体验项目，吸引新的消费群体加入。虽然初具作为省内休闲农业领导者的条件，但如果放在京津冀休闲农业一体化的平台来看的话，显然还不能站稳脚跟。因此，这一战略因符合条件的企业少之又少而不宜选择。二是因为选择跟随者战略的企业往往会由于对市场领导者的简单模仿而鲜有自己的创新之处，最终落得个半死不活或被兼并的结果，对企业竞争优势的构建非常不利，故而也不宜选择。

本章小结

从钻石模型体系来看，企业战略、企业结构与同业竞争是四个关键因素的核心。本章主要分析了三个方面的内容，即河北省休闲农业企业战略、企业结构和同业竞争。

首先，企业战略就是企业在特定发展环境下，为实现一定的长期目标而对资源和能力进行最佳配置与整合，具有全局性、长期性、基本性和纲领性的谋略或谋划。是对企业"在哪里，去哪里，怎么去"三个根本问题的解答，直接影响企业的未来命运。企业战略一般包括企业总体战略、业务单位战略和职能部门战略三个基本层次。以 2014 年由河北省农业厅和省旅游局联合评选的 12 家河北省休闲农业与乡村旅游示范点作为考察调研对象，通过对这 12 家省级休闲农业示范点的资料搜集与实地考察，发现其中有 11 家企业均程度不同地制定了企业发展规划，仅有 1 家没有很明确的战略规划目标。但差距较大，可概括为较好、一般、较差三个层级，占比分别为 17%、75% 和 8%。

其次，企业结构即企业的组织形式，反映了企业的性质、地位、作用和行为方式，规范了企业与出资人、债权人、政府、企业之间以及企业与职工等内外部的关系。通过对 2010—2015 年河北省获得国家级休闲农业示范点和 2014—2015 年省级休闲农业示范点荣誉称号的 39 家企业的分析，河北省休闲农业的企业结构主要包括公司制企业、合作社、村集体和个体企业四种类型，公司制企业占比最大，在 39 家国家级和省级休闲农业示范点中有 30 家为公司制企业，占比达 76.92%。其中有限公司、股份公司和集团公司的个数分别为 26 个、1 个和 3 个，占比分别为 66.67%、7.69% 和 2.56%；其次为合作社和村集体，各有 4 个，占 10.26%；最后是个体企业，仅有 1 家，占比为 2.56%。在此基础上分别对四种类型的企业结构进行了比较分析。

最后，分两步对河北省休闲农业的同业竞争进行了全面的分析。第一步是竞争者分析，即如何识别、评估以及选择主要竞争者。从同行业的角度来看，河北省休闲农业企业的竞争者主要有现有企业、潜在加入者和替代品提供者三大类。评估竞争者，主要从各个竞争者的目标、战略、优劣势及其对竞争的反应方式四个方面进行评价。企业在辨明主要竞争者并对其优劣势和反应方式进行分析之后，就要作出攻击谁、回避谁的决定，应从竞争者的强弱、远近、好坏三个方面进行选择。第二步是选择竞争战略，即企业面对竞争者如何定位，才能获得最大的竞争优势。竞争战略的类型主要包括三种基本竞争战略理论（总成本领先战略、差异化战略和集中战略）、四种居于不同市场地位（市场领导者、市场挑战者、市场跟随者和市场利基者）的竞争战略以及战略联盟八种类型；比较适合河北省休闲农业企业的竞争战略依次为战略联盟、差异化战略、利基者战略、集中战略、总成本领先战略和挑战者战略；目前不太适合的两个战略是领导者战略和跟随者战略。

第八章 河北省休闲农业之机会和政府因素分析

钻石理论认为,决定一个国家某种产业竞争力的四个关键因素(生产要素、市场需求条件、相关与支持性产业以及企业战略、企业结构与同业竞争)之外还存在着两大变数,即机会和政府。在探讨了影响河北省休闲农业产业竞争力的4个关键因素之后,有必要对机会和政府两大外因进行具体的分析,以期能抓住机会,客观评价政府的作用,并对政府的角色和职能进行准确定位,助推河北省休闲农业产业竞争力的提升。

第一节 河北省休闲农业的机会因素分析

机会往往是无法控制的,可遇而不可求,但一旦机会来临,往往又是势不可当,需要及时抓住,顺势而为,乘势而起,否则就会错失确立产业竞争力的最佳时机。河北省的休闲农业当前就恰逢千载一遇的发展良机,为产业竞争力的提升创造了有利条件。

一 政府高度重视,提出休闲农业发展的新要求

近年来,从中央到河北省委都多次强调要积极发展休闲农业,拓展农村非农就业空间,把发展休闲农业作为破解"三农"问题的有效途径,并不断加大各方面的政策支持力度,引导其快速发展。从中央来看,近两年的重视和支持力度明显加强。2015年国务院制定了《休闲农业"十二五"发展规划》,2016年中央一号文件再次倡导发展休闲农业的作用并给予全方位的政策保障,7月份农业部又联合14部委下发了《大力发展休闲农业的指导意见》,提出了具体的发展要求和环环相扣的系列举措。与此同时,河北省委省政府也积极地响应并加以推动落实。2015年,休闲农业被首次写进了河北省委一号文件,2016年河北省委一号文件再次就休闲农业的发展目标、产业融合路径和政策保障措施等进行了全面部署。

政府的高度重视以及提出的新要求，有利于河北省休闲农业在规范化指引下的快速健康发展。

二 京津冀协同发展，为休闲农业发展提供了新机遇

京津冀协同发展给河北省休闲农业和京津冀休闲农业的协同发展创造了新的大好时机：一是吸引高级要素的好时机。河北将成为人才、信息、科技等高级要素自由流动与富集融合的最大受益者，能有效地弥补河北省休闲农业在高级要素资源方面的不足；二是打破交通瓶颈的好时机。京津冀协同发展，交通一体化成为开路先锋，将彻底打破制约河北省休闲农业发展的交通瓶颈；三是开拓新市场的好时机。有利于打造京津冀一体化的休闲农业市场，规模更大，消费能力更强；四是提升竞合能力的好时机。三地休闲农业企业之间的关系将由原来纯粹的竞争走向竞合，在竞争基础上开展多元合作，突出互异的主题与特色，形成区域融合发展，最终实现多赢。因此，京津冀协同发展对于提高河北省休闲农业的竞合能力搭建了绝佳的学习实践与创新提升的平台。

三 农业供给侧结构性改革，为休闲农业发展注入新活力

党的十八大提出了工业化、信息化、城镇化、农业现代化同步发展的"四化"目标，其中一个艰巨任务就是实现城镇化和农业现代化的相互协调发展。农业现代化可以说是"四化"中最弱，也是最难的一个方面，要求农业必须进行转型升级。河北省是农业大省，但并非农业强省，有基础有资源，只欠新的路径。农业的供给侧改革就是要适应城镇居民日益增长的休闲旅游消费新需求，拓展农业多重功能，延伸产业链条，提高农业附加值，增加农民就业创收渠道。因此，其不仅为农业指明了改革方向，也为休闲农业的发展注入了新的活力。

第二节 河北省休闲农业的政府因素分析

钻石理论认为，从事产业竞争的是企业而非政府，竞争优势的创造最终必然要反映到企业上。政府要做的只是提供企业所需要的资源，创造产业发展的环境，对企业无法行动的领域如发展基础设施、开放资本渠道、培养信息整合能力等进行直接的投入，制定竞争规范以保证国内市场处于

活泼的竞争状态。虽然波特认为，保护会延缓产业竞争力的形成，使企业停留在缺乏竞争的状态，但也要具体问题具体分析，根据产业的属性及其所处的生命周期而决定。从产业属性来看，休闲农业是新型农业产业形态，以农业为基础，而农业所具有的天然弱质性就决定了其对政策必然具有较高的依赖性；从河北省休闲农业所处的生命周期来看，短短 30 年左右的发展历程决定了其正处于投入期和成长期，就像蹒跚学步的孩子，需要政府这只手的牵引和保护。截至目前，政府主要通过什么渠道、对河北省休闲农业的发展产生了怎样的影响，存在哪些问题，未来应如何改进，是本书接下来要探讨的三个问题。

一 影响的进展：政策演进的三个阶段

目前，政府对休闲农业实施影响的主要渠道就是制定政策文件。为了不断加深对休闲农业的认知程度、加强重视程度、加大支持力度、破解发展中的新问题、创造更好的发展环境、规范经营者的行为，自 1998 年国家旅游局提出"华夏城乡游"的口号，首次把旅游方向引向乡村的农家开始，到 2016 年中央一号文件明确提出要大力发展休闲农业和乡村旅游，不足 20 年的时间内，国家层面和河北省层面出台了一系列方针政策和指导性文件。经过本书的不完全统计，与休闲农业密切相关的政策文件总数达到 82 个，包括国家层面的 53 个（见附录 2）和河北省层面的 29 个（见附录 3）。在这些政策的规范、引导和扶持下，河北省休闲农业已经从民间自发发展的萌芽状态，日渐壮大，一跃成为升级农业、繁荣农村、富裕农民的新兴绿色支柱产业。从时间序列、发布部门、政策内容等方面的变化，可将国家和河北省两个层面的政策演进历程划分为三个阶段。

（一）第一阶段（1998—2005 年）：农业旅游被纳入规范化管理阶段

国家层面：首先，从数量来看。自 1998 年开始，共发布了 8 个与休闲农业相关的政策文件，大约平均每年一个。除了 1 个是由中共中央和国务院发布的 2004 年中央一号文件之外，其余 7 个都是由国家旅游局发布的有关农业旅游的政策文件。其次，从发布部门来看，本阶段是由国家旅游局唱独角戏，没有其他部门的参与。最后，从政策内容来看，所关注的重点是农业旅游。国家旅游局所发布的 7 个政策文件的内容主要包括两个方面：一是确定年度旅游主题与宣传口号。如 1998 年以"吃农家饭、住农家院、做农家活、看农家景、享农家乐"为宣传口号的"华夏城乡游"旅游主题，1999年以"充分利用和保护乡村生态环境，开展农业生态旅游"为宣传口号的"中国生态游年"旅游主题。年度旅游主题与宣传口号的宣传推广，对发现并跟进满足游客旅游需求偏好的变化，及时调整旅游产业结构，发现新亮点，促进旅游业的发展起到了高瞻远瞩的指挥引领作用。二是对农业旅游单纯从旅游业的角度开始进行规范化的管理。自2001年国家旅游局把推进农业旅游发展列为当年旅游工作要点，通过对农业旅游发展较好的山东、江苏、浙江等省份成功经验的调研总结，出台了《农业旅游发展指导规范》；到2002年正式倡导开展农业旅游，发布实施《全国农业旅游示范点检查标准（试行）》，为创建全国农业旅游示范工作，提高农业旅游产品的规范化、专业化和市场化水平提供了依据；再到2004年根据《全国农业旅游示范点评定标准》，从接待人数、旅游效益、产品、设施、管理、经营、安全、可进入性、发展后劲等10个方面，在全国评选出首批203个农业旅游示范点，以及时任国务院副总理的吴仪于2005年1月在致全国旅游工作会议的贺信中所做的"旅游业发展要有新思路，要把旅游业与解决'三农'问题结合起来，积极开发农村旅游资源，大力发展农业旅游"的指示，都说明国家旅游局在及时总结成功经验，形成规范性文件，并在全国范围内实施和督导，引导农业旅游实现从点到面、从量到质、从自发发展到规范化发展的转变过程中承担了主要职责，发挥了重要作用。2004年中央一号文件为促进农民增收而制定的粮食直补、良种补贴和农机购置补贴政策，为稳定农业生产奠定了基础，也为农业旅游的发展提供了有力的支撑。

河北省层面：2006年之前的河北省乡村旅游处于都市居民自己驱车找美景、自己寻找农家解决食宿问题的自发发展阶段，省政府并没有单独出台相关政策文件加以规范和引导，说明河北省政府对此重视程度不足，当然相应的政策也处于明显缺位的状态。只是在2004年和2005年省旅游局配合国家旅游局完成了农业旅游示范点的评选推荐工作，全省共有两批15处乡村旅游景区（点）被国家旅游局授予"全国农业旅游示范点"称号。随着市场需求的不断增长，以农家乐为主要模式的乡村旅游在河北省民间的自发发展呈现星星之火可以燎原之势，为2006年引起省政府的重视并加以规范指导打下了基础。

(二) 第二阶段 (2006—2010 年): 乡村旅游和观光休闲农业迈入规范化管理阶段

国家层面: 首先, 数量增加快速。2006—2010 年共发布了 12 个和休闲农业与乡村旅游密切相关的政策文件, 比第一阶段增加了 4 个。在时间分布上, 2006 年、2007 年、2009 年和 2010 年各 3 项, 年度政策发布数量大幅增加。其次, 在发布部门方面, 包括由第十届全国人民代表大会第四次会议批准的《中华人民共和国国民经济和社会发展"十一五"规划纲要》, 中共中央、国务院发布的 2007 年、2008 年和 2010 年三个中央一号文件, 国务院发布的 1 份文件, 国家旅游局独立发布 2 份、与农业部和财政部分别联合发布 2 份和 1 份文件, 国土资源部独立发布 1 份、与农业部联合发布 1 份文件。此阶段国务院、农业部、国土资源部、财政部等部门的加入明显改变了第一阶段由国家旅游局孤军奋战的局面, 在破解约束休闲农业与乡村旅游发展的土地、资金等关键性问题, 提升相关部门之间的协同管理和服务水平, 共同营造有利于休闲农业与乡村旅游的发展环境和支持条件方面取得了显著的进步。最后, 在政策文件的内容方面, 从第一阶段仅站在旅游的角度看待农业旅游, 逐步转变为第二阶段不管是谈农业还是谈旅游的发展前景时, 都会不约而同地联系到乡村旅游和休闲观光农业, 农业和旅游已经密不可分。相关概念也出现了微妙的变化, 农业旅游—乡村旅游—休闲观光农业—休闲农业与乡村旅游的渐变, 不仅是一个概念的认知变化过程, 也是一个产业属性逐步清晰明确的过程, 使得政策的制定实施更有针对性和效率性。

河北省层面: 2006—2010 年虽然只发布了 5 个相关的政策文件, 明显迟滞于国家层面, 但与第一阶段的空缺相比, 可以说是取得了突破性的进步。尤其是 2006 年河北省旅游局成立乡村旅游工作领导小组, 并在全国率先出台《乡村旅游服务标准》, 明确乡村旅游的各项服务内容和具体标准, 对引领河北省乡村旅游走向全面规范化发展具有重要的指导意义。政策发布单位只有河北省政府和省旅游局, 其中省政府发布 4 项, 省旅游局 1 项。政策内容所关注的重点是旅游和乡村旅游, 官方政策文件中并未出现休闲观光农业或休闲农业的概念, 其中对环京津旅游产业带规划建设的政策支持, 为日后京津冀休闲农业的协同发展做好了铺垫。显而易见, 此阶段河北省政府对休闲农业的认知水平、重视程度、关注内容、支持条件等方面与同一阶段的国家政策相比明显滞后, 没有做到同步前进, 也成为导致河北省休闲农业的整体发展水平落后于全国先进省市5—10年的主要原因之一。

(三) 第三阶段（2011年至今）：休闲农业进入规范化管理阶段

国家层面：政策文件的数量之多、时间分布的密度之大、发布部门之众、文件内容之快速而精准，前所未有，政府全力护航休闲农业的决心和力度为产业的腾飞注入了加速剂。首先，在数量上。2011年以来，与休闲农业相关的政策文件达到33个，是上一阶段数量的2.8倍；在时间分布上，逐年递增。2011—2013年每年2个，2014年5个，2015年达到15个，2016年截至11月底已有7个。其次，在发布部门方面，中共中央、国务院、农业部、农产品加工局、乡镇企业局、国家旅游局、国家发展改革委、环境保护部、住房城乡建设部、国家林业局、国务院扶贫办、国土资源部、住房和城乡建设部等十余个部门参与进来，既有职能分工，又联手合作，为休闲农业的发展共创最佳环境。最后，在政策内容方面。政策的关注点除了继续强调加快农业现代化建设、促进旅游业改革发展之外，还涵盖了与休闲农业密切相关的国民旅游休闲、农业文化遗产的保护与挖掘、中国最美休闲乡村推荐、乡村旅游扶贫富民、休闲农业创意精品推介、休闲农业与乡村旅游宣传推介、农村土地流转、旅游用地、旅游投资和消费、生态补偿等方面。更为难得的是，有4个政策文件是农业部专门为休闲农业而制定的，分别是2011年的《全国休闲农业发展"十二五"规划》、2014年的《关于进一步促进休闲农业持续健康发展的通知》、2015年的《关于积极开发农业多种功能大力促进休闲农业发展的通知》和2016年《大力发展休闲农业的指导意见》。这4个政策文件的出台，具有三个重要标志：一是标志着休闲农业已成为一个被官方认可的独立的概念；二是标志着管理职能的理顺，从第一阶段的国家旅游局唱独角戏，转变为农业部逐渐占据主导地位，与国家旅游局以及其他十几个部委联手共同管理的局面；三是标志着对休闲农业发展必须以农业为根基的产业属性的进一步明确，结束了曾经出现的"农业说""旅游说""新型产业说"的争论，有利于休闲农业的健康可持续发展。

河北省层面：本阶段一改前两个阶段的政策缺位和反应迟滞的状态，呈现出奋起直追，欲在休闲农业大刀阔斧地作为一番的势头。2011年以来，河北省共发布24个政策文件，是第二阶段的4倍之多。发布部门除了河北省委省政府之外，只有河北省农业厅和省旅游局。一方面说明管理部门明确，另一方面也说明还没有建立起与其他相关部门的联合办公的机制，也是下一步充分发挥政府作用的改进之处；内容方面，除了宏观经济的"十二五"和"十三五"规划，农业方面的 2012 年、2015 年和 2016 年三个河北省委一号文件以及加快现代农业园区发展的意见，旅游方面的省级工农业旅游示范点创建和申报、省级农家乡村酒店星级评定、加快旅游业实现跨越式发展、促进旅游业改革发展的 23 条实施意见、河北省旅游条例（草案）以及进一步促进旅游投资和消费的实施意见、首届旅发大会等 18 个政策文件之外，其余 11 个都是专门针对休闲农业的，涵盖休闲农业经验交流、2013—2020 年发展规划、省农业厅与省旅游局的战略合作框架协议、建立休闲农业信息统计制度、休闲农业企业的星级评定、示范县和示范点的创建、加快休闲农业发展的意见以及正在征求意见之中的河北省休闲农业"十三五"规划等。通过上述对政策文件的数量、发布单位以及重点内容的分析，都能看到河北省政府在本阶段变被动为主动、力促休闲农业发展的积极作为，为"十三五"期间河北省休闲农业实现质的飞跃提供了重要的政策保证。

总体而言，本阶段从国家到河北省，政府为了推动休闲农业的大发展，可谓是逢山开道，遇水架桥，起到了积极的引导和推动作用。

二 存在的问题：政府角色的三个"位"差

从上述对休闲农业相关政策三个演进阶段的分析，尤其是对河北省和国家两个层面的政府行为的比较分析，能够清楚地看到河北省政府在正确发挥政府作用方面存在的问题主要表现在三个"位"差上，即缺位、错位和越位。

（一）政府角色的缺位

所谓缺位就是指政府对作为新生事物的休闲农业，不能对其产业性质、重要意义、发展前景、管理机构及其职能等重大事项快速及时地作出研判预估，任其自发发展的失职问题。如河北省政府在第一阶段即 2006 年之前对休闲农业的管理就处于缺位的状态，导致河北省休闲农业虽然在 20 世纪 80 年代末 90 年代初就已经萌芽，但经营者因搞不清政府的态度到底是支持还是反对，搞农家乐到底是合法还是违法，只能凭借个人对需求的敏感捕捉、从国家以及其他省份的政策信息中进行自我判断。最终经历了十几年的自发发展过程，错失了尽早进入并创建竞争优势的最佳时机，比周边的山东省、北京市至少慢了5—10年的时间。面对目前发展态势凶猛，新机遇、新环境、新问题和新挑战不断出现的河北省休闲农业，理应引以为戒并积极改进。

(二) 政府角色的错位

错位就是指政府虽然主动介入了，但因对产业属性了解不够清楚，未经过深思熟虑就草率地，或临时性地指定某（几）个部门担负起对休闲农业的领导和管理职能，导致所指定的政府管理部门不适合或者所赋予的职权不匹配，该管的事情不能管好的问题。如前所述，河北省政府在第一阶段是缺位的，发现这个问题之后，在第二阶段河北省旅游局于2006年成立乡村旅游工作领导小组，出台《乡村旅游服务标准》，对乡村旅游的各项服务内容和具体标准进行明确的规定，属于政府角色的补位。但仅有河北省旅游局的补位，缺少了河北省农业厅的协作，实质上是一种不到位的补位，成为导致错位的原因之一。这一问题一直持续到2011年年底河北省农业厅和省旅游局签订休闲农业与乡村旅游发展战略合作框架协议才得以解决。当然，即使设立了正确的管理部门，或因政府职能不清，或因管理者领导能力、协调能力、专业水平所限而脱离本省实际，一味追求数量和速度，或者对本省休闲农业现状和发展潜力判断失误，盲目确定发展战略、制定政策，也会造成错位的问题。

(三) 政府角色的越位

越位就是政府部门超越职权范围，或对市场主体干涉过多，管了不该管的，造成不利于本省休闲农业发展的局面。如某些休闲农业标准设置得过高过死，规范得过细，制约了经营主体结合自身实力和当地资源禀赋发挥自主能动性的空间，阻碍了竞争优势的建立。有些政策不能满足或不能同步于休闲农业的发展要求，不仅不能促进休闲农业的发展，反而成为阻碍。如进行规模化种植的设施农业附属设施用地规模最多不超过20亩的规定，虽然主要目的是防止经营者擅自改变农用地的用途，但事实证明，对在蔬菜种植基地基础上发展休闲农业的园区来讲，成为一个很大的发展瓶颈。防止改变农用地用途，完全可以用更为严谨和细致的土地分类加以规范。

三 改进的方向：构建四"型"政府

如前所述，政府借助制定方针政策和指导性文件等政策手段发挥其影响作用,引导河北省休闲农业从民间自发发展的无序状态进入政府规范化管理的有序阶段,成长道路上的各种障碍和难题逐一被破解消除,发展环境越来越有利,支持条件越来越给力,推动其不断发展壮大,进而成为河北省的绿色支柱产业。在这个华丽变身的过程中,政策的引导扶持作用功不可没。但与此同时,政府面对成长速度如此之快、产业关联如此之强、发展潜力如此之大的新型朝阳产业时,也需要一个认知和反应的过程,因此出现政府角色的缺位、错位和越位问题,也是在所难免的。关键是能否从中总结经验教训,明晰今后应构建什么类型的政府,如何定位政府的职能,才能充分发挥政府对河北省休闲农业的重要作用,引领着这辆正在高速行驶的列车奔向美好的未来。高效型、创新型、服务型和法治型的四"型"政府应是其改进的方向。

(一)构建高效型政府

高效型政府是指具备快速而准确反应机制的政府,能够有针对性地解决政府角色缺位的问题。要构建高效型政府,建立快速而准确的反应机制,就要求政府不能单一的依靠政策手段,而应成为"制定战略、整体规划、政策保障和组织领导"四大职能完备的政府。制定战略的职能要求政府必须密切关注产业的发展变化,保持高度的敏感性,一旦发现新的苗头,就会立即做出反应,认真分析,对其发展趋势做出正确的判断,进而制定出具有前瞻性、全局性、长远性的发展战略。整体规划的职能是政府对休闲农业的整体布局、部门分工合作、阶段性目标等的统筹谋划,能让政府做到一切尽在掌握之中,从而有效避免政府角色缺位的问题。政策保障职能要求政府能够及时发现休闲农业的发展瓶颈和所遇困难,开出药到病除的良方,同时给予雪中送炭的政策支持,这种及时性和针对性也能避免政府角色缺位的问题。最后,组织领导职能要求政府能够建立适合休闲农业发展的组织机构、职能部门并进行明确合理的分工,是实施高效领导、避免缺位的组织保障。因此,构建"制定战略、整体规划、政策保障和组织领导"四大职能完备的高效型政府,是全面解决政府角色缺位的重要举措。

(二)构建创新型政府

即以创新理念为指导原则的政府。不官僚、不保守、不拘泥,能够顺应形势,与时俱进,针对新环境、新条件、新情况、新问题,灵活应变。休闲农业的产业特点与众不同,不仅以"三农"为基础,涵盖农林牧渔,融合生产、生活和生态，还与农产品加工业、服务业密不可分，而且离不开旅游、交通、信息、科技、金融、国土等众多部门的辅助支持。因此，以往那种职责权能条块分割的政府组织机构因不能适应休闲农业的发展要求，就会出现错位的情况。必须走出各管各事的狭隘思维，新事新办，协同施政，联合办公，进行体制机制的创新。如可从省农业厅和省旅游局抽调富有管理经验和专业知识的骨干力量，专门成立河北省休闲农业领导小组，并赋予其调动相关部门协作配合的相应职权。2016年2月，河北省旅游局"升格"为河北省旅游发展委员会，由省政府直属机构调整为省政府组成部门，除旅游局原有职能不变之外，综合协调职能将进一步增强。本次更名，不仅是名称上的变化，而且是旅游产业地位的进一步提升和旅游业综合功能的进一步彰显，对今后河北省休闲农业的发展也必将产生重大影响。

(三) 构建服务型政府

即以服务社会、服务产业、服务民众为主旨的政府。这就要求政府把对自己的定位从"管理者"转变为"服务者"，从流程再造和行政审批改革入手，努力打造机构最精简、管理链条最短、服务效率最高的新型服务型政府。政府要做的是休闲农业企业无法完成的、更具有外部性和公共性的事情，如交通体系的建设、基础设施的完善、人才培养机制的改革、先进技术推广平台的搭建、休闲农业的宣传推介等。创造最适宜的休闲农业发展环境，提供最高效满意的服务，把主导地位还给市场，是解决政府角色越位的必经之路。

(四) 构建法治型政府

即以法律法规作为指导原则的政府。首先要建立完善的休闲农业法律制度，即法制化。目前，休闲农业法还处于空白阶段，指导休闲农业的以国务院及其所属相关部门制定的行政法规、通知、意见等为主，应在借鉴台湾等休闲农业发展较早、法制较完备、背景比较接近地区的先进经验，加快休闲农业法的制定。同时，其他配套的法律法规也应被提上日程，如休闲农业利益相关者尤其是农民利益保护机制的法律法规等，尽早实现休闲农业的法制化管理。其次，就是要树立法治化的施政理念。有了完备的法制，对休闲农业发展过程中的违法违规行为，才能做到有法可依，有法必依，执法必严，才能为休闲农业真正成为造福"三农"的民生支柱产业保驾护航，促其健康发展。建立在法制化基础上的法治型政府，是彻底解决休闲农业发展中政府角色的缺位、错位和越位的根本途径。

本章小结

本章是继第四章至第七章分析钻石理论的生产要素、市场需求、相关产业以及企业战略、结构与同业竞争四个关键因素之后，对机会和政府两大变数的探讨。机会可遇而不可求，政府的高度重视、京津冀协同发展和农业供给侧结构性改革，共同为河北省休闲农业产业的大发展创造了勃发之机。而休闲农业"农游合一"的产业特性必然决定了其对政府具有较高的依赖性。通过对国家和河北省两个层面、三个阶段，从政策的时间序列、发布部门和重点内容的比较分析，总结了政策对河北省休闲农业产生的影响以及每个阶段的演进变化，从中找出了政府角色存在缺位、错位和越位三个"位"差的问题所在及其成因，最后，针对三个"位"差的问题，提出了构建高效型、创新型、服务型和法治型四"型"政府的改进建议。

第九章 河北省休闲农业产业竞争力的实证分析与提升对策

休闲农业的产业竞争力受到生产要素、市场需求、相关产业、企业战略与企业结构及同业竞争四个关键因素以及机会与政府两个辅助因素的共同影响,而河北省的休闲农业产业竞争力与京津等其他省份相比究竟如何,只有进行定量分析才能一目了然。为此,本章将首先构建休闲农业产业竞争力的评价指标体系,然后对全国 30 个省份(西藏除外)的休闲农业产业竞争力进行综合评价,进而对河北省休闲农业产业竞争力的综合得分、4 个关键影响因素及其各自所包含的代表性指标的影响权重进行系统地分析,在与京津以及国内先进省份的比较中找出竞争优势和劣势,进而有针对性地提出提升河北省休闲农业产业竞争力对策建议。

第一节 休闲农业产业竞争力评价指标体系的构建

产业竞争力是休闲农业综合发展水平的体现,国内学者这方面的研究主要集中在最近几年,分别从不同的视角,采用不同的方法,构建不同的评价指标体系,对不同区域休闲农业的综合发展水平进行了测度。如李志明从体验营销的角度,建立了包括感觉体验、情感体验、思维体验、行为体验和关联体验 5 个一级指标和 20 个二级指标在内的休闲农业评价模型,但并未进行实证分析。[1] 张桂华采用层次分析法,构建了以湖南省休闲农

---

[1] 李志明:《休闲农业评价模型研究》,《中国商贸》2009 年第 9 期。

业发展情况为最高层,以休闲农业的社会功能、产业规模、经营策略、服务质量和发展环境5个中间层以及18个最底层的评价指标体系,并对湖南省的四大休闲农业特色区域的休闲农业发展水平进行了分析评价。[①] 黄维琴等也采用了层次分析法,建立了休闲农业综合发展评价指标体系,包括经济发展、资源环境及社会文化3个子系统以及产业规模与基础、资源基础与生态环境、旅游社区与传统文化6个要素层和27个因子层,并以奉化市为例进行了实证分析。[②] 杨荣荣等运用网络分析法(ANP)构建了包括区位特征、规划布局、基础设施、产品特色、生态环境、营运管理、功能效益7个维度共计30个指标的民宿农庄评价指标体系,并以黑龙江省尚志市吕家围子民宿农庄为例,利用模糊综合评价法对其综合价值进行了计算与等级划分。[③] 於飞燕等采用主成分分析法、德尔菲法和层次分析法构建了浙江省奉化市休闲农业竞争力评价指标体系,包括资源环境竞争力、市场竞争力、经济系统竞争力、社会系统竞争力、旅游设施竞争力和、文化与科技竞争力6个因素共计32个指标,采用模糊数学法对指标进行赋分,利用多目标线性加权函数模型计算了综合评价值,最后提出了奉化市休闲农业竞争力的提升路径。[④]

本书在借鉴已有相关文献研究成果的基础上,结合本研究的框架结构和前述各章内容的具体分析,力求做到指标既要有代表性,能够涵盖所涉及的关键影响因素,又要考虑数据的可得性,此外还要遵循科学、平衡和客观的原则,构建了休闲农业产业竞争力评价指标体系(见表9-1),包括4个二级指标和28个三级指标。各指标的含义如下:

[①] 张桂华:《基于AHP的湖南休闲农业发展评价》,《安徽农业科学》2010年第11期。

[②] 黄维琴、竺帅、周彬:《休闲农业发展综合评价及对策研究——以浙江省奉化市为例》,《科技与管理》2012年第6期。

[③] 杨荣荣、王红姝、高阳、何兢:《我国休闲农业发展评价体系构建与应用研究》,《东北农业大学学报》(社会科学版)2013年第5期。

[④] 於飞燕、周彬等:《休闲农业竞争力评价与提升路径——以浙江省奉化市为例》,《科技与管理》2014年第3期。

表 9-1　　休闲农业产业竞争力评价指标体系

一级指标	二级指标	三级指标	单位	属性	数据来源
休闲农业产业竞争力 A	生产要素 (B_1)	森林覆盖率 X_1	%	正向	国家统计局官网
		三种废气排放量之和 X_2	吨	逆向	国家统计局官网
		农作物总播种面积 X_3	千公顷	正向	国家统计局官网
		农林牧渔业从业人员 X_4	万人	正向	2015 中国经济年鉴
		第一产业固定资产投资额 X_5	亿元	正向	2015 中国经济年鉴
		研究与试验发展（R&D）经费 X_6	亿元	正向	国家统计局官网
		中国历史文化名镇名村和民间艺术之乡数量之和 X_7	个	正向	国家文物局官网
	市场需求 (B_2)	城镇人口数量 X_8	万人	正向	2015 中国经济年鉴
		城镇化率 X_9	%	正向	2015 中国经济年鉴
		城镇居民人均可支配收入 X_{10}	元	正向	国家统计局官网
		城镇居民家庭恩格尔系数 X_{11}	%	逆向	2015 中国经济年鉴
		城镇居民消费水平 X_{12}	元	正向	国家统计局官网
		国内旅游人均消费水平 X_{13}	元	正向	2015 中国旅游年鉴
		国内旅游人次 X_{14}	亿	正向	2015 中国旅游年鉴
	相关产业 (B_3)	农林牧渔业增加值 X_{15}	亿元	正向	国家统计局官网
		国内外旅游总收入 X_{16}	亿元	正向	2015 中国旅游年鉴
		农产品加工业主营业务收入 X_{17}	亿元	正向	2015 农产品加工业年鉴
		移动电话和宽带互联网接入用户之和 X_{18}	万户	正向	2015 中国经济年鉴
		铁路+公路里程之和 X_{19}	万公里	正向	国家统计局官网
		私人汽车拥有量 X_{20}	辆	正向	国家统计局官网
		文化产业相关机构数量 X_{21}	个	正向	国家统计局官网
	企业战略与结构及同业竞争 (B_4)	休闲农业经营主体数量 X_{22}	个	正向	2015 中国休闲农业年鉴
		农家乐数量 X_{23}	个	正向	2015 中国休闲农业年鉴
		休闲观光农园（庄）数量 X_{24}	个	正向	2015 中国休闲农业年鉴
		休闲农业年营业收入 X_{25}	万元	正向	2015 中国休闲农业年鉴
		休闲农业农副产品销售收入 X_{26}	万元	正向	2015 中国休闲农业年鉴
		休闲农业从业人数 X_{27}	人	正向	2015 中国休闲农业年鉴
		休闲农业接待人次 X_{28}	万人次	正向	2015 中国休闲农业年鉴

其一，生产要素及其所包含 7 个三级指标的含义。其中，森林覆盖

率具有双重的含义,既能反映生态环境的优劣,也能反映发展休闲林业产业基础的强弱;三种废气排放量之和是将二氧化硫、氮氧化物和烟(粉)尘的排放量加总而得,代表生态环境的好坏,是一个逆向指标;农作物总播种、农林牧渔业从业人员、第一产业固定资产投资额和研究与试验发展(R&D)经费分别代表农业生产的土地资源、劳动力资源、资本资源和科技资源;中国历史文化名镇名村和民间艺术之乡的数量之和代表的是农民生活与农耕民俗文化资源。以上7个指标共同反映生产要素的影响力。

其二,市场需求及其所包含7个三级指标的含义。城镇人口数量代表的是市场需求的规模;城镇化率既能体现目前的现实市场规模,也能反映今后的市场潜力。一般而言,城镇化率越高,现实市场规模越大,但未来可挖掘的潜在市场规模则相对越小;城镇居民人均可支配收入代表休闲农业目标顾客群体的消费能力;城镇居民家庭恩格尔系数是一个逆向指标,反映的是城镇居民的消费结构,系数越低,可用于休闲旅游的消费支出有可能就越多,当然这还要看其休闲旅游的欲望高低;城镇居民消费水平代表其综合消费水平;国内旅游人均消费水平反映在旅游方面的消费水平;国内旅游人次代表休闲旅游的欲望是否强烈。以上7个指标共同反映市场需求的影响力。

其三,相关产业及其所包含7个三级指标的含义。农林牧渔业增加值、国内外旅游总收入、农产品加工业主营业务收入、移动电话和宽带互联网接入用户之和、铁路+公路里程之和、私人汽车拥有量、文化产业相关机构的数量分别代表农业、旅游业、农产品加工业、信息产业、交通运输业、文化产业的发展水平。这7个指标综合反映相关产业的影响力。

其四,企业战略、结构与同业竞争所包含7个三级指标的含义。休闲农业经营主体数量代表企业的规模;农家乐数量和休闲观光农园(庄)数量反映的企业结构;其余4个指标是对同业竞争的反映,其中,休闲农业年营业收入反映企业的生产力水平;休闲农业农副产品销售收入反映企业收入主要来源;休闲农业从业人数反映企业对劳动力的吸引力;休闲农业接待人次代表企业的品牌知晓度和对游客的吸引力。以上7个指标共同反映企业竞争力的影响力。

第二节　河北省休闲农业产业竞争力的实证分析

要想客观地评价河北省休闲农业的产业竞争力，找到一个适合的方法至关重要。通过比较发现，以往的研究中采用最多的是德尔菲法、专家咨询法、层次分析法、模糊评价法等主观性较强的产业竞争力指标赋值方法，此外还有一部分学者采用了 GEM 产业集群竞争力分析方法、SEM 结构方程模型和熵值法等较为客观的指标赋值方法。如李创新等引入熵值法对层次分析法得到的旅游竞争力评价指标权重进行修正并测算出各省的旅游竞争力。① 周薇与李筱菁运用"信息熵"和"粗糙集"的方法对机械工业产业竞争力的评价指标进行了计算。② 袁久和与祁春节运用熵值法对湖南省 2001—2010 年的农业可持续发展进行了评价。③ 通过上述研究方法的比较，本书认为客观赋权的熵值法更加适合对休闲农业产业竞争力的定量分析。

一　熵值法的基本原理与计算步骤

（一）熵值法的基本原理

熵的概念由德国物理学家克劳修斯于 1865 年提出，其意义在于测量动力学方面不能做功的能量总数。C. E. Shannon 将熵的概念引入了信息理论，作为某种特定信息出现的离散随机事件概率的度量，从而可以用来衡量信息价值高低。如果一个信息系统越是有序，信息熵就越低；反之，一个系统越是混乱，信息熵就越高。熵权赋值法正是在此基础上发展而来的一种用于多对象多指标体系的客观赋权评价方法，根据各项指标观测值所提供信息的大小来确定指标权重。熵值与熵权的基本性质主要包括：第一，如果各被评价对象在某指标上的值相差较大时，则熵值较小，熵权较大，说明该指标向决策者提供了有用的信息并且各对象在该指标上有明显差异，

---

① 李创新、马耀峰、李振亭：《基于改进熵值法的旅游竞争力模型与聚类分析》，《软科学》2007 年第 6 期。

② 周薇、李筱菁：《基于信息熵理论的综合评价方法》，《科学技术与工程》2010 年第 23 期。

③ 袁久和、祁春节：《基于熵值法的湖南省农业可持续发展能力动态评价》，《长江流域资源与环境》2013 年第 2 期。

应重点考察,反之则应该去除。第二,指标的熵值越大,表示其熵权越小,且各熵权之和为1。第三,熵权并非就是某指标实际意义上的重要性系数的值,而是表示在该指标下对评价对象的区分度。[①] 结合本书的实际,熵权可以理解为某指标是否对休闲农业产业竞争力具有有用的价值、在各省市之间的差异性是否明显、在竞争意义上的相对激烈程度以及对休闲农业产业竞争力影响程度的大小。熵权越大,表示该指标对休闲农业产业竞争力所具有的有用价值就越大,各省市在该指标上具有的差异性就越显著,竞争程度越激烈,其对休闲农业产业竞争力的影响程度也越大;反之亦然。

(二) 熵值法的计算步骤

第一步,原始数据的规范化处理。设有 m 个待评省市,n 项评价指标,则 x_{ij} 为第 i 个省市第 j 项指标的数值,由此形成原始指标数据矩阵:

$$X = (x_{ij})m \times n (i = 1, 2, \cdots, m; j = 1, 2, \cdots, n) \quad (9-1)$$

由于存在2个逆向指标,其与正向指标方向相反,所以本书采用取倒数的方法,将其变为正向,以便于与其他正项指标进行比较分析。

第二步,计算第 j 项指标下第 i 个省市占该指标的比重 p_{ij}。

$$p_{ij} = x_{ij} / \sum_{i=1}^{m} x_{ij} (i = 1, 2, \cdots, m; j = 1, 2, \cdots, n) \quad (9-2)$$

对已构造的原始指标数据矩阵(1)按公式(2)做归一化处理,得到标准矩阵:

$$P = (p_{ij})_{m \times n} (i = 1, 2, \cdots, m; j = 1, 2, \cdots, n)$$

第三步,计算第 j 项指标的熵值 e_j。熵值越大,该指标对休闲农业产业竞争力综合评价得分的影响越小。

$$e_j = -k \sum_{i=1}^{m} p_{ij} \ln(p_{ij}) \ (k > 0, \ k = 1/\ln(n), \ e_j \geq 0) \quad (9-3)$$

第四步,计算第 j 项指标的差异系数 d_j。指标值的差异系数越大,表示该指标对休闲农业产业竞争力综合评价得分的影响越大。

$$d_j = 1 - e_j \quad (9-4)$$

第五步,计算各指标的权重即熵权 w_j。

$$w_j = d_j / \sum_{j=1}^{n} d_j \quad (9-5)$$

[①] 张满园、张学鹏:《基于博弈视角的农业产业链延伸主体选择》,《安徽农业科学》2009年第1期。

第六步，计算各省市休闲农业产业竞争力的综合评价得分。将各省市各评价指标的权重 w_j 和比重值 p_{ij} 代入公式（9-6），计算出各省市休闲农业产业竞争力的综合评价得分。得分越高，说明该省市的休闲农业产业竞争力水平越高。

$$S_i = \sum_{j=1}^{n} w_j \times p_{ij} \tag{9-6}$$

二 数据说明

由于目前仅有2014年的全国休闲农业统计数据（缺失西藏的统计数据），因此本书采用的是各评价指标2014年的截面数据，对2014年全国除西藏以外的30个省份的休闲农业产业竞争力进行分析评价，各个指标的数据来源见表9-1，原始数据见附录5。其中，天津、山西、贵州的农家乐和休闲观光农园（庄）的数量为估算值。

三 计算结果的分析

（一）各级评价指标权重的计算结果与分析评价

按照上述熵值法第三、第四和第五步的计算公式，分别得到休闲农业产业竞争力28项三级指标的熵值、差异系数和权重，并在此基础上得出4个二级评价指标的权重（见表9-2）。根据熵权法的基本原理可知，一级指标即休闲农业产业竞争力的权重为1。接下来主要对二级和三级指标的权重进行分析评价。

表9-2　休闲农业产业竞争力各评价指标的熵值、差异系数和权重

一级指标	二级指标	三级指标	熵值 e_j	差异系数 d_j	权重 w_j
休闲农业产业竞争力（A）1	生产要素（B_1）0.2664	森林覆盖率 X_1	0.9531	0.0469	0.0205
		三种废气排放量之和 X_2	0.8601	0.1399	0.0611
		农作物总播种面积 X_3	0.9273	0.0727	0.0318
		农林牧渔业从业人员 X_4	0.9134	0.0866	0.0378
		第一产业固定资产投资额 X_5	0.9317	0.0683	0.0298
		研究与试验发展（R&D）经费 X_6	0.8559	0.1441	0.0630
		历史文化名镇名村和民间艺术之乡数量 X_7	0.9487	0.0513	0.0224

续表

一级指标	二级指标	三级指标	熵值 e_j	差异系数 d_j	权重 w_j
休闲农业产业竞争力（A）1	市场需求（B_2）0.0687	城镇人口数量 X_8	0.9419	0.0581	0.0254
		城镇化率 X_9	0.9936	0.0064	0.0028
		城镇居民人均可支配收入 X_{10}	0.9928	0.0072	0.0032
		城镇居民家庭恩格尔系数 X_{11}	0.9986	0.0014	0.0006
		城镇居民消费水平 X_{12}	0.9903	0.0097	0.0042
		国内旅游人均消费水平 X_{13}	0.9857	0.0143	0.0062
		国内旅游人次 X_{14}	0.9399	0.0601	0.0263
	相关产业（B_3）0.2203	农林牧渔业增加值 X_{15}	0.9309	0.0691	0.0302
		国内外旅游总收入 X_{16}	0.932	0.068	0.0297
		农产品加工业主营业务收入 X_{17}	0.8678	0.1322	0.0578
		移动电话和宽带互联网接入用户之和 X_{18}	0.9400	0.0600	0.0262
		铁路+公路里程之和 X_{19}	0.9534	0.0466	0.0203
		私人汽车拥有量 X_{20}	0.9282	0.0718	0.0314
		文化产业相关机构数量 X_{21}	0.9434	0.0566	0.0247
	企业战略与结构及同业竞争（B_4）0.4446	休闲农业经营主体数量 X_{22}	0.8159	0.1841	0.0805
		农家乐数量 X_{23}	0.8490	0.1510	0.0660
		休闲观光农园（庄）数量 X_{24}	0.8774	0.1226	0.0536
		休闲农业年营业收入 X_{25}	0.8737	0.1263	0.0552
		休闲农业农副产品销售收入 X_{26}	0.8650	0.1350	0.0590
		休闲农业从业人数 X_{27}	0.8532	0.1468	0.0642
		休闲农业接待人次 X_{28}	0.8487	0.1513	0.0661

1. 对二级指标权重的分析（见图9-1）

二级指标中4个关键因素的权重由大到小的顺序依次为：企业战略与结构及同业竞争（0.4446）＞生产要素（0.2664）＞相关产业（0.2203）＞市场需求（0.068）。整体来看，企业战略与结构及同业竞争影响权重最大且强势突出；生产要素和相关产业的权重分列第二位和第三位，相差不大；而市场需求的权重显著偏弱，成因值得探究，本书将从4个影响因素的具体分析中求解。

作为休闲农业经营主体的企业的权重最大，达到0.4446，说明企业竞争力与产业竞争力密切相关，企业对休闲农业产业竞争力所具有的有用

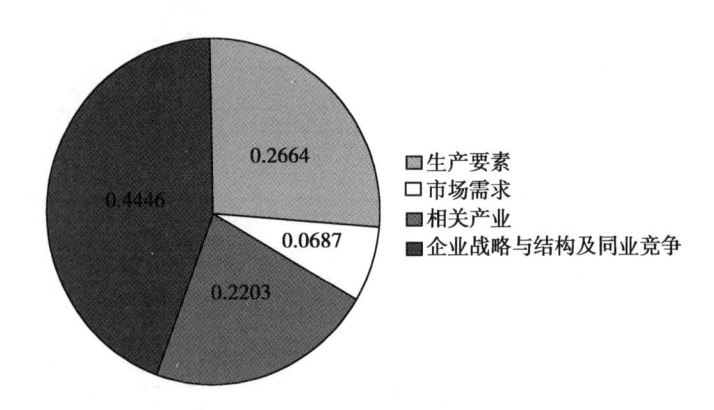

图 9-1　休闲农业产业竞争力 4 个关键影响因素的权重

价值最大，贡献度最高，各省市之间的差异性最为显著，竞争也最激烈，成为休闲农业产业竞争力的最主要影响因素。究其原因，主要在于国家的大力支持和推动引发各省市都看好休闲农业的发展前景，使得休闲农业的企业数量快速增长，必然带来企业之间在发展战略、组织结构以及同业之间的激烈较量。因此，重视企业的发展战略，选择适合的组织结构形式，制定正确的竞争战略，增强企业的竞争实力是提升休闲农业产业竞争力最重要的路径。

生产要素的权重位居第二，说明生产要素对休闲农业产业竞争力所具有的有用价值很大，各省市之间在生产要素方面的差异明显，相互之间的竞争很激烈，其对休闲农业产业竞争力的影响力也很大。各省市的农村生态资源、农业生产资源、农民生活资源和农耕民俗文化资源千差万别，其中蕴含了无尽的价值，各省市都试图立足于与众不同、富有特色的生产要素打造本省市的休闲农业产业竞争力，因而成为休闲农业产业竞争力的主要源泉。

相关产业的权重排位第三，稍逊于生产要素，说明其对休闲农业产业竞争力所具有的有用价值较大，各省市之间在相关产业方面存在较大的差异，相互之间的竞争比较激烈，影响程度也较大。休闲农业具有非常广泛的产业关联属性，这一点通过第六章各产业与休闲农业的灰色关联度分析已经得到证实。因此，加强与相关产业的深度融合，借力相关产业的发展成果，实现产业之间的共进共赢，也是促进休闲农业产业竞争力的一条重要路径。

市场需求的权重仅有 0.068，排在最后一名，大幅低于企业竞争力

0.3766 的权重值,说明其对休闲农业产业竞争力所具有的有用价值和贡献度最小,各省市之间的市场需求差异性最不显著,竞争最不激烈。原因可能在于,休闲农业主要为了满足距离农园 1—3 小时车程,尤其是 2 小时车程以内,利用周末或短假,以家庭游、亲子游、自驾游为主要休闲方式的城镇居民的休闲需求。因此,市场需求的竞争仅在本省市之内以及相邻省市的邻近地区之间存在,而距离较远的省际彼此争抢客源的程度自然就相对较低,导致市场需求的影响权重大幅降低。

2. 对三级指标权重的分析

首先,生产要素所含 7 个三级指标的权重由大到小排序结果见表 9-3。第一,研究与试验发展(R&D)经费和废气排放量的权重最大,说明各省市在科技资源和生态环境方面的差异性非常显著,竞争尤其激烈。原因在于,休闲农业的发展严重依赖于科技的支撑,唯此才能区别于传统农业并提升农副产品的附加值。与此同时,休闲农业以优良的生态环境作为对城镇居民的主要吸引物,因此决定了科技和生态环境因素对休闲农业产业竞争力的显著影响。第二,农林牧渔业从业人员、农作物总播种面积和第一产业固定资产投资额 3 个指标的影响也比较明显,说明作为农业的重要生产要素,劳动力、土地和资本对休闲农业产业竞争力的影响也是较大的。原因在于,休闲农业在本质上是一种新型的农业产业,这就决定了其必须把根基深植于农业生产的基础之上,而各省市在这三个要素方面又存在着明显的差异,因此影响力也相对较大。第三,中国历史文化名镇名村和民间艺术之乡的数量对休闲农业产业竞争力也有一定的影响,但影响力不是太大。说明各省市虽然拥有丰富多彩的农民生活与农耕民俗文化资源,而且都具有浓郁的地方特色,差异性不能说不显著,但其影响力相对较小的根源就在于这些宝贵的资源或者尚未被充分挖掘和利用,或者没有与休闲农业密切结合精彩呈现所导致。第四,最后一个指标是森林覆盖率,既能反映林业的发展水平,也能反映生态的优劣。其影响力在生产要素的 7 个指标中最小,说明各省市森林覆盖率的差异不大,并且在创新林下经济、发展特色化休闲林场方面的竞争还不太激烈。

表 9-3　　　　　　　生产要素三级指标的权重与名次

生产要素(0.2664)的三级指标名称	权重	名次
研究与试验发展(R&D)经费 X_6	0.0630	1

续表

生产要素（0.2664）的三级指标名称	权重	名次
二氧化硫、氮氧化物和烟（粉）尘的排放量之和 X_2	0.0611	2
农林牧渔业从业人员 X_4	0.0378	3
农作物总播种面积 X_3	0.0318	4
第一产业固定资产投资额 X_5	0.0298	5
中国历史文化名镇名村和民间艺术之乡数量 X_7	0.0224	6
森林覆盖率 X_1	0.0205	7

其次，市场需求所含7个三级指标的权重由大到小排序结果见表9-4。第一，国内旅游人次和城镇人口数量的权重最高，说明在当下全民旅游的时代，国民旅游休闲的需求高涨，国内旅游人次的不断增长，对休闲农业产业竞争力产生了重要的影响。此外，休闲农业的目标顾客是城镇居民，那么，代表市场规模的城镇人口数量自然会对休闲农业的产业竞争力具有至关重要的影响。第二，相比之下，国内旅游人均消费水平、城镇居民消费水平、城镇居民人均可支配收入和城镇化率的权重比较接近且相对较小。原因可能在于目前休闲农业的消费水平整体偏低，导致城镇居民的收入和消费水平对休闲农业产业竞争力的影响并不明显。对于城镇化率这一指标，一般而言，城镇化率越高，城镇人口的数量就越多，成为休闲农业目标顾客的数量也就会越多，其对休闲农业的产业竞争力的影响就越大。但其权重相对较小一方面说明各省市之间的城镇化率并没有太大的差异，另一方面也说明因城镇化而转变为城镇新居民的原农民对于休闲农业的兴趣和需求不大，使得城镇化率对休闲农业产业竞争力的影响力相对较小。第三，城镇居民家庭恩格尔系数的权重最小，主要原因在于随着城镇居民的收入和生活水平的不断提高，恩格尔系数已经大幅降低，城镇家庭已不再受温饱的困扰，绝大部分都具备了休闲度假的基本条件，导致其对休闲农业产业竞争力的影响敏感度很低，其所发挥的影响力也就微乎其微。

表9-4　　　　　　　　市场需求三级指标的权重与名次

市场需求（0.0687）的三级指标名称	权重	名次
国内旅游人次 X_{14}	0.0263	1

续表

市场需求（0.0687）的三级指标名称	权重	名次
城镇人口数量 X_8	0.0254	2
国内旅游人均消费水平 X_{13}	0.0062	3
城镇居民消费水平 X_{12}	0.0042	4
城镇居民人均可支配收入 X_{10}	0.0032	5
城镇化率 X_9	0.0028	6
城镇居民家庭恩格尔系数 X_{11}	0.0006	7

再次，相关产业所含 7 个三级指标的权重由大到小排序结果见表 9-5。第一，农产品加工业的权重非常显著，影响力突出。这既与休闲农业的农业产业属性有关，也与农产品加工业和休闲农业的产业关联度很大有关。根植于农业，对农初级产品进行深加工自然就成了提高农副产品附加值和销售收入的重要环节，也决定了农产品加工业对休闲农业产业竞争力具有非常重要的影响。第二，私人汽车拥有量对休闲农业产业竞争力也具有很大的影响力，与自驾游是实现休闲农业需求的最主要方式直接相关。第三，农林牧渔业增加值体现的是农业的发展水平和生产效率，对从属于农业的休闲农业来说，自身的发展与农业休戚相关。只有农业之根强壮了，才能给同根共生的休闲农业提供更多的营养。但农业的权重低于农产品加工业等相关产业的原因主要在于农业还处于转型升级过程之中，未能跟上快速飞跃的休闲农业的脚步，提供的支持作用还未达到足够强大。第四，国内外旅游总收入排名第四，体现的是旅游产业对休闲农业的支持度，与农业仅有微弱的差距，影响也是比较明显的。休闲农业主要是农业与旅游业的交叉融合，虽然其产业属性是农业，但农业的多重功能还需依托旅游功能来实现。由此决定了代表旅游业发展水平的旅游总收入对休闲农业产业竞争力也发挥了重要影响。第五，移动电话用户数和宽带互联网接入用户之和的权重体现的是信息产业对休闲农业产业竞争力的影响程度，有一定的影响，但程度并不显著。在"互联网+"时代，这一权值说明休闲农业与互联网的融合度还是比较低的，但各省市的差异还不太明显，导致竞争不太激烈。第六，文化产业相关机构数量反映的是文化产业对休闲农业产业竞争力的影响程度，权重较小，说明各省市在休闲农业与文化产业的融合发展方面差异较小，目前文化只是休闲农业的一个点缀，

并未真正成为休闲农业的灵魂。第七，公路与铁路里程之和的影响力最小，说明各省市在交通运输方面的差异度很小，而且休闲农业的游客以自驾游居多，因此，不排除存在铁路里程的影响力小进而拉低了公路里程影响权重的可能性。

表 9-5　　　　　　　　相关产业三级指标的权重与名次

相关产业（0.2203）的三级指标名称	权重	名次
农产品加工业主营业务收入 X_{17}	0.0578	1
私人汽车拥有量 X_{20}	0.0314	2
农林牧渔业增加值 X_{15}	0.0302	3
国内外旅游总收入 X_{16}	0.0297	4
移动电话用户数和宽带互联网接入用户之和 X_{18}	0.0262	5
文化产业相关机构数量 X_{21}	0.0247	6
铁路+公路里程之和 X_{19}	0.0203	7

最后，企业战略与结构及同业竞争所含 7 个三级指标的权重由大到小排序结果见表 9-6。第一，休闲农业经营主体的数量高居首位，权重最大。表明休闲农业的产业竞争力虽然不是单个企业竞争力的简单相加，但其最终还是要通过企业竞争力来集中体现。而在产业的快速成长阶段，休闲农业经营主体的数量无疑对产业竞争力发挥了巨大的影响作用。第二，休闲农业接待人次、农家乐的数量以及休闲农业的从业人员 3 个指标的权重比较接近且权重很大，说明各省市目前在这三个方面的差异很大，竞争激烈。原因在于，接待人次体现了休闲农园的品牌知晓度、企业经营管理水平和市场营销的效果，是同业竞争力的直接展示，因此成为各省市休闲农业企业竞争的焦点，影响力显著也是顺理成章之事。农家乐数量的权重与休闲农业接待人次仅有 0.0001 之差，揭示出目前企业结构中农家乐的占比依然具有较大的优势，其不仅在休闲农业发展初期起到了奠基的重要作用，在休闲农业的高速成长期依然发挥着重要影响。此外，休闲农业从业人员的影响力也是不容忽视的。只有产业具有竞争力，发展前景美好，才能吸引到更多更优秀的人才加入。由于各省市的休闲农业产业竞争力差异很大，因此在从业人员方面的竞争也非常激烈，权重也相对较高。第三，紧随其后的是休闲农业农副产品销售收入、休闲农业年营业收入和休闲观光农园（庄）的数量。3 个指

标的权重较之前4个相对较小，但差距不是很大，说明也发挥了较为重要的影响力。其中，休闲农业农副产品销售收入的权重较大，说明目前休闲农业的主要收入来源还是来自农副产品的生产销售，显然不同于传统旅游业的门票经济手段。其中也揭示出虽然休闲农业以"农"为主是其根本，但休闲的价值因创意不足等多重原因还远未发挥出来，成为目前产业竞争力的瓶颈，也成为日后的重要提升路径。休闲农业年营业收入的权重相对较低，说明各省市的情况有很多相同之处，年收入水平普遍不高。原因可能在于目前的休闲农业企业大多处于投入期和成长期，经济效益还处于爬坡过程；同时也暴露出如何构建多条创收渠道、提高经济效益，是休闲农业企业当前所面对的一个共性现实问题。权重排在最后一位的是休闲观光农园（庄）的数量，一是说明各省市在数量方面的差距不大，二是说明休闲农园（庄）作为部分农家乐的升级版，目前的整体发展水平在竞争力上仍逊色于农家乐。

表 9-6　企业战略、结构与同业竞争三级指标的权重与名次

企业战略与结构及同业竞争（0.4446）的三级指标名称	权重	名次
休闲农业经营主体的数量 X_{22}	0.0805	1
休闲农业接待人次 X_{28}	0.0661	2
农家乐的数量 X_{23}	0.0660	3
休闲农业从业人数 X_{27}	0.0642	4
休闲农业农副产品销售收入 X_{26}	0.0590	5
休闲农业年营业收入 X_{25}	0.0552	6
休闲观光农园（庄）的数量 X_{24}	0.0536	7

（二）各省市休闲农业产业竞争力综合评价得分的计算结果与分析评价

通过熵值法最后一个步骤的计算，得到国内30个省市休闲农业产业竞争力的综合评价得分（见表9-7）。根据得分进行排名可划分为5个梯队。首先，居于梯队首尾的分别是独居第一梯队的四川省（得分为0.0922）和双双位于最后一个梯队的青海（0.0087）与宁夏（0.0060），四川省的竞争力综合评价得分分别是青海与宁夏的10.6倍和15.4倍，说明省与省之间休闲农业的发展水平和竞争实力差距很大，极不均衡。其次，从梯队结构来看，处于最好和最差两个极端的省份数量最少,各有1个和2个;分列第二和第四梯队的省份数量最多,均为10个;中间第三梯队的省份数量也居中,共有7个,呈两端基本对称的分布状态。最后,从各梯队的分值分布情况来看,第一至第五梯队的分值分别为大于0.09、0.07-0.04、0.04—0.02、0.02—0.01和小于0.01,梯队之间整体呈现差距前大后小的趋势。因此,从总体上来看,30个省市的休闲农业产业竞争力呈现出极不均衡、两端对称和梯队差距前大后小的特征。

表9-7　　　国内30个省市休闲农业产业竞争力以及4个影响因素的权重排名与梯队划分

名次	省份	综合评价得分	梯队划分	省份	生产要素的权重	省份	市场需求的权重	省份	相关产业的权重	省份	企业战略与结构及同业竞争的权重
1	四川	0.0922	第一梯队	海南	0.01625	广东	0.00512	山东	0.02239	四川	0.06593
2	山东	0.0655		北京	0.01509	江苏	0.00420	广东	0.01650	湖北	0.03906
3	湖北	0.0635		广东	0.01464	山东	0.00417	江苏	0.01607	安徽	0.03725
4	江苏	0.0597		山东	0.01416	浙江	0.00335	河南	0.01420	重庆	0.03057
5	安徽	0.0574	第二梯队(2—11名)	江苏	0.01348	四川	0.00335	四川	0.01181	湖南	0.02759
6	湖南	0.0501		河南	0.01245	河南	0.00330	浙江	0.01144	江苏	0.02595
7	广东	0.0490		湖北	0.01177	辽宁	0.00299	河北	0.01040	江西	0.02516
8	重庆	0.0447		四川	0.01114	湖北	0.00298	湖北	0.00966	山东	0.02474
9	浙江	0.0444		湖南	0.01066	湖南	0.00282	湖南	0.00906	浙江	0.01953
10	河南	0.0440		浙江	0.01010	河北	0.00263	辽宁	0.00873	辽宁	0.01883
11	江西	0.0403		安徽	0.00929	安徽	0.00262	安徽	0.00821	陕西	0.01490
12	辽宁	0.0374	第三梯队(12—18名)	河北	0.00925	北京	0.00217	福建	0.00731	河南	0.01401
13	北京	0.0318		福建	0.00846	江西	0.00216	云南	0.00661	广东	0.01270
14	陕西	0.0305		上海	0.00846	陕西	0.00212	广西	0.00601	云南	0.01080
15	福建	0.0274		广西	0.00839	上海	0.00212	江西	0.00573	福建	0.00953
16	云南	0.0271		黑龙江	0.00814	重庆	0.00210	黑龙江	0.00552	北京	0.00934
17	河北	0.0255		陕西	0.00801	广西	0.00208	陕西	0.00542	广西	0.00805
18	广西	0.0245		重庆	0.00781	福建	0.00207	北京	0.00526	甘肃	0.00764

续表

名次	省份	综合评价得分	梯队划分	省份	生产要素的权重	省份	市场需求的权重	省份	相关产业的权重	省份	企业战略与结构及同业竞争的权重
19	海南	0.0195	第四梯队（19—28名）	云南	0.00772	山西	0.00205	吉林	0.00523	吉林	0.00575
20	黑龙江	0.0191		江西	0.00725	云南	0.00198	内蒙古	0.00479	天津	0.00570
21	吉林	0.0187		辽宁	0.00686	贵州	0.00188	贵州	0.00462	贵州	0.00521
22	内蒙古	0.0171		天津	0.00652	黑龙江	0.00159	上海	0.00436	内蒙古	0.00493
23	天津	0.0168		山西	0.00639	内蒙古	0.00158	山西	0.00432	新疆	0.00454
24	上海	0.0167		吉林	0.00627	吉林	0.00149	重庆	0.00419	黑龙江	0.00382
25	甘肃	0.0166		内蒙古	0.00582	天津	0.00143	新疆	0.00351	山西	0.00365
26	贵州	0.0165		甘肃	0.00511	甘肃	0.00114	天津	0.00315	河北	0.00320
27	山西	0.0164		青海	0.00510	新疆	0.00106	甘肃	0.00274	青海	0.00203
28	新疆	0.0129		贵州	0.00481	海南	0.00082	海南	0.00125	上海	0.00176
29	青海	0.0087	第五梯队	新疆	0.00380	青海	0.00066	青海	0.00096	宁夏	0.00121
30	宁夏	0.0060		宁夏	0.00320	宁夏	0.00065	宁夏	0.00095	海南	0.00117

(三) 京津冀与国内先进省市的比较与分析评价

1. 京津冀与国内先进省市综合评价得分的比较（见表9-2和图9-2）

京、津、冀休闲农业产业竞争力的综合评价得分分别为 0.0318、0.0168 和 0.0255，排名分别为第 13、23 和 17 名，分属第三、第四和第三梯队，在整体上属于中等及偏下的位置，与第一和第二梯队之间的差距非常明显。尤其是与高居榜首的四川省相比，其 0.0922 的得分比京津冀之和（0.0741）还高出 0.0181 的权重值，实力悬殊。

2. 京津冀与国内先进省市 4 个影响因素的权重比较与分析评价

首先，对生产要素权重的比较与分析评价（见图9-3）。

京、津、冀的生产要素权重分别为 0.01509、0.00652 和 0.00925，在全国分别位居第 2、22 和 12。前十名的生产要素权重均在 0.01 以上，其中北京名列第二，生产要素的竞争优势非常显著。河北省的生产要素权重为 0.00925，虽然与前十名存在一定的差距，但差距相对较小，而天津的劣势则更为明显，揭示出京津冀生产要素的影响力并不均衡。要素整合，取长补短应是提升京津冀生产要素整体竞争优势的不二选择。相比之下，

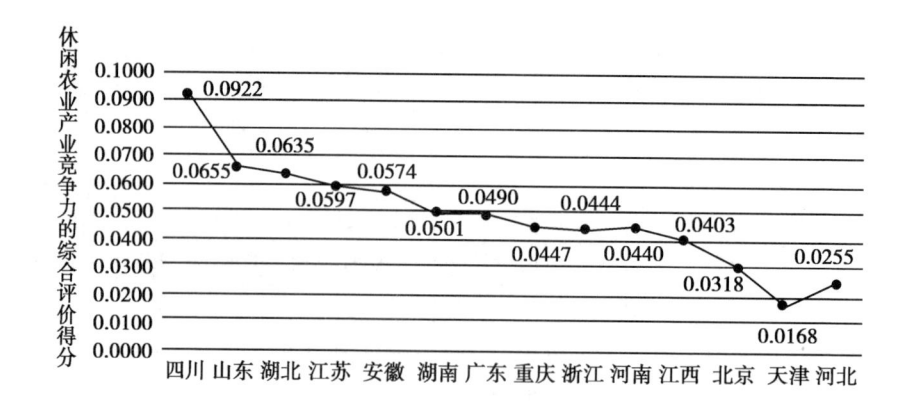

图 9-2 京津冀休闲农业产业竞争力与第一、二梯队省份的比较

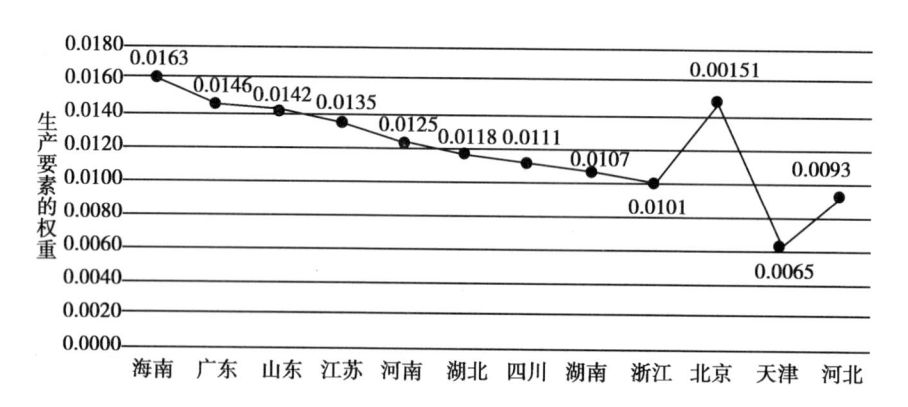

图 9-3 京津冀生产要素的权重与前十名省市的比较

四川省生产要素的权重为 0.0111，名列第七，低于北京，但明显高于河北和天津。

其次，对市场需求权重的比较与分析评价（见图 9-4）。京、津、冀市场需求的权重分别为 0.00217、0.00143 和 0.00623，在全国分列第 12、25 和 10 名。与排位前十名的省市相比，河北跻身前十名之列，具有一定的竞争优势。北京与河北相差不大，天津则被远远落在后面，位于全国倒数第六名。而四川省以 0.00335 的权重位居第五名，优势突出。京津冀市场需求竞争力方面存在的问题主要在于未能充分发挥出京津冀作为一个区域整体市场需求的综合实力，这也是未来的提升方向。

再次，对相关产业权重的比较与分析评价（见图 9-5）。京、津、冀相关产业的权重分别为 0.00526、0.00315 和 0.01040，全国排名分别为第

第九章 河北省休闲农业产业竞争力的实证分析与提升对策　　205

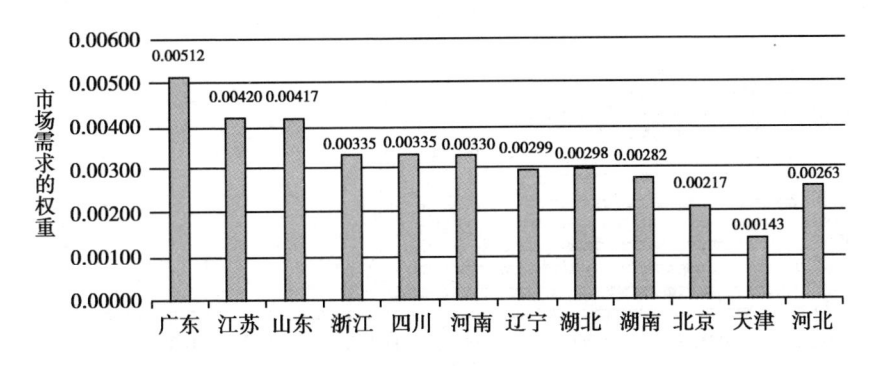

图 9-4 京津冀市场需求的权重与前十名省市的比较

18、26 和 7。与排位前十名的省市相比，第 7 名的位次是河北省休闲农业产业竞争力 4 个影响因素中排位最靠前的，成为最大竞争优势。相比之下，京津则表现出明显的劣势。而四川省以 0.01181 的权重名列第五，实力几乎与京津冀之和相当，足见差距之大。京津冀如何共享相关产业的发展成果，形成与相关产业的大融合大发展之势，是提升休闲农业产业竞争力的一个关键问题。

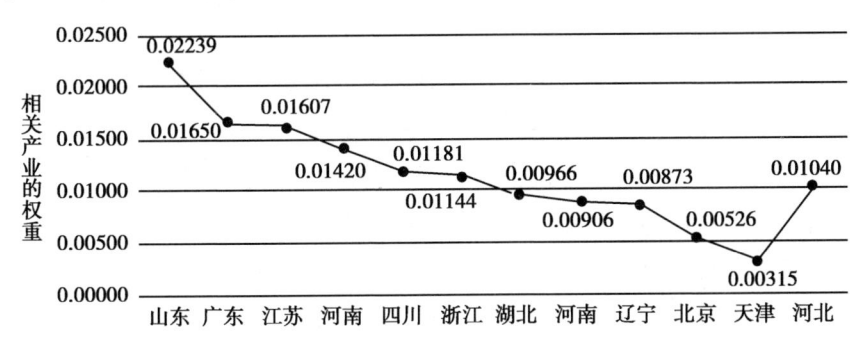

图 9-5 京津冀相关产业的权重与前十名省市的比较

最后，对企业战略与结构及同业竞争的权重比较与分析评价（见图 9-6）。京、津、冀此项影响因素的权重分别为 0.00934、0.00570 和 0.00320，在全国分列第 16 名、20 名和 26 名，整体靠后。而位于第一名的四川省，权重高达 0.0659，是京津冀权重之和（0.01824）的 3.6 倍。毋庸置疑，这是促成四川省休闲农业产业竞争力独占鳌头的决定性因素，揭示出企业竞争力是产业竞争力的主要体现，是京津冀提升休闲农业产业竞争力最重要的路径。

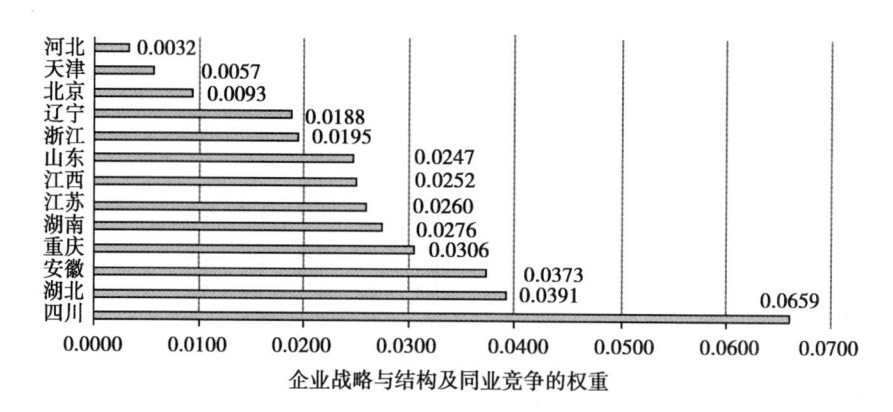

省份	企业战略与结构及同业竞争的权重
河北	0.0032
天津	0.0057
北京	0.0093
辽宁	0.0188
浙江	0.0195
山东	0.0247
江西	0.0252
江苏	0.0260
湖南	0.0276
重庆	0.0306
安徽	0.0373
湖北	0.0391
四川	0.0659

图 9-6　京津冀企业战略与结构及同业竞争的权重与全国前十名省份的比较

综上所述，通过将京津冀与休闲农业产业竞争力综合评价得分第一的四川省进行比较发现，四川省 4 个影响因素的权重都名列前十，势均力敌，没有明显的短板，是决定其产业竞争力综合评价得分第一的主要原因。当然，这也是其他综合评价得分在前十名的省市的共性特征。可见，只有一两个影响因素竞争优势突出并不能带动整体产业竞争力的强大，只有各影响因素的影响力都较强且均衡时，才能推动整体竞争实力的提升。因此，提升休闲农业产业竞争力必须以各影响因素的均衡发展为目标，从最大短板入手，力争齐头并进，共创竞争优势。同理，京津冀作为一个区域整体，要发挥出整体优势，也不能单打独斗，必须依靠三地之间的协同发展，充分发挥北京生产要素的竞争优势、河北的相关产业和市场需求的竞争优势，并要在企业竞争力这一最大短板的提升方面进行战略合作。

（四）京津冀之间各级指标权重的比较分析

1. 京津冀之间一级指标权重的比较分析

按照京津冀一级指标即休闲农业产业竞争力综合评价得分由大到小的顺序排列（见图 9-7），其结果为：北京（0.03185）＞河北（0.02548）＞天津（0.01680）。在京津冀之间，北京的竞争力最强，其次为河北，天津的竞争力最弱。

2. 京津冀之间二级指标权重的比较分析（见表 9-8）

生产要素的权重为北京最大，天津最小；市场需求的权重为河北最大，天津最小；相关产业的权重为河北最大，天津最小；企业战略与结构

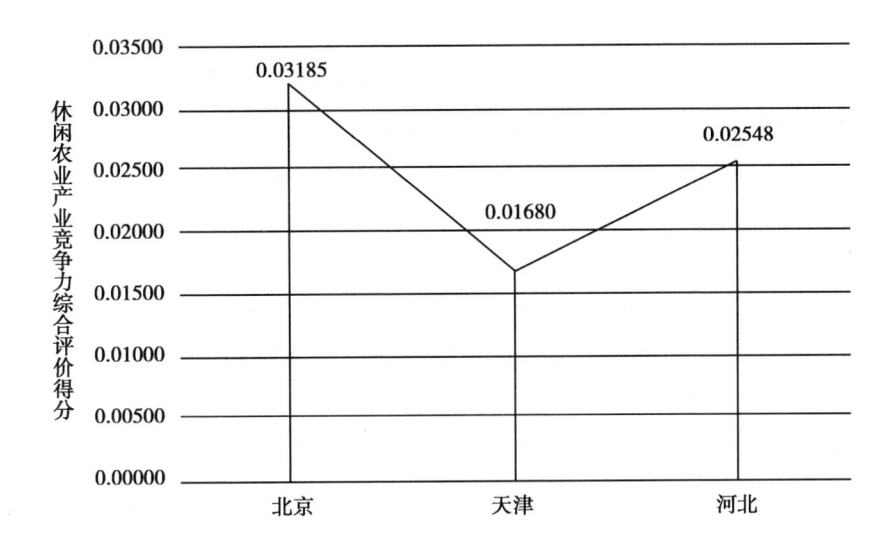

图 9-7 京津冀休闲农业产业竞争力综合评价得分

及同业竞争的权重为北京最大，河北最小。因此，北京的优势集中在生产要素和企业竞争力；河北的优势则表现在相关产业和市场需求，天津企业竞争力的权重居于京津之间，其余三个指标的权重均小于北京与河北，处于竞争劣势。可见，河北与京津之间4个关键影响因素的优劣差异很大，存在很强的互补性。

表 9-8　　　　　　　　京津冀二级指标的权重

指标名称	北京的权重	天津的权重	河北的权重
生产要素	0.01509	0.00652	0.00925
市场需求	0.00217	0.00143	0.00263
相关产业	0.00526	0.00315	0.01040
企业战略与结构及同业竞争	0.00934	0.00570	0.00320

3. 京津冀之间三级指标权重的比较分析

首先，从生产要素三级指标的权重大小比较来看（见表9-9）。森林覆盖率的权重为北京最大，天津最小；废气排放量的权重为北京最大，河北最小；农作物总播种面积的权重为河北最大，北京最小；农林牧渔业从业人员的权重为河北最大，北京最小；第一产业固定资产投资额的权重为河北最大，天津最小；研究与试验发展（R&D）经费的权重为北京最大，河北最小；中国历史文化名镇名村和民间艺术之乡数量之和的权重为河北最大，天津最小。

因此，北京的主要优势包括废气排放量、研究与试验发展（R&D）经费和森林覆盖率三个方面；次要优势为第一产业固定资产投资额和中国历史文化名镇名村和民间艺术之乡数量之和两个方面；最主要的劣势则体现在农林牧渔业从业人员和农作物总播种面积两个方面。河北的主要优势包括第一产业固定资产投资额、农作物总播种面积、农林牧渔业从业人员和中国历史文化名镇名村和民间艺术之乡数量之和四个方面，次要劣势是森林覆盖率1个指标，主要劣势则包括废气排放量和研究与试验发展（R&D）经费两个方面。其结果与北京完全相反。天津的废气排放量、农作物总播种面积、农林牧渔业从业人员和研究与试验发展（R&D）经费4个指标居于京津之间，森林覆盖率、中国历史文化名镇名村和民间艺术之乡数量之和以及第一产业固定资产投资额3个指标均为最小，是其主要劣势所在。

可见，北京的核心竞争优势是科技和生态资源，其次是资本和文化资源；河北的优势则体现在资本、土地、劳动力和农耕文化方面，天津在生态、土地、劳动力和资本方面具有相对优势。河北与北京之间的竞争优势完全不同，具有很强的互补性，而与天津之间有3个指标相同，存在较大的竞争性。如何利用北京的科技资源是河北提升生产要素竞争力的关键。

表9-9　　　　　　　　京津冀生产要素三级指标的权重

指标名称	北京的权重	天津的权重	河北的权重
森林覆盖率	0.000739	0.000204	0.000483
三种废气排放量之和	0.007448	0.003390	0.000475
农作物总播种面积	0.000038	0.000092	0.001676
农林牧渔业从业人员	0.000071	0.000093	0.001892
第一产业固定资产投资额	0.000324	0.000280	0.002225
研究与试验发展（R&D）经费	0.006138	0.002248	0.001515
中国历史文化名镇名村和民间艺术之乡数量之和	0.000328	0.000211	0.000984

其次，从京津冀市场需求所含7个三级指标的权重大小比较来看（见表9-10）。城镇人口数量的权重河北最大，天津最小；城镇化率的权重北京最大，河北最小；城镇居民人均可支配收入的权重北京最大，河北最小；城镇居民家庭恩格尔系数的权重河北最大，天津最小；城镇居民消

费水平的权重天津最大，河北最小；国内旅游人均消费水平的权重北京最大，河北最小；国内旅游人次的权重河北最大，天津最小。

归纳可知，北京的主要优势为城镇化率、城镇居民人均可支配收入、国内旅游人均消费水平 3 个指标；次要优势为城镇人口数量、城镇居民家庭恩格尔系数、城镇居民消费水平和国内旅游人次 4 个指标；没有明显的劣势。河北的主要优势为城镇人口数量、城镇居民家庭恩格尔系数和国内旅游人次 3 个指标，主要劣势为城镇化率、城镇居民人均可支配收入、城镇居民消费水平和国内旅游人均消费水平 4 个指标。天津的主要优势为城镇居民消费水平 1 个指标，次要优势为城镇化率、城镇居民人均可支配收入和国内旅游人均消费水平 3 个指标，主要劣势为城镇人口数量、城镇居民家庭恩格尔系数和国内旅游人次 3 个指标。

可见，北京的核心竞争优势体现在目前的市场规模、消费能力和消费水平；河北的优势则是市场规模、消费结构和休闲欲望；天津的最大优势是消费水平。河北与京津存在很大差异，如何吸引具有既有一定的市场规模，又有很高消费能力和消费水平的京津市民前来休闲消费是提升市场竞争力的关键。

表 9-10　　京津冀市场需求三级指标的权重

指标名称	北京的权重	天津权重	河北的权重
城镇人口数量	0.000639	0.000222	0.001252
城镇化率	0.000142	0.000134	0.000081
城镇居民人均可支配收入	0.000168	0.000121	0.000093
城镇居民家庭恩格尔系数	0.000022	0.000020	0.000026
城镇居民消费水平	0.000130	0.000190	0.000108
国内旅游人均消费水平	0.000303	0.000298	0.000161
国内旅游人次	0.000762	0.000448	0.000908

再次，京津冀相关产业所含 7 个三级指标的权重比较（见表 9-11）。农林牧渔业增加值的权重为河北最大，北京最小；国内外旅游总收入的权重为北京最大，天津最小；农产品加工业主营业务收入的权重为河北最大，北京最小；移动电话和宽带互联网用户之和的权重为河北最大，天津最小；铁路与公路里程之和的权重为河北最大，天津最小；私人汽车拥有量的权重为河北最大，天津最小；文化产业相关机构的数量之和北京最

大,天津最小。

归纳起来,北京的主要优势为国内外旅游总收入和文化产业相关机构的数量之和2个指标;主要劣势为农林牧渔业增加值和农产品加工业主营业务收入2个指标;居中的是移动电话和宽带互联网用户之和、铁路与公路里程之和以及私人汽车拥有量3个指标;河北的主要优势为农林牧渔业增加值、农产品加工业主营业务收入的权重、移动电话和宽带互联网用户之和、铁路与公路里程之和以及私人汽车拥有量5个指标,居于京津之间的有国内外旅游总收入和文化产业相关机构的数量之和2个指标;天津没有主要优势,居中的为农林牧渔业增加值和农产品加工业主营业务收入2个指标,主要劣势为国内外旅游总收入、移动电话和宽带互联网用户之和、铁路与公路里程之和、私人汽车拥有量以及文化产业相关机构的数量之和5个指标。

可见,北京的相关产业中,旅游业和文化产业的影响力最大,其次为信息产业和交通运输业;河北的农业、农产品加工业、信息产业和交通运输业是竞争优势;而天津的旅游和文化产业具有相对优势。河北与京津完全不同,具有互补性。提升路径在于如何搭上京津旅游业和文化产业的快车,在提高短板的同时,继续扩大农业、农产品加工业、信息产业以及交通运输业的产业优势,在推进休闲农业与相关产业的融合发展中创造更大的竞争优势。

表9-11　　　　　　京津冀相关产业三级指标的权重

指标名称	北京的权重	天津的权重	河北的权重
农林牧渔业增加值	0.00008	0.00010	0.00180
国内外旅游总收入	0.00134	0.00078	0.00080
农产品加工业主营业务收入	0.00045	0.00098	0.00241
移动电话和宽带互联网用户之和	0.00080	0.00028	0.00130
铁路与公路里程之和	0.00010	0.00008	0.00084
私人汽车拥有量	0.00111	0.00060	0.00213
文化产业相关机构的数量之和	0.00137	0.00034	0.00112

最后,京津冀企业战略与结构及同业竞争所含7个三级指标的权重比较(见表9-12)。休闲农业年营业收入的权重为北京最大,天津最小;休闲农业农副产品销售收入的权重为天津最大,北京最小;休闲农业接待人次的权重为北京最大,天津最小;休闲农业经营主体的数量的权重为北京最大,河北最小;农家乐数量的权重为北京最大,河北最小;休闲观光农

园（庄）数量的权重为北京最大，河北最小；休闲农业从业人数的权重为北京最大，河北最小。

概括起来，北京的主要优势极为显著，除了休闲农业农副产品销售收入的权重低于天津与河北之外，其余6个指标的权重均高于天津与河北；河北则没有主要优势，居于京津之间的为休闲农业年营业收入、休闲农业农副产品销售收入和休闲农业接待人次3个指标，主要劣势为休闲农业经营主体的数量、农家乐数量、休闲观光农园（庄）数量以及休闲农业从业人数4个指标；天津的主要优势为休闲农业农副产品销售收入，居于北京与河北之间的有休闲农业经营主体的数量、农家乐数量、休闲观光农园（庄）数量和休闲农业从业人数4个指标，主要劣势为休闲农业年营业收入和休闲农业接待人次2个指标。

可见，北京的企业战略、结构与同业竞争的竞争优势极为突出，说明企业竞争力在京津冀之间最强，唯一的劣势是收入来源不是依托于农副产品，说明北京休闲农业企业的收入主要依赖于旅游收入；河北没有突出的优势，仅在收入和接待人次方面具有相对优势，而劣势则集中表现在企业的数量规模和对劳动力的吸引力方面，说明企业生产力、同业竞争力和品牌知晓度虽高于天津，但远低于北京。而数量严重不足且对人力资源的吸引力非常小则是制约产业竞争力的最大影响因素；天津的优势休闲农业农副产品销售收入，说明其收入来源与北京依赖于旅游业不同，主要来源于农业产业，企业数量规模与结构、对劳动力的吸引力低于北京但高于河北，劣势为年营业收入和接待人次，说明企业的营利能力和品牌知晓度不高，揭示出企业的同业竞争力很弱。

表9-12　京津冀企业战略与结构及同业竞争的三级指标的权重

指标名称	北京的权重	天津的权重	河北的权重
休闲农业年营业收入	0.00080	0.00023	0.00046
休闲农业农副产品销售收入	0.00031	0.00153	0.00086
休闲农业接待人次	0.00128	0.00049	0.00099
休闲农业经营主体的数量	0.00210	0.00052	0.00018
农家乐的数量	0.00245	0.00024	0.00018
休闲观光农园（庄）的数量	0.00173	0.00217	0.00025
休闲农业从业人数	0.00067	0.00051	0.00028

四 结论与启示

(一) 各级评价指标权重的分析结论与启示

根据熵值法的基本原理,休闲农业产业竞争力作为一级指标,其权重为1。因此仅对二级和三级指标进行分析讨论。

首先,对二级指标权重的分析结论与启示。

表 9-13　　对二级指标权重的分析结论与启示

结论	启示
二级指标的权重依次为: 企业战略与结构及同业竞争 (0.4446) >生产要素 (0.2664) >相关产业 (0.2203) >市场需求 (0.068)	其一,企业战略与结构及同业竞争的影响权重最大,说明企业竞争力是产业竞争力最直接体现,也是提升休闲农业产业竞争力最重要的路径
	其二,生产要素的权重位居第二。各省市千差万别的农村生态资源、农业生产资源、农民生活资源和农耕民俗文化资源,成为休闲农业产业竞争力的主要源泉
	其三,相关产业的权重排位第三,加强休闲农业与相关产业的深度融合是促进休闲农业产业竞争力的一条重要路径
	其四,市场需求的权重位居最后一名。因客源主要来自本地市场,应确立由内而外的原则,即先服务好本地市场,再向外地市场扩展

其次,对三级指标权重的分析结论与启示。

表 9-14　　对三级指标权重的分析结论与启示

内容	结论	启示
第一,对生产要素的三级指标权重的分析结论与启示	研究与试验发展 (R&D) 经费 (0.0630) >废气排放量 (0.0611) >农林牧渔业从业人员 (0.0378) >农作物总播种面积 (0.0318) >第一产业固定资产投资额 (0.0298) >中国历史文化名镇名村和民间艺术之乡的数量 (0.0224) >森林覆盖率 (0.0205)	其一,科技和生态资源是提升休闲农业产业竞争力首要生产要素;其二,土地、劳动力和资本是次要生产要素;其三,农耕民俗文化和休闲林业是竞争劣势,其价值亟待挖掘
第二,对市场需求的三级指标权重的分析结论与启示	国内旅游人次 (0.0263) >城镇人口数量的权重 (0.0254) >国内旅游人均消费水平 (0.0062) >城镇居民消费水平 (0.0042) >城镇居民人均可支配收入 (0.0032) >城镇化率 (0.0028) >城镇居民家庭恩格尔系数 (0.0006)	其一,提高城镇居民可支配收入水平并刺激其休闲消费欲望,促进休闲消费能力和水平的提高至关重要;其二,加快城镇化建设速度,提高城镇人口数量是扩大市场规模的重要路径;其三,城镇居民家庭恩格尔系数的权重很小,说明吃饱问题,但吃好成为一个新问题

续表

内容	结论	启示
第三，对相关产业的三级指标权重的分析结论与启示	农产品加工业主营业务收入（0.0578）＞私人汽车拥有量（0.0314）＞农林牧渔业增加值（0.0302）＞国内外旅游总收入（0.0297）＞移动电话用户数和宽带互联网接入用户之和（0.0262）＞文化产业相关机构数量（0.0247）＞铁路与公路里程之和（0.0203）	其一，对初级农产品进行深加工以提高农副产品的价值增值；其二，发挥私人汽车拥有量价值的方向：设计适合自驾游的路线、开展驾驶技术的竞技项目、建设房车露营基地、举办车展等；其三，加快农业的转型升级，大力发展创意农业；其四，大力发展旅游业并加快农业与旅游业的产业融合；其五，发展智慧型休闲农业，既要引用互联网的技术，又要借鉴互联网的思维；其六，加快休闲农业与文化产业的融合，使农耕民俗文化成为休闲农业产业的灵魂是创建休闲农业持久竞争力的源泉；其七，重视交通通达能力的影响，尤其要重点解决到达农业园区"最后一公里"的问题
第四，企业战略与结构及同业竞争三级指标权重的结论与启示	休闲农业经营主体的数量（0.0805）＞休闲农业接待人次（0.0661）＞农家乐的数量（0.0660）＞休闲农业从业人数（0.0642）＞休闲农业农副产品销售收入（0.0590）＞休闲农业年营业收入（0.0552）＞休闲观光农园（庄）的数量（0.0536）	其一，大力支持各类经营主体的积极加入，先扩量，再提质；其二，从企业接待能力、营利能力和收入来源方面提高同业竞争力；其三，吸引从业人员，尤其是专业知识与管理能力兼备的人才；其四，构建结构优化的企业队伍

（二）各省市休闲农业产业竞争力综合评价得分的分析结论与启示

结论：根据得分可将30个省市划分为5个梯队，其中，四川省（0.0922）独建第一梯队，青海（0.0087）与宁夏（0.0060）共属第五梯队，第二梯队和第四梯队各有10个省市，第三梯队有7个省市。总体上呈现出极不均衡、两端对称和梯队差距前大后小的特征。

启示：不管是对于京津冀整体而言，还是单独对河北省来说，与第一、二梯队的差距巨大。

（三）京津冀与国内先进省市的比较分析结论与启示

首先，京津冀与国内先进省市综合评价得分的比较结果为：京、津、冀休闲农业产业竞争力的综合评价得分分别为0.0318、0.0168和0.0255，排名分别为第13名、23名和17名，分属第三、第四和第三梯队，在整体上属于中等及偏下的位置，与第一和第二梯队之间的差距非常明显。尤其是与高居榜首的四川省相比，其0.0922的得分比京津冀之和（0.0741）还高出0.0181的权重值，实力悬殊。

启示：京津冀提升休闲农业产业竞争力可谓任重道远，需要坚持不懈。

其次,京津冀与国内先进省市二级指标的比较分析结论与启示(见表9-15)。

表9-15　　　京津冀与国内先进省市的比较分析结论与启示

结论	启示
其一,京、津、冀生产要素的权重分别为0.01509、0.00652和0.00925,在全国分别位居第2、22和12名。而前十名的生产要素权重均在0.01以上。其中四川省以0.0111的权重名列第七	通过比较发现先进省市的共性特征:即4个影响因素势均力敌,没有明显的短板。一是要素整合,取长补短,形成合力
其二,京、津、冀市场需求的权重分别为0.00217、0.00143和0.00263,在全国分列第12、25和10名。其中四川省以0.00335的权重位居第五名,优势突出	二是共同推进京津冀休闲农业市场一体化进程,挖掘需求潜力,发挥区域市场需求的综合市场力
其三,京、津、冀相关产业的权重分别为0.00526、0.00315和0.01040,全国排名分别为第18、26和7。四川省以0.01181的权重名列第五,实力几乎与京津冀之和相当,足见差距之大	三是以河北省的相关产业为主,京津为辅,形成京津冀休闲农业与相关产业的大融合大发展之势
其四,京、津、冀企业战略与结构及同业竞争这一影响因素的权重分别为0.00934、0.00570和0.00320,在全国分列第16、20和26名,整体靠后。而位于第一名的四川省,权重高达0.0659,是京津冀权重之和(0.01824)的3.6倍	四是将企业战略与结构及同业竞争作为提升京津冀休闲农业产业竞争力的决定性因素和首要突破口

(四)京津冀之间各级指标权重的比较分析结论与启示

首先,京津冀之间一级指标权重的比较分析结论与启示。北京(0.03185)>河北(0.02548)>天津(0.01680),河北省的休闲农业产业竞争力虽强于天津,但与北京差距很大。

其次,京津冀之间二级指标权重的比较分析结论与启示(见表9-16)。

表9-16　　　京津冀之间二级指标权重的比较分析结论与启示

结论	启示
生产要素的权重为北京最大,天津最小;市场需求的权重为河北最大,天津最小;相关产业的权重为河北最大,天津最小;企业战略与结构及同业竞争的权重为北京最大,河北最小	北京的优势集中在生产要素和企业竞争力;河北的优势则表现在相关产业和市场需求,天津企业竞争力的权重居于京冀之间,其余三个指标的权重均小于北京与河北,处于竞争劣势。可见,河北与京津之间4个关键影响因素的优劣差异很大,存在很强的互补性

最后,京津冀之间三级指标权重的比较分析结论与启示。

第一,京津冀生产要素三级指标权重的比较分析结论与启示(见表

9-17）。

表 9-17　京津冀生产要素三级指标权重的比较分析结论与启示

结论	启示
森林覆盖率的权重为北京最大，天津最小；废气排放量的权重为北京最大，河北最小；农作物总播种面积的权重为河北最大，北京最小；农林牧渔业从业人员的权重为河北最大，北京最小；第一产业固定资产投资额的权重为河北最大，天津最小；研究与试验发展（R&D）经费的权重为北京最大，河北最小；中国历史文化名镇名村和民间艺术之乡数量之和的权重为河北最大，天津最小	可见，北京的核心竞争优势是科技和生态资源，其次是资本和文化资源；河北的优势则体现在资本、土地、劳动力和农耕文化方面，天津在生态、土地、劳动力和资本方面具有相对优势。河北与北京之间的竞争优势完全不同，具有很强的互补性，而与天津之间有3个指标相同，存在较大的竞争性。如何利用北京的科技资源是河北提升生产要素竞争力的关键

第二，京津冀市场需求三级指标权重的比较分析结论与启示（见表9-18）。

表 9-18　京津冀市场需求三级指标权重的比较分析结论与启示

结论	启示
城镇人口数量的权重河北最大，天津最小；城镇化率的权重北京最大，河北最小；城镇居民人均可支配收入的权重北京最大，河北最小；城镇居民家庭恩格尔系数的权重河北最大，天津最小；城镇居民消费水平的权重天津最大，河北最小；国内旅游人均消费水平的权重北京最大，河北最小；国内旅游人次的权重河北最大，天津最小	北京的核心竞争优势体现在目前的市场规模、消费能力和消费水平；河北的优势则是市场规模、消费结构和休闲欲望；天津的最大优势是消费水平。河北与京津存在很大差异，如何吸引具有既有一定的市场规模，又有很高消费能力和消费水平的京津市民前来休闲消费是提升市场竞争力的关键

第三，京津冀相关产业三级指标权重的比较分析结论与启示（见表9-19）。

表 9-19　京津冀相关产业三级指标权重的比较分析结论与启示

结论	启示
农林牧渔业增加值的权重为河北最大，北京最小；国内外旅游总收入的权重为北京最大，天津最小；农产品加工业主营业务收入的权重为河北最大，北京最小；移动电话和宽带互联网用户之和的权重为河北最大，天津最小；铁路与公路里程之和的权重为河北最大，天津最小；私人汽车拥有量的权重为河北最大，天津最小；文化产业相关机构的数量之和北京最大，天津最小	北京的相关产业中，旅游业和文化产业的影响力最大，其次为信息产业和交通运输业；河北的农业、农产品加工业、信息产业和交通运输业是竞争优势；天津的旅游和文化产业具有相对优势。河北与京津完全不同，具有互补性。提升路径在于如何搭上京津旅游业和文化产业的快车，在提高短板的同时，继续扩大农业、农产品加工业、信息产业以及交通运输业的产业优势，在推进休闲农业与相关产业的融合发展中创造更大的竞争优势

第四，京津冀企业竞争三级指标权重的比较分析结论与启示（见表9-20）。

表 9-20　京津冀企业战略与结构及同业竞争三级指标权重的比较分析结论与启示

结论	启示
休闲农业年营业收入的权重为北京最大，天津最小；休闲农业农副产品销售收入的权重为天津最大，北京最小；休闲农业接待人次的权重为北京最大，天津最小；休闲农业经营主体的数量的权重为北京最大，河北最小；农家乐数量的权重为北京最大，河北最小；休闲观光农园（庄）数量的权重为北京最大，河北最小；休闲农业从业人数的权重为北京最大，河北最小	北京的企业战略、结构与同业竞争的竞争优势极为突出，说明企业竞争力在京津冀之间最强，唯一的劣势是收入来源不是依托于农副产品，说明北京休闲农业企业的收入主要依赖于旅游收入；河北没有突出的优势，仅在收入和接待人次方面具有相对优势，而劣势则集中表现在企业的数量规模和对劳动力的吸引力方面，说明企业生产力、同业竞争力和品牌知晓度虽高于天津，但远低于北京。而数量严重不足且对人力资源的吸引力非常小则是制约产业竞争力的最大影响因素；天津的优势休闲农业农副产品销售收入，说明其收入来源与北京依赖于旅游业不同，主要来源于农业产业，企业数量规模与结构、对劳动力的吸引力低于北京但高于河北，劣势为年营业收入和接待人次，说明企业的营利能力和品牌知晓度不高，揭示出企业的同业竞争力很弱

第三节　提升河北省休闲农业产业竞争力的对策建议

针对前述河北省休闲农业发展现状宏观分析中所存在的问题，以及按照钻石模型的框架体系对竞争优势六个影响因素的微观具体分析，结合熵值法对休闲农业产业竞争力的实证分析结果，以及京津冀与先进省市和相互之间各影响因素权重的比较分析，在明确提升河北省休闲农业产业竞争力的指导思想和原则的基础上提出具体的对策建议，以供政府、企业和相关主体参考。

一　指导思想和原则

（一）指导思想

河北省休闲农业产业竞争力的提升应以"创新、协调、绿色、开放、共享"为发展理念，以京津冀休闲农业产业协同发展为目标，以2016年河北省委一号文件"落实发展新理念加快农业现代化"的精神为方向，以河北省正在大力推动实施的美丽乡村、现代农业、山区开发、脱贫攻坚、乡村旅游"五位一体"发展战略为指导思想,力争把休闲农业打造成为立足"三农",贯通生产、生活和生态,融合一、二、三次产业,让"农业强起来、农民富起来、农村美起来"的绿色支柱产业,为建设经济强省、美丽河北发挥重要作用。

(二) 原则

第一,立足"三农"的原则。河北省的休闲农业应坚持农业基础、农民主体和农村特色,挖掘培育潜藏于农村生态资源、农业生产资源、农民生活资源以及农耕民俗文化资源中的休闲价值,科学规划,创新呈现,进而打造出休闲农业的产业竞争力。

第二,因地制宜的原则。依托地理区位、地形地貌特征、历史文化以及现代农业发展规划,探索具有浓郁地方特色的发展模式,突出本土竞争优势,构建河北省休闲农业的产业竞争力(见表9-21)。

表 9-21　河北省农业特色产业的区域、模式及休闲农业本土竞争优势

农业区域	农业特色产业发展模式	休闲农业本土竞争优势
环京津核心地带	都市农业	绿色生态、观光休闲、创新高地
坝上高原区	特色农业	休闲观光、特色农业、循环农业
燕山太行山区	生态农业	生态涵养、有机绿色、休闲观光
滨海地区	水产农业	精品生产、鲜活供应、湿地涵养
山前平原区	高产绿色农业	精品生产、精深加工、精细物流
黑龙港流域	高效节水农业	优质高效、节水示范、食品加工

(三) 着眼持久产业竞争力的原则

开发与保护、生产与生态、数量与质量并重,把农业节能减排、清洁生产与发展休闲农业相结合,充分利用荒山荒坡、废弃矿山以及农村的空闲地发展休闲农业,防止资源浪费和环境污染,在快速扩张数量的同时,谨防拔苗助长,注重质量提升,着眼于持久休闲农业产业竞争力的创建。

(四) 协同发展共创区域产业竞争力的原则

在京津冀协同发展国家战略的推动之下,三地应共同进行休闲农业的产业规划和总体布局,整合政策、项目以及资金、技术、人才等要素,在生产要素、市场需求、相关产业以及企业竞争等方面协同发展,共创京津冀区域休闲农业的产业竞争力。

二 对策建议

提升河北省休闲农业的产业竞争力,京津冀协同发展这一千载难逢的机遇发挥着重要的影响作用。随着协同发展战略的高效推进,三地之间的融合发展力度必将不断加强,发展环境、要素条件、竞争格局以及管理体制机制的不断革新,在创造了诸多发展机遇的同时,也带来了巨大的挑战。因此,河北省休闲农业的发展别无选择,只有牢牢地抓住京津冀协同发展的机遇,以促进京津冀休闲农业产业协同发展为目标,针对问题与不足,找到创建竞争优势的路径,促进休闲农业产业竞争力的实质性提升,才能不负厚望,不辱使命。通过对河北省休闲农业产业竞争力影响因素的宏观和微观分析、规范与实证分析以及京津冀与国内先进省市和相互之间的比较分析,在借鉴先进省市4个影响因素齐头并进,不能存在明显短板的共性经验的基础上,针对京津冀休闲农业产业竞争力影响因素中的强项和短板,提出了以"四轮驱动、政策加油"为核心的对策建议,即将生产要素、市场需求、相关产业和企业竞争视作休闲农业产业的四个车轮,把政府的政策支持与引导视为燃油,以期在助力京津冀休闲农业产业协同发展这辆"越野车"驶入快车道的过程中,推动河北省休闲农业提档加速,产业竞争力得到全面提升。

(一)企业竞争力的提升对策:由量到质,优化结构,战略联盟,合作共赢

根据产业竞争力的相关理论,企业竞争力可以理解为是产业竞争力在微观层面的表现,产业竞争力虽然不是企业竞争力的简单相加,但只有企业具备了较强的竞争实力,才能共同推动整体产业竞争力的提升。本章对休闲农业产业竞争力的实证分析结果表明,休闲农业的企业竞争力对产业竞争力的影响程度最大,高达0.4446。而京津冀之间休闲农业产业竞争力的比较结果则是北京最强(0.00934),天津第二(0.00570),河北最弱(0.00320)。通过京津冀之间三级指标的权重比较发现,北京的企业战略、结构与同业竞争的竞争优势在京津冀之间最强,且极为突出。7个指标中有6个指标的权重最高,唯一的劣势是来自于农副产品的收入权重最低。而河北没有突出的优势,仅在收入和接待人次方面具有相对优势,而劣势则集中表现在企业的数量与企业结构以及对劳动力的吸引力方面,说明企业生产力、同业竞争力和品牌知晓度虽高于天津,但远低于北京。

而数量严重不足且对人力资源的吸引力非常小则是制约产业竞争力的最大影响因素；天津的优势休闲农业农副产品销售收入，但企业的营利能力和品牌知晓度不高，揭示出企业的同业竞争力很弱。因此，提升河北省休闲农业企业的竞争力就成为提升河北省乃至京津冀休闲农业产业竞争力最为重要的路径。针对第七章的分析结果，即河北省休闲农业企业战略差距较大，企业结构主要分为公司制企业、合作社、村集体和个体企业四种类型，同业竞争比较激烈但竞争力较弱的现状，本书认为河北省休闲农业企业竞争力的提升应从以下4个方面着手：即由量到质，优化结构，战略联盟，合作共赢。

第一，由量到质。即先扩量再提质。从休闲农业产业竞争力实证分析结果可知，企业竞争力的7个指标中，休闲农业经营主体的数量所发挥的影响力最大，而河北省这一指标的权重却最小，说明这是阻碍河北省休闲农业产业竞争力提升的最大瓶颈。因此，在当前休闲农业正处于产业生命周期的快速成长阶段，河北省必须首先通过各种扶持优惠政策鼓励各类经营主体的积极加入，借助企业数量的增加形成更具竞争力的产业规模，为下一步从以量取胜过渡到以质取胜打好基础。

第二，优化结构。即优化企业的组织结构和企业队伍的比例结构。一方面，要优化企业的组织结构。企业集团、公司、龙头企业、村集体、合作社、家庭农场、种养大户等各类组织结构形式都有其独特的优势，也有其存在的理由。因此，不必强求所有经营主体都采用公司制的组织结构形式，而应在实践中不断总结利弊，博采众长，灵活应变，使企业组织结构更加适应休闲农业的特点，有利于产业发展和竞争力的提升。另一方面，要通过各种评优标准和评优数量的设置等宏观调控措施进行企业结构的优化，组建起一支结构合理且效率高效的企业队伍。不管是大而强，还是小而精，只要形成合理的梯队结构，都有利于企业竞争力的提升，进而促进产业竞争力的提升。

第三，战略联盟。即企业在竞争基础上的一种优势相长、风险共担的合作方式。通过第七章对同业竞争的分析发现，战略联盟是最适合河北省休闲农业企业的竞争战略。因此，在京津冀休闲农业协同发展的进程中，不仅河北省内的企业可以建立战略联盟，三地之间的企业都可以根据实际情况采用股权式战略联盟、契约式战略联盟、产品联盟、知识联盟和品牌联盟等联盟方式，在带动企业整体竞争力的同时，促进产业竞争力的提升。

第四，合作共赢。即注重企业之间竞争与合作关系的处理。在任何一个产业内部，竞争是必然的，合作也是必不可少的。通过竞合战略，企业之间在竞争基础之上建立各种形式的合作关系，从而创造出更加有利于企业竞争力成长锻炼的环境和机会，实现共赢的发展目标，增强企业对人才、资金、技术和科技的吸引力，并最终推动产业竞争力的提升。

（二）生产要素竞争力的提升对策：要素整合，取长补短，优劣齐抓，文化力挺

根据前述第三、第四和第九章的综合分析，从全国来看，生产要素的总权重为（0.2664），在4个影响因素中位居第二，但与排名第一的企业竞争（0.4446）差距很大，可见还需继续提高其影响力。而生产要素中对休闲农业产业竞争力影响较大的指标是科技资源和生态资源，影响力一般的是土地、劳动力和资本资源，影响力较小的是农耕民俗文化资源。从京津冀之间的比较来看，三地生产要素的权重分别为0.01509、0.00652和0.00925，在全国分别位居第2名、22名和12名。

北京的核心竞争优势是科技和生态资源，其次是资本和文化资源；河北的优势则体现在资本、土地、劳动力和农耕文化方面，天津在生态、土地、劳动力和资本方面具有相对优势。结合第四章河北省休闲农业生产要素在开发利用中所存在的四个问题，即缺乏对农村生态资源的保护意识、缺乏对农业生产资源的长期投资机制、缺乏对农民生活资源的创意呈现和缺乏对农耕民俗文化资源的深度挖掘，本书认为可从以下四个方面提升生产要素的竞争力，即要素整合、取长补短、两头齐抓和中间力挺。

第一，要素整合。生产要素包括农村生态资源、农业生产资源、农民生活资源和农耕民俗文化资源四类，每一类资源中又包括更为具体的组成要素，这就决定了生产要素具有庞杂细碎、优劣并存的特征。京津冀休闲农业产业协同发展本质上就属于一种共享经济的产业发展模式，只有对不同区域、不同类型、不同层次的要素，突破条条框框的束缚，进行资源共享，才更有利于要素价值的发挥，尤其是要加大力度提高北京突出的科技资源优势对河北的辐射带动作用。

第二，取长补短。通过对京津冀生产要素三级指标权重的比较发现，河北与北京之间在生产要素方面存在着巨大的差异。要提升区域整体产业竞争力，只有相互取长补短才能抬升生产要素的竞争力。如河北最为明显的劣势是生态和科技资源，而这正是北京的优势资源；而土地和劳动力作

为河北的优势资源恰恰是京津的劣势资源。所以，在这些资源方面可以相互取长补短，以促进生产要素的区域整体影响力，进而提升其对休闲农业产业竞争力的价值贡献。

第三，优劣齐抓。即从河北省的优势生产要素和劣势生产要素两头同时抓起，一头要从继续强化农业生产的资本、土地和劳动力的竞争优势入手，另一头要从补齐短板，实现要素均衡共进方面入手，在科技、生态环境和特色休闲林业方面走出一条开拓创新之路。具体而言包括：创新资本的融资方式，拓宽融资渠道，鼓励各种资本进入休闲农业领域，并从贷款、税收等方面提供优惠政策；加快推进土地确权和土地流转的进程，合理调整对休闲农业用地的法律规定；对到农村进行休闲农业创业的人员给予财政支持，创造有利的发展环境和便利条件，吸引城乡有志人才的加入，提升劳动力的综合素质和从业人员的数量。在科技方面，要加大对科学研究的投入，出台对科技人员的激励机制，构建科技成果转化平台，提高科技人员的收入；在生态方面，加强对农村生态环境的保护和恢复，留住青山绿水才能保住休闲农业的产业之根。

第四，文化力挺。文化力挺就是要进一步发挥农民生活智慧结晶与农耕民俗文化的价值，广泛搜集、挖掘和利用农业文化遗产、民风民俗、节庆活动、民间故事、神话传说、名人轶事、古村古镇、传统民居等优秀农耕文化，结合京城文化、津门文化和燕赵文化的特色，融入渗透到三地休闲农业园区的设计风格、各种具体的娱乐参与性项目、农副产品的包装、形式多样的展览、演出和展会等内容和形式之中，使濒于断代、散落于民间的农民生活与农耕民俗文化资源获得传承弘扬的载体，而且这方面的创意创新力度需要持续性增加，让休闲农业园区更具历史厚重感和文化生命力，塑造灵魂依托，进而打造成为休闲农业不可复制的产业竞争力。

（三）相关产业竞争力的提升对策：交通开路，文旅先行，加工为基，互联融合

通过第六章对休闲农业与相关产业的灰色关联分析发现，休闲农业与所选取的5个相关产业的关联度均在0.6以上，证明其具有非常强的产业关联度。综合本章实证分析的结果，相关产业的权重与处于第二位的生产要素仅有微小的差距，说明其对休闲农业产业竞争力也具有较大的影响力。通过本章对实证结果的分析，相关产业中，北京的旅游业和文化产业影响力最大，其次为信息产业和交通运输业；河北的农业、农产品加工

业、信息产业和交通运输业是竞争优势；天津的旅游和文化产业具有相对优势。由此本书提出了交通开路，文旅先行，加工为基，互联融合的相关产业竞争力的提升对策。

第一，交通开路。即要率先打造现代化的交通网络，继续加大京津冀交通一体化的推进力度。在目前所规划的"一环六射"京冀大通道、京津冀客运1小时交通圈、京津冀机场群等交通一体化规划的基础上，还要注重彻底解决"车多路少"的矛盾，尤其是到达位于交通不太发达的农村地区的休闲农园那尤为卡脖的"最后一公里"问题，为京津冀休闲农业产业竞争力的提升开路。

第二，文旅先行。即发挥文化产业和旅游产业的主导作用。通过旅游产业吸客并辐射带动休闲农业，通过文化产业滋养灵魂留客，提升休闲农业的内涵与品质。尤其是借势北京文化产业和旅游产业对休闲农业的强大影响力，巧搭便车，带动河北文化与旅游产业对休闲农业的融合深度，相互提供支持，共同繁荣。

第三，加工为基。即借力农产品加工业的优势产业基础，创造休闲农业的多个价值新增点。依托河北省作为传统农业大省雄厚的农业产业基础，发挥农产品加工业的强大实力和对休闲农业的强大影响力，强强结合，创建一、二产业的联合之路，奠定河北省休闲农业与农产品加工业的合作基础，同时补齐京津在农产品加工业方面的短板。

第四，互联融合。除加快与信息产业的融合速度，共享互联网的技术成果之外，还要把互联互通的互联网思维引入休闲农业相关产业竞争力提升的理念之中。即不仅要与交通运输业、旅游产业、文化产业、农产品加工业、信息产业进行产业融合，还要与金融、科技、教育、建筑等相关产业融合起来，更要与美丽乡村、特色小镇、现代农业、山区开发、脱贫攻坚、乡村旅游、城镇化建设密切结合起来，编织一张以休闲农业为中心的一、二、三次产业融合网络，实现各产业之间的互联互通，为河北省以及京津冀休闲农业产业竞争力的提升提供大力支持。

(四) 市场需求竞争力的提升对策：由内而外，加强走动，合力造势，先总后分

前述第五章对河北省休闲农业市场需求的分析认为，河北省市场需求的规模扩展潜力无穷、结构由共性浅层动机向个性深层动机转化、影响因素由粗浅到精细的变化、"软实力"将成为未来竞争的焦点以及即将迈入

高速成长的新阶段。综合本章实证分析的结果，市场需求在4个影响因素中的影响力最弱，其中河北的权重略高于京津。北京的核心竞争优势体现在目前的市场规模、消费能力和消费水平；河北的优势则是市场规模、消费结构和休闲欲望；天津的最大优势是消费水平。鉴于此，本书认为京津冀休闲农业产业竞争力的主要路径在于加快形成京津冀休闲农业市场一体化，且在内部进行市场细分。具体而言就是：由内而外、加强走动、合力造势、先总后分。

第一，由内而外。政府应采取举措加快京津冀市场一体化的进程，先做强做大京津冀休闲农业的内部市场，再向外扩展。打破地域观念，共同打造京津冀休闲农业旅游圈，共推京津冀休闲农业精品线路，实现市场、信息、资源、线路共享，形成强大的市场一体化休闲农业发展态势。以扩大市场规模为首要目的，河北省应发挥城镇人口数量的强大影响力，并加快城镇化建设的速度，使城镇人口数量持续增长，不断扩大市场规模。在增加城镇居民收入，提高其休闲消费能力的同时，还要在新转化为市民的原农民入城失地之后的心里失落、乡愁寄托以及土地情结予以关注，才能将新增城镇人口真正转化为休闲农业的现实顾客。

第二，加强走动。依托京津冀三地的地缘优势和人缘优势，打造市场优势。通过制作和发放京津冀休闲农园一卡通，强化京津冀区域休闲农业市场一体化的理念，鼓励京津冀市民相互串门，加强走动。尤其是要专门针对京津市民进行定制化的宣传促销，以引导和刺激消费能力更强、消费水平更高的京津市民到河北进行休闲旅游消费的欲望，力求达到肥水先浇自家田的效果。

第三，合力造势。在形成京津冀休闲农业市场一体化的过程中，要合力打造宣传展示平台，共同举办各类推介会、博览会、农事节庆活动、创意大赛等活动，采用传统媒体与新兴媒体相结合、线上线下相结合的多元化宣传渠道，将市场推广、品牌创建、产品营销、主题活动有机串联，加大京津冀休闲农业的整体性公益宣传。

第四，先总后分。在市场一体化的基础上，要根据京津冀协同发展对各地市的功能定位、生产要素的禀赋差异以及农业的产业基础现状，对京津冀市场进行整体规划和科学细分，围绕不同的城市中心，形成错位发展格局，各自在细分市场上争创最大竞争优势，从而避免相互之间的重复建设和恶性竞争。根据河北省休闲农业目前以年收入5万元左右、年龄在

20—50岁的中青年为主要客源，其中现实顾客省内占71%、京津占10%，潜在顾客省内占29%、京津则高达90%。因此，可将我省休闲农业市场从不同角度进行不同的划分。从区域上可细分为省内市场和京津等省外市场，从需求满足状态可细分为现实市场和潜在市场，面从年龄上可细分为儿童、青少年、中年和老年等市场，从收入和消费水平上可细分为高端、中端和低端市场，从动机类型上可细分为审美、娱乐、教育、社交、休闲度假、农事体验等市场，从出行方式上可细分为自驾、骑行、穿越、徒步等市场。针对细分市场实施精准营销组合策略，提升竞争实力。在市场细分、准确定位的基础上，企业必须紧跟目标市场需求偏好变化的步伐，及时进行产品和创意设计的创新，通过提供差异化体验，契合顾客需求保持竞争优势的常新。如根据自身资源与实力的差异，在农趣亲子乐园、中小学科教农园、中青年婚恋爱心农园、中年舒压康体怡情休闲度假农园、老年生态养老养生保健农园中选定主题，分析顾客生理和心理的需求差异，定期地推出富有创意的项目和产品，满足顾客需求。如"跟着食材去旅行""市民农场""农村换宿""可食风景""乡村创客空间"等都是休闲农业的新创意。此外，要结合我省市场需求的现状特征和发展趋势，在契合顾客需求上下足功夫。如与周边园区建立互联互荐制度，为顾客提供多种旅游线路的备选方案，设计以"情感"为主题的各种参与性活动，设计方便宽敞的停车场所，注重粗粮、野菜等的原汁原味，挖掘不同时代童年的各种游戏活动，契合顾客在自主设计旅游线路、情感、自驾、饮食、体验等需求。

（五）政策保障措施：产业协同，整体规划，机制创新，政策支持

通过第八章对政府因素的分析不难看出，政府在引导休闲农业发展方向、推动休闲农业发展进程、及时清除休闲农业发展障碍、提供各种优惠扶持措施等方面发挥着重要的影响作用。而且休闲农业的四轮驱动必须依靠足够的燃油才能奔跑起来，上述四个方面的对策还需相关政策作为保障才能得以操作实施。因此，本书提出了产业协同、整体规划、机制创新、政策支持的政策保障措施。

第一，产业协同。目前，京津冀协同发展已进入实质性推进阶段，休闲农业要积极融入这一国家战略之中，共建京津冀休闲农业协同机制，制定协同管理制度，编制协同发展规划，统一行业标准、认证体系和评优创星条件，组建产业协会联盟，搭建产、学、研、资、媒、展等协同交流平

台，大力推动京津冀休闲农业的产业协同发展。

第二，整体规划。秉持"京津冀三位一体、全省一盘棋、分区协同发展、打造特色产业"的产业协同发展理念，结合河北省的地形地貌、要素禀赋、地理区位以及相关产业的发展基础，对河北省休闲农业进行整体规划设计和分区功能定位，形成点、线、圈、带的有序发展格局，重点打造环京津都市型休闲农业圈、太行山绿色休闲农业区、燕山生态型休闲农业区、冀中南特色小镇农耕文化休闲农业区以及环渤海蓝色休闲农业区。

第三，机制创新。由于休闲农业具有非常高的产业相关性，决定了对休闲农业的管理监督并非某一个部门所能完成，必须通过多部门的联合共管才能整体推动产业的发展进程。农业部要发挥牵头作用，积极与旅游、文化、国土、水利、财政等各部委进行协调，进行部门协调机制和联席会议制度等体制机制方面的创新，为休闲农业的产业发展保驾护航。尤其是要加快建立生态补偿机制。2016年中央一号文件提出了"推动农业可持续发展，必须确立发展绿色农业就是保护生态的观念"。休闲农业对土壤、水资源、生物链、空气、食品安全等方面所具有的生态修复和保护价值毋庸置疑，而且随着科技的发展，休闲农业的生态作用将愈加明显，作为直接受益者的京津理应对河北省为此所作出的牺牲和付出的代价给予补偿。因此，应加快推进京津冀生态补偿机制的立法进程，其中应包括京津对河北省休闲农业的补偿标准和补偿方法等相关内容，创造京津冀地区公平有序的竞争环境。

第四，政策支持。休闲农业产业竞争力的提升需要政府创造有利的发展条件，提供强有力的政策支持。具体而言，主要包括基础设施的建设、大众旅游平台的搭建、宣传推介力度的加强、加大投融资力度、实施人才培养工程五个方面。一要加快基础设施的建设。政府要加强与水、电、路、气、电信、网络、排污等相关部门的协调，尤其是要以示范县、示范点、星级园区、休闲农业聚集村、休闲农业合作社为重点，把休闲农业公共基础设施纳入当地基础设施总体规划之中，坚持"面子"和"里子"并重，当下与长远兼顾，尤其要把厕所、厨房、客房等严重影响服务水平和满意度的配套设施建设作为重中之重，高标准、严要求地加以推进，以适应城镇居民越来越高的要求。二要加快大众旅游平台的搭建。如带薪休假制度的法制化推行、智慧旅游休闲信息平台的建设、休闲农业精品旅游线路的推介、游客意见反馈平台等,为提升休闲农业的吸引力和竞争力提供政策支持。三要加强宣传推介的力度。应借鉴旅游业的成功经验,构建"传统媒体+新兴媒体""线上+线下"的网格状、多元化营销渠道,举办各种展览促销创意活动,面向不同细分市场有针对性地高效宣传,甚至可以"搭便车",与丰富多彩的旅游宣传活动抱团推介,营造氛围,打造品牌,助力休闲农业的顺势而起。四要加大投融资的力度。资金对休闲农业的发展也是一个亟须破解的困境。一方面,加大财政扶持力度,农业部门自身要不断加大对与休闲农业相关的涉农项目的资金投入;另一方面,要打破传统思维,积极创新与金融机构的沟通协调机制和投融资机制,增加金融机构对休闲农业企业的信贷支持,降低贷款准入门槛,广开钱路,使休闲农业成为有强大资本吸引力、"不差钱"的产业。此外,还要充分利用众筹、PPP 和"互联网+"等新型融资模式,吸引和鼓励社会资本投资休闲农业。五要实施人才培养工程。政府要实施多管齐下的人才培养工程,为打造素质高、专业能力强的规划设计、科技研发、创意策划和市场营销人才队伍提供保障。途径包括选送休闲农业带头人、经营者和中高层管理人员走进高校、科研院所进行专业培训,对从业人员进行分层次、分类别、分领域的培训,建立休闲农业人才考核和激励制度等。通过多管齐下的人才培养工程的实施,缓解当前产业对复合型、专业型人才的需求困境。

本章小结

本章主要包括三个方面的内容:

(1) 在前述各章对河北省休闲农业竞争优势六个影响因素分别进行分析的基础上,构建了以 4 个关键影响因素为二级指标,共有 28 个三级指标的休闲农业产业竞争力评价指标体系。

(2) 运用熵值法计算出三级指标和二级指标的权重,进而得出 30 个省份的休闲农业产业竞争力综合评价得分,并从四个层面对各级指标进行了比较分析。

首先,对二级和三级指标的总权重计算结果进行了分析评价。第一,二级指标的权重依次为:企业战略与结构及同业竞争(0.4446)>生产要素(0.2664)>相关产业(0.2203)>市场需求(0.068)。第二,对三级指标权重的分析结论:一是对生产要素三级指标的权重的分析结论:研究与试验发展（R&D）经费（0.0630）>废气排放量（0.0611）>农林牧渔业从业人员（0.0378）>农作物总播种面积（0.0318）>第一产业固定资产投资额（0.0298）>中国历史文化名镇名村和民间艺术之乡的数量（0.0224）>森林覆盖率（0.0205）；二是对市场需求的三级指标权重的分析结论：国内旅游人次（0.0263）>城镇人口数量的权重（0.0254）>国内旅游人均消费水平（0.0062）>城镇居民消费水平（0.0042）>城镇居民人均可支配收入（0.0032）>城镇化率（0.0028）>城镇居民家庭恩格尔系数（0.0006）；三是对相关产业的三级指标权重的分析结论：农产品加工业主营业务收入（0.0578）>私人汽车拥有量（0.0314）>农林牧渔业增加值（0.0302）>国内外旅游总收入（0.0297）>移动电话用户数和宽带互联网接入用户之和（0.0262）>文化产业相关机构数量（0.0247）>铁路与公路里程之和（0.0203）；四是企业战略与结构及同业竞争三级指标权重的结论：休闲农业经营主体的数量（0.0805）>休闲农业接待人次（0.0661）>农家乐的数量（0.0660）>休闲农业从业人数（0.0642）>休闲农业农副产品销售收入（0.0590）>休闲农业年营业收入（0.0552）>休闲观光农园（庄）的数量（0.0536）。

其次，对各省份休闲农业产业竞争力综合评价得分的分析结论：根据得分可将30个省份划分为5个梯队，其中，四川省（0.0922）独建第一梯队，青海（0.0087）与宁夏（0.0060）共属第五梯队，第二梯队和第四梯队各有10个省份，第三梯队有7个省份。总体上呈现出极不均衡、两端对称和梯队差距前大后小的特征。

再次，对京津冀与国内先进省市的比较分析结论：第一，京津冀与国内先进省市综合评价得分的比较结果为：京、津、冀休闲农业产业竞争力的综合评价得分分别为0.0318、0.0168和0.0255，排名分别为第13、23和17名，分属第三、第四和第三梯队，在整体上属于中等及偏下的位置，与第一和第二梯队之间的差距非常明显。尤其是与高居榜首的四川省相比，其0.0922的得分比京津冀之和（0.0741）还高出0.0181的权重值，实力悬殊。第二，京津冀与国内先进省市二级指标的比较分析结论：其一，京、津、冀生产要素的权重分别为0.01509、0.00652和0.00925，在全国分别位居第2、22和12名，而前十名的生产要素权重均在0.01以上，其中四川省以0.0111的权重名列第七。其二，京、津、冀市场需求的权重分别为0.00217、0.00143和0.00263，在全国分列第12、25和10

名。而四川省以 0.00335 的权重位居第五名，优势突出。其三，京、津、冀相关产业的权重分别为 0.00526、0.00315 和 0.01040，全国排名分别为第 18、26 和 7。四川省以 0.01181 的权重名列第五，实力几乎与京津冀之和相当，足见差距之大。其四，京、津、冀企业战略与结构及同业竞争这一影响因素的权重分别为 0.00934、0.00570 和 0.00320，在全国分列第 16、20 和 26 名，整体靠后。而位于第一名的四川省，权重高达 0.0659，是京津冀权重之和（0.01824）的 3.6 倍。

最后，京津冀之间一、二、三级指标权重的比较分析结论。第一，京津冀之间一级指标权重的比较分析结论：北京（0.03185）＞河北（0.02548）＞天津（0.01680）。第二，京津冀之间二级指标权重的比较分析结论：生产要素的权重为北京最大，天津最小；市场需求的权重为河北最大，天津最小；相关产业的权重为河北最大，天津最小；企业战略与结构及同业竞争的权重为北京最大，河北最小。第三，京津冀之间三级指标权重的比较分析结论：其一，生产要素的三级指标权重比较结论：森林覆盖率的权重为北京最大，天津最小；废气排放量的权重为北京最大，河北最小；农作物总播种面积的权重为河北最大，北京最小；农林牧渔业从业人员的权重为河北最大，北京最小；第一产业固定资产投资额的权重为河北最大，天津最小；研究与试验发展（R&D）经费的权重为北京最大，河北最小；中国历史文化名镇名村和民间艺术之乡数量之和的权重为河北最大，天津最小。其二，市场需求三级指标权重比较结论：城镇人口数量的权重河北最大，天津最小；城镇化率的权重北京最大，河北最小；城镇居民人均可支配收入的权重北京最大，河北最小；城镇居民家庭恩格尔系数的权重河北最大，天津最小；城镇居民消费水平的权重天津最大，河北最小；国内旅游人均消费水平的权重北京最大，河北最小；国内旅游人次的权重河北最大，天津最小。其三，相关产业三级指标权重比较结论：农林牧渔业增加值的权重为河北最大，北京最小；国内外旅游总收入的权重为北京最大，天津最小；农产品加工业主营业务收入的权重为河北最大，北京最小；移动电话和宽带互联网用户之和的权重为河北最大，天津最小；铁路与公路里程之和的权重为河北最大，天津最小；私人汽车拥有量的权重为河北最大，天津最小；文化产业相关机构的数量之和北京最大，天津最小。其四，企业战略与结构及同业竞争三级指标权重比较结论：休闲农业年营业收入的权重为北京最大，天津最小；休闲农业农副产品销售收入的权重为天津最大,北京最小;休闲农业接待人次的权重为北京最大,天津最小;休闲农业经营主体的数量的权重为北京最大,河北最小;农家乐数量的权重为北京最大,河北最小;休闲观光农园(庄)数量的权重为北京最大,河北最小;休闲农业从业人数的权重为北京最大,河北最小。

(三)提升河北省休闲农业产业竞争力的对策建议

首先,指导思想和原则。应以"创新、协调、绿色、开放、共享"五大新发展理念、2016年河北省委一号文件"落实发展新理念加快农业现代化"的精神以及河北省正在布局谋划的美丽乡村、现代农业、山区开发、脱贫攻坚、乡村旅游"五位一体"的发展战略为指导思想,坚持立足三农、因地制宜、着眼持久产业竞争力和协同发展共创区域产业竞争力的四个原则。

其次,提出五个方面的对策建议。一是企业竞争力的提升对策:由量到质,优化结构,战略联盟,合作共赢;二是生产要素竞争力的提升对策:要素整合,取长补短,优劣齐抓,文化力挺;三是相关产业竞争力的提升对策:交通开路,文旅先行,加工为基,互联融合;四是市场需求竞争力的提升对策:由内而外、加强走动、合力造势、先总后分;五是产业协同、整体规划、机制创新、政策支持的政策保障措施。

第十章　主要结论与研究展望

第一节　主要结论

本书以京津冀协同发展为视域，以河北省休闲农业产业竞争力为研究目的，通过对国内外休闲农业和产业竞争力研究成果的梳理，在对京津以及河北省的张家口、廊坊、承德、秦皇岛、邢台、石家庄等地市20多个休闲农业点进行考察调研的基础上，综合运用了统计数据、调研数据、政府网站公开信息和学术文献引用数据，以钻石理论、农业多功能性理论、休闲经济理论、协同理论、生态补偿理论、产业集群理论和体验经济理论为指导，在对河北省休闲农业的发展现状进行宏观分析的基础上，以钻石模型为架构，从微观上对影响河北省休闲农业产业竞争力的4个关键因素和2个辅助因素进行了重点探讨，构建了休闲农业产业竞争力评价指标体系，采用熵值法对河北省休闲农业产业竞争力进行了实证分析，通过将河北与京津以及全国先进省市各级指标权重的比较，发现提升路径，进而提出了提升河北省休闲农业产业竞争力的对策建议。通过本书的研究，得出了以下几方面的主要结论：

第一，河北省休闲农业发展现状的研究结论。包括四个方面：首先是关于河北省休闲农业发展阶段的研究结论。本书认为经历了农家乐萌芽起步、乡村旅游初步发展、乡村旅游与观光农业快速发展和休闲农业规范提升四个发展阶段。其次是关于发展模式的研究结论。形成了农业科教观光园、城市郊区型、景区带动型、特色资源带动型、生态文明村型、农业产业基地型、特色小镇型等七种较有代表性的发展模式。再次是对河北省休闲农业发展现状的研究结论。一是扩张快速，"点面"开花；二是效益共生，初步显现；三是差距仍在，潜力巨大。从各地市来看，发展程度有高有低，分化为三个梯队。其中，唐山和承德两市成为当之无愧的第一梯队，邯郸、保定、石家庄、邢台、廊坊、张家口、秦皇岛七个市组成了各有优劣的第二梯队,定州、沧州、衡水和辛集四市属于相对较弱的第三梯队。最后是对存在问题及其成因的研究结论。认为河北省休闲农业在现阶段主要存在三个突出问题,一是政府总体发展规划与产业自发发展的不协调问题,二是盲目上项目与品质不高的问题,三是经济效益低、正外部性强但缺少补偿机制的问题。其原因首先是因为政府与企业的关系尚处于调整磨合期,其次是政府主管部门急躁冒进与经营者的盲目蛮干所造成的,最后是京津冀之间长期以来所形成的政治地位不平等以及由此带来的经济地位不平等造成的。

第二,对河北省休闲农业生产要素的研究结论。包括三个方面:首先是对河北省休闲农业生产要素的类型的分析结论。认为可分为农村生态资源、农业生产资源、农民生活资源以及农耕民俗文化资源四大类型,其中农村生态资源包括地理区位、地形地貌、气候、水文以及生物资源五个方面;农业生产资源包括土地、劳动力、科技与资本四项资源;农民生活资源则主要包括衣、食、住、行四个方面;农耕民俗文化资源主要包括农耕文化和民风民俗文化资源两大类。其次是对要素禀赋的评价结论。通过与京津的比较发现,农村生态资源中的大气环境和水文资源以及农业生产资源中的劳动力、资本和科技资源是河北省休闲农业生产要素的劣势所在,其他各项资源则具有一定的优势。最后是对生产要素开发利用中存在问题的研究结论。问题有四,即缺乏对农村生态资源的保护意识、缺乏对农业生产资源的长期投资机制、缺乏对农民生活资源的创意呈现和缺乏对农耕民俗文化资源的深度挖掘。

第三,河北省休闲农业市场需求的研究结论。包括七个方面:一是市场需求规模的结论。分析发现,河北省休闲农业的市场需求以京津冀的城镇居民为目标市场,既包括省内71%、京津10%的现实顾客,也包括省内29%、京津90%潜在顾客,规模扩展空间巨大。二是动机类型的研究结论,按照动机强度由高到低排列依次是审美、情感、体验、养生保健、学习与文化、社交6类动机。三是市场需求影响因素的定量分析结论。研究发现河北省休闲农业的市场需求与顾客的年龄、收入正相关,与电视以及网络等信息渠道负相关,而与性别、文化程度、职业状况、朋友推荐以及行程时间长短、出行方式等因素关系不大,形成以年收入在5万元左右、年龄为20—50岁的中青年为主流的顾客群体。四是市场需求满意度的研究结论。研究发现,偏向于"满意"的指标有"餐饮""土特农产品采购""住宿"和"交通",偏向于"一般"的指标有园区环境、娱乐体验、旅游信息和接待服务水平,说明满意度不是很高,存在较大提升空间,尤其是"软实力"的提升将是下一个阶段竞争的焦点。五是市场需求成长性的分析结论。通过对规模扩展空间,结构方面顾客动机偏好的变化,顾客的成熟度、挑剔度和满意度以及顾客购买力、休假时间、家用轿车数量的变化等方面的成长性分析,认为河北省休闲农业的市场需求具有不可估量的成长潜力。六是市场需求特征的研究结论。包括五个特征,即游客自主设计旅游线路、情感动机是永恒的主题、自驾游成为主要出行方式、"粗野"变"食尚"以及对土味十足的"儿化"体验项目的情有独钟。七是市场需求发展趋势的研究结论。主要包括五个趋势,即规模扩展潜力无穷、结构由共性浅层动机向个性深层动机转化、影响因素由粗浅到精细的变化、"软实力"对满意度的影响日益凸显以及即将迎来高速成长的新阶段。

第四,对河北省休闲农业相关产业的研究结论。包括两个方面:一是运用灰色关联度分析方法对休闲农业与相关产业的关联度进行了量化比较,得出结论:休闲农业与五个相关产业的关联度由高到低排列依次为:旅游业>农产品加工业>文化产业>信息产业>交通运输业。二是五个相关产业对河北省休闲农业的影响。分析认为:旅游业在市场营销、品牌宣传、产业融合发展、开发京津市场、增加融资渠道以及实现休闲农业与旅游扶贫的深度结合等方面,给予了我省休闲农业强有力地支持;农产品加工业在示范基地、加工项目、原料基地、产业集群及规模效应、品牌建设等方面的发展成果,有利于河北省休闲农业接二连三优势的发挥;文化产业在文化项目、龙头企业、产业融合发展等方面取得的成绩及其拥有的多元媒介和渠道,有助于河北省休闲农业克服对文化挖掘力度不够的短板;河北省在通信业、"互联网+农业""互联网+旅游"方面的融合发展,有利于提升河北省休闲农业的网络化、智能化、精准化、数据化和智慧化水平;交通运输业的突飞猛进,有利于河北省休闲农业提高对游客的吸引力和满意度,尤其是对吸引京津市民前来河北省进行休闲农业休闲消费活动是一个巨大的推动。

第五,对企业战略、企业结构与同业竞争的研究结论。主要包括三个方面:一是企业战略的研究结论。可分为较好、一般、较差三个层次,占比分别为17%、75%和8%;二是企业结构的研究结论。分析发现,河北省休闲农业的企业结构主要包括公司制企业、合作社、村集体和个体企业四种类型,占比分别为 76.92%、10.26%、10.26% 和 2.56%,公司制企业占主流;三是同业竞争的研究结论。企业的竞争者主要包括现有企业、潜在加入者和替代品提供者三大类且同业竞争将越来越激烈,比较适合河北省休闲农业企业的竞争战略依次为战略联盟、差异化战略、利基者战略、集中战略、总成本领先战略和挑战者战略;目前不太适合的两个战略是领导者战略和跟随者战略。

第六,机会和政府因素的研究结论。首先认为河北省休闲农业的发展机会主要有三个,即政府的高度重视、京津冀协同发展和农业供给侧结构性改革。其次是对政府因素的分析结论。一是认为政府的影响作用表现为政策演进的三个阶段,即农业旅游被纳入规范化管理的第一阶段(1998—2005 年)、乡村旅游和观光休闲农业迈入规范化管理的第二阶段(2006—2010 年)和休闲农业进入规范化管理的第三阶段(2011 年至今)。二是政府角色存在三个"位"差,即缺位、错位和越位。三是提出改进的方向是构建高效型、创新型、服务型和法治型的四"型"政府。

第七,对河北省休闲农业产业竞争力实证分析的结论。在构建了河北省休闲农业产业竞争力评价指标体系的基础上,对河北省的休闲农业产业竞争力进行了实证分析,得出如下几个方面的研究结论:一是四个关键影响因素的权重依次为:企业战略与结构及同业竞争(0.4446)>生产要素(0.2664)>相关产业(0.2203)>市场需求(0.068)。二是对四个关键影响因素的 7 个三级指标权重的分析结论:生产要素中科技和生态资源的影响力最大,市场需求中休闲欲望和市场规模的权重最大,相关产业中农产品加工业和交通运输业的影响力最大,企业竞争中企业规模与结构以及品牌知晓度的权重最大。三是 30 个省市休闲农业产业竞争力的得分和梯队划分的分析结论。四川省(0.0922)独建第一梯队,青海(0.0087)与宁夏(0.0060)共属第五梯队,第二梯队和第四梯队各有 10 个省市,第三梯队有 7 个省市。总体上呈现出极不均衡、两端对称和梯队差距前大后小的特征。四是对京津冀与国内先进省市的比较分析结论:京、津、冀休闲农业产业竞争力的综合评价得分分别为 0.0318、0.0168 和 0.0255,排名分别为第 13 名、23 名和 17 名,分属第三、第四和第三梯队,在整体上属于中等及偏下的位置,与第一和第二梯队之间的差距非常明显。尤其是与高居榜首的四川省相比,其 0.0922 的得分比京津冀之和

(0.0741)还高出0.0181的权重值,实力悬殊。通过与省内先进省市三级指标权重的比较得出结论,提升休闲农业产业竞争力必须四个关键因素齐头并进,不能有明显的短板。五是京津冀之间产业竞争力得分及各指标权重的比较分析结论。北京(0.03185) > 河北(0.02548) > 天津(0.01680),北京优势最大,其次为河北,天津则劣势明显。通过对二级和三级指标权重的比较分析,河北与京津之间差异性显著,互补性很强。六是提出了提升河北省休闲农业产业竞争力的对策建议。首先明确了指导思想和原则。应以"创新、协调、绿色、开放、共享"五大新发展理念、2016年河北省委一号文件"落实发展新理念加快农业现代化"的精神以及河北省正在布局谋划的美丽乡村、现代农业、山区开发、脱贫攻坚、乡村旅游"五位一体"的发展战略为指导思想,坚持立足三农、因地制宜、着眼持久产业竞争力和协同发展共创区域产业竞争力的原则。然后提出了五个方面的对策建议:一是企业竞争力的提升对策:由量到质,优化结构,战略联盟,合作共赢;二是生产要素竞争力的提升对策:要素整合,取长补短,优劣齐抓,文化力挺;三是相关产业竞争力的提升对策:交通开路,文旅先行,加工为基,互联融合;四是市场需求竞争力的提升对策:由内而外、加强走动、合力造势、先总后分;五是产业协同、整体规划、机制创新、政策支持的政策保障措施。

第二节　研究展望

　　河北省休闲农业产业竞争力的影响因素纷繁复杂,不仅需要从整体上进行分析和把握,还需从每一个因素、每一个企业、每一个具体条件入手,进行细致入微的探讨。加之河北省休闲农业的发展日新月异,新环境、新条件、新问题也会不断地发生变化,决定了这一研究的综合性、长期性、动态性和复杂性。在本研究的基础上,后续除了要跟踪了解本研究所提对策建议的采纳实施情况与实际应用效果,还需从京津冀协同发展以及竞争优势"4+2"影响因素的发展变化对河北省休闲农业产业竞争力的影响变化进行更为深入和细致的持续研究。这将是论文未来研究的主要任务。具体而言,主要包括以下三个研究方向:

　　一是跟踪了解对策建议的应用效果。受研究条件的限制,本书仅对河北省7个地市的20多个休闲农业点进行了调查走访,与运用大数据进行更具代表性和权威性分析的要求还有很大差距。因此,在跟踪了解本研究所提对策建议应用效果的同时,收集获取更多的数据,是本研究今后的任务之一。

二是持续关注河北省休闲农业产业竞争力的动态变化。随着休闲农业产业竞争力评价指标体系相关数据的逐年更新,将对今后每年河北省以及京津甚至全国各省市休闲农业产业竞争力进行实证分析,发现其年度动态变化的规律。

三是密切关注京津冀协同发展的推进及影响。京津冀协同发展战略问世短短的两年之中,京津冀区域就发生了令人惊奇的变化。2016年是"十三五"规划的开局之年,随着协同发展规划纲要的深入推进,必将给京津冀带来翻天覆地的巨变,对河北省休闲农业的发展也定将产生前所未有的更深层次和更全面的影响。尤其是对京津冀休闲农业协同发展的密切关注,将是本研究要持续进行的一个研究任务。

附录1 调查问卷

尊敬的女士/先生：

您好！我们正在进行一项关于"河北省休闲农业市场需求影响因素和顾客满意度"的调研工作，很想听听您的宝贵意见，希望您抽出一点时间帮助我们填写下面的调查问卷。

1. 调研目的：了解河北省休闲农业市场需求的影响因素，掌握顾客的满意度。

2. 填写说明：请在每个题目的相应选项上打"√"，凡注明（可多选）的题目可选择多个答案，请根据您的认识和看法真实选择即可。

3. 信息保密：调研数据仅用于研究统计，对您填写的相关信息一定严格保密。

谢谢您的合作！

一 个人信息

1. 您的性别：
A. 男　　　B. 女

2. 您的年龄：
A. 20 岁以下　　B. 20 岁至 50 岁　　C. 51 岁至 75 岁　　D. 76 岁及以上

3. 您的学历：
A. 高中及以下　B. 大专　　　　C. 本科　　　　D. 硕士
E. 博士

4. 您的年均收入水平：
A. 无　　　　　　　　　　B. 5 万及以下
C. 5 万—10 万　　　　　　D. 10 万—20 万
E. 20 万以上

二　需求意愿

5. 您去休闲农业园区的主要目的（可多选）

A. 释放压力　　B. 增进亲情　　C. 亲近自然　　D. 强身健体

E. 欣赏田园美景　　　　　　　F. 体验农家生活

G. 了解农业知识　　　　　　　H. 社交商务需要

I. 追求乐趣与快乐　　　　　　J. 参与农事活动

K. 养生/养老　　　　　　　　L. 了解农耕文化和民风民俗

6. 您去休闲农业园区的交通工具通常会选择

A. 自驾车　　　　　　　　　　B. 拼车

C. 公共交通工具　　　　　　　D. 旅行社大巴车

E. 自行车

7. 您平均每年去休闲农业园区的频率

A. 两三年一次　　　　　　　　B. 每年1—3次

C. 每年4—6次　　　　　　　　D. 平均每月都去

8. 您平均每次在休闲农业园区的停留时间

A. 一天（不过夜）　　　　　　B. 两天

C. 三天　　　　　　　　　　　D. 四天及以上

9. 您去休闲农业园区旅游时，每天的人均消费（包括吃、住、行、游、购、娱）：

A. 200元及以下　　　　　　　B. 201—300元

C. 301—400元　　　　　　　 D. 401元及以上

10. 您通常会通过以下哪些途径获取休闲农业旅游信息（可多选）

A. 亲朋推荐　　　　　　　　　B. 电视

C. 网络（微博、微信、论坛等交流性平台）

D. 旅行社

11. 您认为目前的休闲农业宣传信息，普遍存在的首要问题

A. 主题无特色　　　　　　　　B. 形式单一

C. 内容更新滞后　　　　　　　D. 内容夸大失真

E. 缺乏持续性

12. 您通常会采用哪一种方式安排您的出行计划

A. 自己设计旅游线路　　　　　B. 跟旅行团

C. 网上拷贝"驴友"行程推荐书

D. 向亲朋咨询

13. 您在选择休闲农业旅游目的地时，主要考虑因素（可多选）

A. 消费水平　　　　　　　　B. 口碑

C. 相关旅游信息的丰富程度　　D. 民俗文化资源

E. 自然山水资源　　　　　　F. 当地的社会治安

G. 交通便利　　　　　　　　H. 距离远近

14. 您对餐饮方面比较看重哪些方面（可多选）

A. 干净卫生　　　　　　　　B. 饭菜可口

C. 地方特色　　　　　　　　D. 有顾客使用的洗手池、卫生间

F. 有停车场

15. 您对住宿的客房方面比较看重哪些方面（可多选）

A. 干净卫生　　　　　　　　B. 有独立卫生间及淋浴设施

C. 有空调　　　　　　　　　D. 隔音效果

E. 门锁的安全性　　　　　　F. 是否免费提供一次性洗漱用品

G. 客房格调（主题特色）　　H. 提供免费上网

16. 您更愿意选择哪一种休闲农业住宿产品：

A. 农家小院　　B. 山间别墅　　C. 主题酒店　　D. 经济酒店

E. 帐篷露营　　F. 房车营地

17. 您对休闲娱乐方面比较看重哪些方面（可多选）

A. 娱乐项目具有乡土特色

B. 设施完善（专业性、卫生、质量等）

C. 有专业的服务人员　　　　D. 收费合理

E. 晚间有娱乐活动（如篝火晚会、KTV、民俗演出等）

18. 您对以下哪些休闲娱乐项目感兴趣（可多选）

A. 观光体验性（如采摘、垂钓、划船等）

B. 文化休闲型（如品茶、看书、喝咖啡、棋牌、制作陶艺、温泉等）

C. 游乐刺激型（如KTV、CS、骑马、狩猎、滑雪、漂流等）

D. 运动保健型（如乒乓球、羽毛球、保龄球、台球、游泳、健身、登山等）

E. 科普游艺型（如农业科普竞技赛、小动物互动等）

19. 您对服务方面比较看重哪些方面（可多选）

A. 服务态度　　B. 服务效率　　　C. 服务礼节　　　D. 文化素养

E. 业务技能熟练程度

20. 您在选购土特农产品时，主要考虑因素（可多选）

A. 地方特色　　　　　　　B. 价格

C. 新鲜

D. 品质认证（无公害、绿色、有机）

E. 分别携带　　　　　　　F. 包装

G. 品牌

21. 以下哪一种节庆活动对您更有吸引力

A. 采摘节（如西瓜节、草莓节、板栗节）

B. 民俗表演（如中幡、舞狮、耍龙）

C. 民间集会（如丫髻山庙会、妙峰山娘娘香会）

D. 美食节（如鱼王美食节、啤酒节）

E. 赏花节（如桃花节、梨花节、杏花节）

22. 您更喜欢哪一种促销方式

A. 免费体验　　B. 会员优惠　　C. 团购　　　　D. 发放优惠券

E. 签到抽奖　　F. 有买有赠　　G. 重游打折

三　满意度评价（有过休闲农业旅游经历的请填写此表）

23. 请您对以下满意度指标进行判断，并在相应的位置划"√"表示您的评价：

项目	非常满意	满意	一般	不满意	非常不满意
您对旅游信息传播的满意度					
您对餐饮水平的满意度					
您对住宿水平的满意度					
您对交通状况的满意度					
您对娱乐体验方面的满意度					
您对园区环境的满意度					
您对购买土特农产品的满意度					
您对接待服务的满意度					

再次对您的积极配合和认真填写深表谢意，谢谢！

附录2 国家层面休闲农业相关政策文件

发布时间	发布部门	名称	重点内容
1998年	国家旅游局	华夏城乡游	以"华夏城乡游"为旅游主题，以"吃农家饭、住农家院、做农家活、看农家景、享农家乐"为宣传口号，引导旅游走向乡村
1999年	国家旅游局	中国生态游年	推出了"中国生态游年"的主题活动，倡导充分利用和保护乡村生态环境，开展农业生态旅游
2001年	国家旅游局	农业旅游发展指导规范	把推进农业旅游列为当年工作要点，通过对山东、江苏、浙江等省的调研形成了《农业旅游发展指导规范》
2002年10月18日	国家旅游局（旅发〔2002〕59号）	全国农业旅游示范点检查标准（试行）	正式倡导开展农业旅游，并发布实施《全国农业旅游示范点检查标准（试行）》，为创建全国农业旅游示范工作，提高农业旅游产品的规范化、专业化和市场化水平提供了依据
2003年12月31日	中共中央、国务院（中发〔2004〕1号）	关于促进农民增加收入若干政策的意见	2004年出台了粮食直补政策、良种补贴政策和农机购置补贴政策
2004年7月14日	国家旅游局	全国首批农业旅游示范点名单	根据全国农业旅游示范点评定标准，从接待人数、旅游效益、可进入性、发展后劲等10个方面，在全国评选出203个农业旅游示范点
2005年1月8日	国家旅游局	全国旅游工作会议	国务院副总理吴仪在贺信中指出："旅游业发展要有新思路，要把旅游业与解决'三农'问题结合起来，积极开发农村旅游资源，大力发展农业旅游。"
2005年12月31日	中共中央、国务院（中发〔2006〕1号）	关于推进社会主义新农村建设的若干意见	提出要加强国家对农业和农民的支持保护体系，对农民实行的"三减免、三补贴"和退耕还林补贴等政策，要继续稳定、完善和强化
2006年年初	国家旅游局	中国乡村旅游年	将2006年作为"中国乡村旅游年"，宣传口号为"新农村、新旅游、新体验、新风尚"，并把"旅游业促进新农村建设"作为各地区旅游业发展的重要目标之一

续表

发布时间	发布部门	名称	重点内容
2006年3月14日	第十届人大第四次会议批准	国民经济和社会发展"十一五"规划纲要	《纲要》提出"发展休闲观光农业","继续发展观光旅游,开发休闲度假以及科普、农业、工业、海洋等专题旅游,完善自助旅游体系"
2006年7月19日	国家旅游局	全国旅游工作座谈会	指出依托我国农村丰富的旅游资源,良好的生态环境和丰厚的民俗文化,发展农村旅游,推进新农村建设
2007年1月29日	中共中央、国务院(中发〔2007〕1号)	关于积极发展现代农业扎实推进社会主义新农村建设的若干意见	指出农业不仅具有食品保障功能,而且具有原料供给、就业增收、生态保护、观光休闲、文化传承等功能。建设现代农业,必须注重开发农业的多种功能,特别要重视发展园艺业、特种养殖业和乡村旅游业
2007年3月16日	国家旅游局、农业部(旅发〔2007〕14号)	关于大力推进全国乡村旅游发展的通知	提出通过大力推进乡村旅游发展,使已有乡村旅游项目得到明显提升和完善,基本形成种类丰富、档次适中的乡村旅游产品体系和特色突出、发展规范的乡村旅游格局,满足人民生活水平提高对旅游消费的需求
2007年12月31日	中共中央、国务院(中发〔2008〕1号)	关于切实加强农业基础建设进一步促进农业发展农民增收的若干意见	《意见》指出,"要通过非农就业增收,提高乡镇企业、家庭工业和乡村旅游发展水平",进一步为乡村旅游的发展提供了强有力的政策支持
2009年4月27日	财政部、国家旅游局(财行〔2009〕47号)	旅游发展基金补助地方项目资金管理办法	《管理办法》分6章18条,对由中央财政通过专项转移支付拨付的旅游专项资金及地方财政资金的使用范围、申报审批程序、管理责任等进行了规定。旅游专项资金重点补助中西部地区A级景区基础设施、公共服务设施建设以及带动农民脱贫致富的旅游项目和旅游新业态项目
2009年3月6日	国土资源部(国土资发〔2009〕27号)	关于促进农业稳定发展农民持续增收推动城乡统筹发展的若干意见	对观光农园中设施农用地及其附属用地的归类、适用政策和审批进行了进一步的明确和简化。规定除了设施农业附属的管理和生活用房等永久性建筑物的用地,须依法办理农用地转用审批手续,按照建设用地管理外,凡未使用建筑材料硬化地面,或虽使用建筑材料但未破坏土地并易于复垦的畜禽舍、温室大棚和附属绿化隔离等用地,以及农村道路、农田水利用地,均可作为设施农用地办理用地手续,不纳入农用地转用范围,不占建设用地指标
2009年12月1日	国务院(国发〔2009〕41号)	国务院关于加快发展旅游业的意见	提出要实施乡村旅游富民工程,开展各具特色的农业观光和体验性旅游活动。在妥善保护自然生态、原居环境和历史文化遗存的前提下,合理利用民族山寨、古村古镇,建设特色景观旅游村镇,规范发展"农家乐"、休闲农庄等旅游产品

续表

发布时间	发布部门	名称	重点内容
2010年1月31日	中共中央、国务院（中发〔2010〕1号）	关于加大统筹城乡发展力度进一步夯实农业农村发展基础的意见	《意见》明确提出，"积极发展休闲农业、乡村旅游、森林旅游和农村服务业，拓展非农就业空间"
2010年7月28日	农业部、国家旅游局（农企发〔2010〕2号）	关于开展全国休闲农业与乡村旅游示范县和全国休闲农业示范点创建活动的意见	从2010年起，利用3年的时间，培育100个全国休闲农业与乡村旅游示范县和300个全国休闲农业示范点。"示范县"的基本条件是：规划编制科学、扶持政策完善，工作体系健全，行业管理规范，基础设施完备，产业优势突出，发展成效显著。基本条件是：示范带动作用强，经营管理规范，服务功能完善，基础设施健全，从业人员素质较高，发展成长性好
2010年9月30日	国土资源部、农业部（国土资发〔2010〕155号）	关于完善设施农用地管理有关问题的通知	要求严格把握设施农用地范围。在以农业为依托的休闲观光项目以及各类农业园区，涉及建设永久性餐饮、住宿、会议、大型停车场、工厂化农产品加工、中高档展销等的用地，不属于设施农用地范围，按非农建设用地管理。确需建设的，必须符合土地利用规划，依法办理建设用地审批手续
2011年8月23日	农业部（农企发〔2011〕8号）	全国休闲农业发展"十二五"规划	《规划》提出了休闲农业发展的"四类区域"（大中城市和名胜景区周边、依山傍水逐草自然生态区、少数民族地区、传统特色农区）、"六项工程"（示范基地创建、知名品牌创建、支撑体系建设、从业人员培训、乡土文化挖掘和基础设施建设工程）
2011年12月23日	农业部、国家旅游局（农企发〔2011〕9号）	关于认定全国休闲农业与乡村旅游示范县（点）的通知	根据"全国休闲农业与乡村旅游示范县和全国休闲农业示范点"申报条件，通过基层单位申报、地方主管部门审核、专家评审和网上公示，农业部和国家旅游局认定了38家示范县和100家示范点
2012年2月3日	农业部（农企发〔2012〕1号）	关于开展全国休闲农业创意精品推介活动的通知	由各省遴选产品创意、包装创意、文化创意、园区创意、设计创意等参赛精品，以省为代表队参加分赛区的分赛。各分赛区优秀作品进入全国总决赛，并在"南京农业嘉年华"期间设立休闲农业创意精品专馆展示
2012年3月13日	农业部（农企发〔2012〕4号）	关于开展中国重要农业文化遗产发掘工作的通知	指出中国重要农业文化遗产应在活态性、适应性、复合性、战略性、多功能性和濒危性方面有显著特征，具有悠久的历史渊源、独特的农业产品、丰富的生物资源、完善的知识技术体系、较高的美学和文化价值以及较强的示范带动能力

附录2 国家层面休闲农业相关政策文件 243

续表

发布时间	发布部门	名称	重点内容
2013年1月8日	农业部办公厅（农办企〔2013〕1号）	关于开展中国最有魅力休闲乡村推荐活动的通知	推荐的村应以农业为基础、农民为主体、乡村为单元，围绕农业生产过程、农民劳动生活和农村风情风貌，因地制宜发展休闲农业，功能特色突出，文化内涵丰富，品牌知名度高，具有很强的示范辐射和推广作用。"魅力"主要体现在：多元的产业功能、独特的村容景致、良好的精神风貌
2013年2月27日	国务院	国民旅游休闲纲要（2013—2020年）	指出为满足人民群众日益增长的旅游休闲需求，促进旅游休闲产业健康发展，推进国民旅游休闲体系建设，要大力推广健康、文明、环保的旅游休闲理念，积极创造便利条件，促进国民旅游休闲的规模扩大和品质提升。到2020年，职工带薪休假制度基本得到落实，城乡居民旅游休闲消费水平大幅增长，国民旅游休闲质量显著提高，现代国民旅游休闲体系基本建成
2014年5月21日	农业部办公厅（农办加〔2014〕10号）	中国重要农业文化遗产管理办法（试行）	《管理办法》包括5章21条，对中国重要农业文化遗产的申报、保护与利用、监督管理、遗产地标志等进行了规定
2014年8月21日	国务院（国发〔2014〕31号）	关于促进旅游业改革发展的若干意见	《意见》从树立科学旅游观、增强旅游发展动力、拓展旅游发展空间、优化旅游发展环境和完善旅游发展政策五个方面提出了促进旅游业发展的目标和方向。要推动区域旅游一体化，积极发展休闲度假旅游、乡村旅游、文化旅游、研学旅行和老年旅游，扩大旅游购物消费
2014年11月3日	国家发改委、国家旅游局、环境保护部、住房城乡建设部、农业部、国家林业局、国务院扶贫办（发改社会〔2014〕2344号）	关于实施乡村旅游富民工程推进旅游扶贫工作的通知	《通知》提出要以增强贫困地区发展的内生动力为根本，以环境改善为基础，以景点景区为依托，以发展乡村旅游为重点，以增加农民就业、提高收入为目标，创新工作体制机制，集中力量解决贫困村乡村旅游发展面临的突出困难，支持重点景区和乡村旅游发展，带动贫困地区群众加快脱贫致富步伐。到2015年，扶持约2000个贫困村开展乡村旅游，到2020年，扶持约6000个贫困村开展乡村旅游，带动农村劳动力就业。力争每个重点村乡村旅游年经营收入达到100万元。每年通过乡村旅游，直接拉动10万贫困人口脱贫致富，间接拉动50万贫困人口脱贫致富
2014年11月21日	中共中央办公厅、国务院办公厅	关于引导农村土地经营权有序流转发展农业适度规模经营的意见	坚持农村土地集体所有，实现所有权、承包权、经营权三权分置，引导土地经营权有序流转，坚持家庭经营的基础性地位，积极培育新型经营主体，发展多种形式的适度规模经营，巩固和完善农村基本经营制度，让农民成为土地流转和规模经营的积极参与者和真正受益者

续表

发布时间	发布部门	名称	重点内容
2014年11月26日	农业部农产品加工局（农加发〔2014〕4号）	关于进一步促进休闲农业持续健康发展的通知	强调发展休闲农业要紧紧围绕促进农民就业增收、满足居民休闲消费需求的目标任务，以农耕文化为魂，以美丽田园为韵，以生态农业为基，以创新创造为径，以古朴村落为形，将休闲农业发展与现代农业、美丽乡村、生态文明、文化创意产业建设融为一体，注重规范管理、内涵提升、公共服务、文化发掘和氛围营造，推动形成政府依法监管、经营主体守法经营、城乡居民文明休闲的发展格局
2015年2月1日	中共中央、国务院（中发〔2015〕1号）	关于加大改革创新力度加快农业现代化建设的若干意见	积极开发农业多种功能，挖掘乡村生态休闲、旅游观光、文化教育价值。扶持建设一批具有历史、地域、民族特点的特色景观旅游村镇，打造形式多样、特色鲜明的乡村旅游休闲产品。加大对乡村旅游休闲基础设施建设的投入，增强线上线下营销能力，提高管理水平和服务质量。研究制定促进乡村旅游休闲发展的用地、财政、金融等扶持政策，落实税收优惠政策
2015年2月13日	农业部乡镇企业局（农办加〔2015〕4号）	关于开展中国最美休闲乡村推介工作的通知	推介一批天蓝、地绿、水净、安居、乐业、增收的最美休闲乡村，推动我国休闲农业持续健康发展。推介条件：以行政村为主体单位，包括历史古村、特色民居村、现代新村、特色民俗村等类型。参加推介的村应因地制宜发展休闲农业，确保功能特色突出，文化内涵丰富，品牌知名度高，具有很强的示范辐射和推广作用。推荐程序为乡村申报—县级审核—省级推荐
2015年5月21日	国务院扶贫办行政人事司、国家旅游局（国开办司发〔2015〕61号）	关于启动2015年贫困村旅游扶贫试点工作的通知	在全国共选取560个建档立卡贫困村开展试点工作，坚持"政府引导、社会参与、贫困户受益"的原则，充分发挥旅游业在扶贫富民中的突出作用，以改善乡村环境为基础，以培育旅游产业为重点，以实现贫困人口脱贫致富为目标，全面开展整村推进，加大资金投入，推进科学发展，创新贫困村旅游扶贫工作方式方法，推动旅游扶贫工作向纵深发展
2015年7月4日	国务院（国发〔2015〕40号）	关于积极推进"互联网+"行动的指导意见	一是总体要求。总体思路是顺应世界"互联网+"发展趋势，推动互联网由消费领域向生产领域拓展；基本原则包括坚持开放共享、融合创新、变革转型、引领跨越和安全有序；发展目标分为2018年和2025年两个阶段性目标。二是11项重点行动，涵盖"互联网+"创业创新、协同制造、现代农业、智慧能源、普惠金融、益民服务、高效物流、电子商务、便捷交通、绿色生态和人工智能。三是7个方面的保障支撑

续表

发布时间	发布部门	名称	重点内容
2015年7月27日	国家旅游局	国家旅游局公告（2015年第21号）	公布了《旅游发展规划实施评估导则》《国家温泉旅游名镇》《高尔夫管理服务规范》《自驾游管理服务规范》《旅游演艺服务与管理规范》《温泉旅游服务质量规范》6项经国家旅游局批准的行业标准
2015年7月30日	国务院办公厅（国办发〔2015〕59号）	加快转变农业发展方式的意见	把转变农业发展方式作为当前和今后一个时期加快推进农业现代化的根本途径，以发展多种形式农业适度规模经营为核心，以构建现代农业经营体系、生产体系和产业体系为重点，着力转变农业经营方式、生产方式、资源利用方式和管理方式，推动农业发展由数量增长为主转到数量质量效益并重上来，由主要依靠物质要素投入转到依靠科技创新和提高劳动者素质上来，由依赖资源消耗的粗放经营转到可持续发展上来，走产出高效、产品安全、资源节约、环境友好的现代农业发展道路
2015年8月10日	国务院	关于开展农村承包土地经营权和农民住房财产权抵押贷款试点的指导意见	提出了五项主要内容：一是赋予"两权"抵押融资功能；二是推进农村金融产品和服务方式创新；三是建立抵押物处置机制；四是完善配套措施；五是加大在货币政策、财政政策、监管政策、保险保障等方面的扶持和协调配合力度
2015年8月11日	国务院办公厅（国办发〔2015〕62号）	关于进一步促进旅游投资和消费的若干意见	提出实施旅游基础设施提升计划，改善旅游消费环境的5个建议；实施旅游投资促进计划，新辟旅游消费市场的7个方向；实施旅游消费促进计划，培育新的消费热点的4点建议；实施乡村旅游提升计划，开拓旅游消费空间的4个意见；优化休假安排，激发旅游消费需求的3项措施；加大改革创新力度，促进旅游投资消费持续增长的3项政策
2015年8月18日	农业部乡镇企业局（农加发〔2015〕5号）	关于积极开发农业多种功能大力促进休闲农业发展的通知	提出要正确把握发展休闲农业的总体要求，遵循6大原则，围绕6个方面的重大提升，完善落实4项政策，加强3个方面的组织领导，开发农业多种功能，促进休闲农业发展
2015年9月22日	国家旅游局	关于实施"旅游+互联网"行动计划的通知	提出了推动旅游与互联网融合发展的基本思路，制定了2018年和2020年的发展目标，确定了10项重点行动，出台了5项保障措施

续表

发布时间	发布部门	名称	重点内容
2015年10月29日	中国共产党第十八届中央委员会第五次全体会议通过	中共中央关于制定国民经济和社会发展第十三个五年规划的建议	《规划》中关于大力推进农业现代化（着力构建现代农业产业体系、生产体系、经营体系，提高农业质量效益和竞争力，推动粮经饲统筹、农林牧渔结合、种养加一体、一二三产业融合发展，走产出高效、产品安全、资源节约、环境友好的农业现代化道路）和坚持绿色发展，着力改善生态环境与休闲农业的发展密切相关
2015年11月25日	国土资源部、住房和城乡建设部、国家旅游局（国土资规〔2015〕10号）	关于支持旅游业发展用地政策的意见	提出3方面12点意见：一是积极保障旅游业发展用地供应的5点意见（有效落实旅游重点项目新增建设用地；支持使用未利用地、废弃地、边远海岛等土地建设旅游项目；依法实行用地分类管理制度；多方式供应建设用地；加大旅游厕所用地保障力度）。二是明确旅游新业态用地政策的4点意见（引导乡村旅游规范发展；促进自驾车、房车营地旅游有序发展；支持邮轮、游艇旅游优化发展；促进文化、研学旅游发展）。三是加强旅游业用地服务监管的3点意见
2015年11月30日	农业部	关于进一步做好休闲农业与乡村旅游宣传推介工作的通知	提出要注重品牌创建和典型挖掘，强化宣传推介与示范推广，扩大休闲农业与乡村旅游精品景点线路的知名度及吸引力，结合季节特点和工作重点，在重点节假日前，向社会推介一批精品景点和线路，依托电子商务网站、微信等平台，构建稳定的宣传推介渠道
2015年12月9日	中共中央办公厅、国务院办公厅	《生态环境损害赔偿制度改革试点方案》	提出要逐步建立生态环境损害赔偿制度。通过试点逐步明确生态环境损害赔偿范围、责任主体、索赔主体和损害赔偿解决途径等，形成相应的鉴定评估管理与技术体系、资金保障及运行机制，探索建立生态环境损害的修复和赔偿制度，加快推进生态文明建设
2015年12月31日	中共中央、国务院（中发〔2016〕1号）	关于落实发展新理念加快农业现代化实现全面小康目标的若干意见	提出要大力发展休闲农业和乡村旅游。依托农村绿水青山、田园风光、乡土文化等资源，大力发展休闲度假、旅游观光、养生养老、创意农业、农耕体验、乡村手工艺等，使之成为繁荣农村、富裕农民的新兴支柱产业
2016年7月8日	农业部农产品加工局2016年第4号	关于大力发展休闲农业的指导意见	着力将休闲农业产业培育成为繁荣农村、富裕农民的新兴支柱产业，到2020年，产业规模进一步扩大，接待人次达33亿人次，营业收入超过7000亿元

附录 2　国家层面休闲农业相关政策文件

续表

发布时间	发布部门	名称	重点内容
2016年9月9日	国家林业局	国家林业局关于着力开展森林城市建设的指导意见	提出八个主要任务：着力推进森林进城、环城、惠民、乡村建设、城市群建设、城市质量建设、城市文化建设和森林城市示范建设
2016年10月20日	国务院（国发〔2016〕58号）	关于印发全国农业现代化规划（2016—2020年）的通知	共9章的内容：1. 认清形势准确把握发展新特征；2. 更新理念科学谋划发展新思路；3. 创新强农着力推进农业转型升级；4. 协调惠农着力促进农业均衡发展；5. 绿色兴农着力提升农业可持续发展水平；6. 开放助农着力扩大农业对外合作；7. 共享富农着力增进民生福祉；8. 强化支撑加大强农惠农富农政策力度；9. 落实责任保障规划顺利实施
2016年11月15日	农业部	关于公布2016年全国休闲农业和乡村旅游示范县的通知	认定北京市昌平区等74个县（市、区）为全国休闲农业和乡村旅游示范县（市、区）
2016年11月16日	农业部	全国农产品加工业与农村一、二、三产业融合发展规划（2016—2020年）	对"十三五"期间全国农产品加工业和农村一、二、三产业融合发展的思路目标、主要任务、重点布局、重大工程、保障措施等做出全面部署安排
2016年11月25日	国家旅游局、农业部（旅发〔2016〕157号）	关于组织开展国家现代农业庄园创建工作的通知	一、充分认识创建国家现代农业庄园的重要意义；二、思路目标与原则；三、申报条件与程序；四、工作要求

附录3 河北省休闲农业相关政策文件

发布时间	发布部门	名称	重点内容
2006年9月9日	河北省人民政府	河北省乡村旅游服务规范	在全国率先推出,从环境、交通、公共设施、旅游住宿(农家旅馆)、餐饮服务(农家饭菜)、旅游购物、旅游安全和行业管理8个方面全面规范乡村旅游,制定了具体的服务标准和服务规范
2007年	河北省人民政府	关于加快乡村旅游发展的实施意见	指出要以促进社会主义新农村建设为目标,坚持政府推动、部门支持;农民主体、市场运作;因地制宜、突出特色。注重与文明生态村建设、扶贫开发和丰富旅游产品相结合,以打造景区依托型、城市近郊型、农业资源型、民俗风情型乡村旅游景区为重点,实施"百村示范、千村创建"工程,形成种类丰富、特色鲜明、功能配套、服务规范的乡村旅游发展新格局
2008年10月15日	河北省人民政府(冀政函〔2008〕82号)	关于河北省环京津休闲旅游产业带(2008—2020)发展规划的实施意见	《意见》指出要坚持优先发展、市场化、以人为本、可持续发展、区域协调和创新发展的原则,以谋划建设重大休闲旅游项目、打造知名品牌延展产业链条、培育休闲旅游目的地、推动重大基础设施和生态环境建设以及整合、提升、淘汰落后产品为工作重点,推动环京津旅游产业带发展规划的实施
2009年3月20日	河北省旅游局	关于保持旅游业平稳较快发展的若干意见	指出要加快推进环京津休闲旅游产业带建设,发挥旅游业的积极作用,加快项目建设,增强投资拉动;培育旅游热点,扩大消费需求;培育市场主体,增强企业竞争力;强化规范管理,提升服务质量
2010年6月18日	河北省人民政府(冀政〔2010〕81号)	关于加快发展旅游业的实施意见	提出了坚持优先发展、重点突破、深化改革、扩大开放、以人为本、科学发展的思路;到2015年全省旅游市场规模不断扩大,到2020年旅游产业规模、质量、效益基本达到旅游强省水平的发展目标;明确了11项主要任务和7项保障措施

续表

发布时间	发布部门	名称	重点内容
2011年5月17日	河北省旅游局、河北省农业厅	关于召开全省休闲农业与乡村旅游工作会议的通知	决定于2011年5月22—24日在石家庄联合召开全省休闲农业与乡村旅游工作会议，贯彻落实全国休闲农业与乡村旅游经验交流会议精神，总结和安排部署全省休闲农业与乡村旅游工作
2011年5月20日	河北省旅游局	关于建立全省休闲农业与乡村旅游信息统计制度的通知	为及时、准确掌握全省休闲农业与乡村旅游发展状况，进一步加强管理，促进全省休闲农业与乡村旅游规范、持续、健康发展，省旅游局拟建立全省休闲农业与乡村旅游信息统计制度，并就统计内容、上报时间等提出了具体要求
2011年6月3日	河北省人民政府	河北省国民经济和社会发展第十二个五年规划纲要	《纲要》提出要加快构筑环首都绿色经济圈，推进环首都"14县（市、区）4区6基地"建设，逐步把环首都地区打造成为经济发达的新兴产业圈、绿色有机的生态农业圈、独具魅力的休闲度假圈、环境优美的生态环境圈、舒适宜人的宜居生活圈
2011年7月25日	河北省旅游局	关于继续开展省级工农业旅游示范点创建和申报工作的通知	为进一步推动河北省工农业旅游的发展，有效地发挥工农业旅游示范点在河北省旅游业转型升级中的典型带动作用，省旅游局决定继续在全省组织开展工农业旅游示范点创建工作，并就申报程序和有关要求作出了具体规定
2011年12月16日	河北省农业厅、河北省旅游局	关于推进全省休闲农业与乡村旅游发展战略合作框架协议	为加快休闲农业与乡村旅游工作的步伐，省农业厅与省旅游局达成共识，2012年将把休闲农业与乡村旅游示范县（乡镇）、示范村、示范企业（点）的建设作为引导和带动全省休闲农业与乡村旅游发展的重要举措
2012年1月11日	河北省旅游局	关于在全省开展农家乡村酒店星级评定的通知	为规范河北省农家乡村酒店的经营和管理，引导我省农家乡村酒店向规范化、规模化、特色化方向发展，依据《农家乡村酒店等级划分与评定》（DB13/T1356—2010）河北省地方标准，决定在全省开展农家乡村酒店星级评定工作

续表

发布时间	发布部门	名称	重点内容
2012年1月13日	中共河北省委、河北省人民政府（2012年河北省委1号文件）	关于以改善农民生产生活条件和增加农民收入为首要任务，加快推进社会主义新农村建设的实施意见	指出要按照"高产、优质、高效、生态、安全"的要求，坚持"特色主导、龙头带动、品牌引领、园区支撑"，以畜牧、蔬菜、果品为重点，着力提升农业特色水平，加快推动农业发展方式转变和现代农业建设；围绕建设社会主义新农村实施幸福乡村计划，推动基础设施向农村延伸、公共服务向农村覆盖、现代文明向农村辐射，着力打造"布局合理、设施完善、环境优美、生活便利、安居乐业、文明和谐"的幸福乡村；探索建设农村产权流转平台的路径和办法，有序推进农村资源可抵押、可流转、可置换、可交易；积极发展农民专业合作社、农业专业大户、家庭农场等农业规模经营主体
2012年4月5日	河北省人民政府（冀政〔2012〕22号）	关于进一步加快旅游业实现跨越式发展的若干意见	提出要充分发挥旅游业的综合带动优势，推动旅游与一、二、三产业深度融合，拓展产业外延，培育新型业态。要充分利用农业自然环境、田园景观、农业设施、农业产业、农耕文化等资源要素，打造一批休闲农业与乡村旅游示范县、示范区、示范村和示范点（户），推出一批具有当地特色的农业观光园、乡村休闲度假基地
2013年1月1日	河北省旅游局	河北省休闲农业与乡村旅游发展规划（2013—2020）	通过对河北省旅游资源、客源市场、发展现状的分析，结合河北省的独特区位，制定了2013—2020年休闲农业与乡村旅游发展规划
2014年	河北省农业厅、河北省旅游局（冀农保发〔2014〕5号）	关于开展河北省休闲农业与乡村旅游示范县和示范点创建活动的通知	《通知》决定从2014年起，由河北省农业厅、河北省旅游局共同开展河北省休闲农业与乡村旅游示范县和示范点的创建活动
2014年11月6日	河北省农业生态环境与休闲农业协会	2014年河北省休闲农业星级评定企业名单公示	根据《关于开展2014年河北省休闲农业星级评定工作的通知》，对评定的2014年省级休闲农业星级企业名单进行了公示。共评选出五星、四星、三星级休闲农业园和休闲农业采摘园各为12家、19家、5家和1家、6家、12家
2015年1月30日	中共河北省委、河北省人民政府（2015年河北省委1号文件）	关于加快转变农业发展方式推进农业现代化的实施意见	提出要发挥毗邻京津的区位优势和资源优势，积极拓展农业多种功能。大力发展休闲旅游农业，着力培育一批主题鲜明、特色突出的休闲农业示范村和示范片、都市农业以及股份合作制经济、家庭手工业、现代农业园区，推进山区综合开发，发展沟域经济，培育壮大一批设施蔬菜、优质果品、特色养殖、乡村旅游等扶贫产业，抓好旅游扶贫村试点建设

附录3 河北省休闲农业相关政策文件 251

续表

发布时间	发布部门	名称	重点内容
2015年4月30日	河北省旅游局	河北省人民政府关于促进旅游业改革发展的实施意见	提出了23条意见：转变发展方式、抓好旅游改革试验、促进区域旅游合作、拓展入境旅游市场、发展休闲度假旅游、提升乡村旅游、创新发展文化旅游、开展研学旅行、培育养老医疗旅游、发展购物旅游、优化交通体系、健全旅游基础设施、促进智慧旅游发展、保障旅游安全、规范旅游市场秩序、强化旅游形象宣传、落实带薪休假制度、加强人才队伍建设和加强组织领导等
2015年7月15日	河北省农业厅（冀农保发〔2015〕4号）	关于加快发展休闲农业的意见	提出要充分利用我省独特的自然、文化资源和京津冀协同发展机遇，在农业发展中更加突出强化休闲观光功能，提升产业整体素质和效益。全省休闲农业接待量由2014年的5300万人次增加到1亿人次，年收入由44亿元增加到200亿元，经济、社会、生态效益显著提高
2015年7月15日	河北省农业厅、河北省旅游局	关于开展2015年河北省休闲农业与乡村旅游示范县和示范点创建工作的通知（冀农保发〔2015〕5号）	决定2015年继续开展省级休闲农业与乡村旅游示范县、示范点创建工作，并从省级示范县和示范点中择优选择向农业部和国家旅游局推荐，参加全国休闲农业与乡村旅游示范县和示范点的创建工作。示范县的条件：规划编制科学、扶持政策完善、工作体系健全、行业管理规范、基础条件完备、产业优势突出、发展成效显著。示范点的条件：定位明晰准确、示范带动作用强、经营管理规范、服务功能完善、基础设施健全、从业人员素质高、发展成长性好
2015年7月20日	河北省委办公厅、河北省人民政府办公厅	关于加快现代农业园区发展的意见	以环京津地区为重点，打造一批万亩以上的一二三产融合、产加销游一体、产业链条完整的现代农业园区。到2017年，建成100个左右省级现代农业园区，带动各地建成一批市县级现代农业园区。有关部门要研究制定促进休闲农业、乡村旅游发展的用地、财政、金融等扶持政策，落实税收优惠政策
2015年10月8日	河北省农业环境保护监测站（冀农环函〔2015〕20号）	关于征求《河北省休闲农业发展"十三五"规划》（征求意见稿）意见的函	对由河北省农业环境保护监测站和河北农业大学经济贸易学院共同起草的《河北省休闲农业发展"十三五"规划》（征求意见稿）公开征求意见
2015年11月5日	河北省人民政府	河北省旅游条例（草案）	提出要加强京津冀旅游协同发展，建立健全区域旅游合作机制，统筹跨区域及区域间相邻旅游资源的开发利用，实现协调机制、规划布局、市场营销和管理服务一体化，构建京津冀大旅游格局，打造京津冀世界级旅游目的地

续表

发布时间	发布部门	名称	重点内容
2015年11月16日	河北省人民政府	河北省"十三五"规划建议	提出大力发展旅游产业,推动建立京津冀大旅游格局,高标准建设环首都、环省会、沿海、燕山—太行山旅游产业带,打造现代农业、扶贫开发、乡村旅游、生态建设综合发展示范带,积极拓展农业功能,推动农业与二、三产业融合,大力发展休闲观光农业、农产品加工业、食品产业
2015年11月20日	河北省人民政府办公厅(冀政办字〔2015〕147号)	关于进一步促进旅游投资和消费的实施意见	提出了10条实施意见:一是加大旅游基础设施建设,二是打造旅游投资热点,三是推进旅游重点项目建设,四是培育旅游消费热点,五是大力发展乡村旅游,六是推动"互联网+旅游"发展,七是优化旅游消费环境,八是创新旅游投融资方式,九是落实休假制度,十是加大政策支持力度
2016年2月16日	中共河北省委、河北省人民政府(2016年河北省委1号文件)	关于落实发展新理念加快农业现代化的实施意见	提出以供给侧改革破解"三农"发展难题,通过优化农业种养结构,形成现代农业发展高地,大力发展农产品加工业,拓展农业多种功能,发展现代农业市场主体,深入推进农村改革,多措并举补齐短板,加快我省农业现代化的发展进程
2016年9月18日	河北省农业厅	关于2016年河北省休闲农业示范县和示范点评审结果公示	拟授予青龙满族自治县、邢台县、邯郸县、兴隆县、承德县、宣化区、藁城区7个县(区)为2016年河北省休闲农业示范县;拟授予南和农业嘉年华(南和县金阳建设投资有限公司)、景泓苑现代农业科技有限公司等17个园区为2016年河北省休闲农业示范点
2016年9月23—24日	河北省旅游发展委员会	河北省旅发大会旅游文化推介会在涞水举行	张庆伟指出,"十三五"时期是我省旅游业加速发展的黄金期,要把旅游业作为新旧动能转换重点产业,加快推动旅游供给侧结构性改革,不断调整旅游供给结构、提高旅游产品质量,大力发展全域旅游,着力推进旅游产业化,全力实施"一二十百千"旅游工程
2016年11月28日	河北省农业厅	关于2016年河北省现代农业园区评审结果的公示	认定鹿泉区君乐宝(乳业)现代农业园区等81家园区为2016年河北省现代农业园区

附录4 休闲农业产业竞争力评价体系各指标的原始数据（2014年）

生产要素的7个三级指标	森林覆盖率（%）	三种废气排放量之和（吨）	农作物总播种面积（千公顷）	农林牧渔业从业人员（万人）	农业固定资产投资额（亿元）	研究与试验发展经费（亿元）	中国历史文化名镇名村和民间艺术之乡数量之和（个）
北京	35.8	28.72	196.10	52.40	163.90	1268.8	14
天津	9.9	63.10	479.03	67.98	141.61	464.7	9
河北	23.4	450.01	8713.08	1389.30	1123.87	313.1	42
山西	18.0	378.49	3783.43	656.11	946.20	152.2	52
内蒙古	21.0	359.22	7355.96	565.17	840.08	122.1	15
辽宁	38.2	301.73	4164.09	655.50	566.10	435.2	19
吉林	40.4	139.66	5615.29	533.60	608.51	130.7	11
黑龙江	43.2	199.64	12225.92	647.90	939.20	161.3	13
上海	10.7	66.26	356.98	168.45	11.86	862.0	22
江苏	15.8	290.10	7678.62	762.00	206.97	1652.8	64
浙江	59.1	164.15	2274.00	501.73	263.51	907.9	66
安徽	27.5	195.31	8945.53	1410.73	542.00	393.6	43
福建	66.0	113.55	2305.24	605.92	413.36	355.0	60
江西	60.0	153.69	5570.55	811.18	315.80	153.1	46
山东	16.7	439.17	11037.93	2023.20	705.28	1304.1	32
河南	21.5	350.23	14378.30	2523.91	1264.80	400.0	32
湖北	38.4	166.80	8112.26	2308.72	799.35	510.9	40
湖南	47.8	167.26	8764.47	1849.89	710.00	367.9	43
广东	51.3	230.18	4744.95	1285.29	340.12	1605.4	66
广西	56.5	131.19	5929.94	1619.00	520.16	111.9	29
海南	55.4	15.07	859.61	221.77	42.70	16.9	12

续表

生产要素的7个三级指标	森林覆盖率（%）	三种废气排放量之和（吨）	农作物总播种面积（千公顷）	农林牧渔业从业人员（万人）	农业固定资产投资额（亿元）	研究与试验发展经费（亿元）	中国历史文化名镇名村和民间艺术之乡数量之和（个）
重庆	38.4	110.81	3540.35	1312.96	486.91	201.9	29
四川	35.2	181.05	9668.61	1909.00	637.40	449.3	57
贵州	37.1	179.47	5516.46	173.85	173.85	55.5	40
云南	50.0	150.24	7194.43	1599.02	308.84	85.9	29
陕西	41.4	219.58	4262.14	733.15	1024.02	366.8	24
甘肃	11.3	133.99	4197.51	674.52	409.09	76.9	16
青海	5.6	52.87	553.70	133.31	139.46	14.3	13
宁夏	11.9	102.03	1253.16	126.80	128.70	23.9	3
新疆	4.2	252.97	5517.63	457.83	300.74	49.2	15

市场需求的7个三级指标	城镇人口数量（万人）	城镇化率（%）	城镇居民人均可支配收入（元）	城镇居民家庭恩格尔系数（%）	城镇居民消费水平（元）	国内旅游人均消费水平（元）	国内旅游人次（亿）
北京	1859.00	86.40	43910	30.8	21227	1537	2.60
天津	645.05	82.00	31506	32.7	31000	1508	1.53
河北	3642.40	49.30	24220	26.1	17589	816	3.10
山西	1962.26	53.79	24069	26.0	17189	943	3.00
内蒙古	1490.61	59.51	28350	28.7	25885	2354	0.74
辽宁	2944.40	67.05	29082	28.3	27282	1130	4.59
吉林	1508.58	54.81	23218	26.1	18549	1507	1.20
黑龙江	2223.50	58.00	22609	27.5	20068	979	1.05
上海	1429.26	88.02	47710	35.0	45352	1100	2.68
江苏	5189.92	65.20	34346	28.5	34074	1377	5.71
浙江	3573.00	62.96	40393	34.1	32186	1242	4.79
安徽	2989.70	49.20	24839	33.3	19259	873	3.79
福建	2352.00	61.80	30722	33.2	23642	1051	2.29
江西	2281.10	50.20	24309	34.1	16914	840	3.11
山东	5385.17	55.01	29222	32.4	25869	959	5.96
河南	4265.07	45.20	24391	33.2	20111	947	4.56
湖北	3237.80	55.67	24852	32.3	21854	784	4.69

附录4 休闲农业产业竞争力评价体系各指标的原始数据（2014年） 255

续表

市场需求的7个三级指标	城镇人口数量（万人）	城镇化率（%）	城镇居民人均可支配收入（元）	城镇居民家庭恩格尔系数（%）	城镇居民消费水平（元）	国内旅游人均消费水平（元）	国内旅游人次（亿）
湖南	3320.10	49.28	26570	30.5	21227	732	4.10
广东	7292.32	68.00	32148	32.9	30216	1249	6.58
广西	2187.00	46.30	24669	35.2	20518	872	2.86
海南	485.71	53.76	24487	31.2	16823	1058	0.48
重庆	1783.01	59.60	25133	34.5	24000	553	3.46
四川	3768.90	46.30	24381	34.9	19318	904	5.35
贵州	1403.57	40.01	22548	34.9	18804	901	3.20
云南	1967.11	41.73	24299	36.4	19569	895	2.81
陕西	1984.58	52.57	24366	36.0	21531	739	3.30
甘肃	1079.84	41.68	20804	34.5	17925	616	1.27
青海	290.40	49.78	22307	31.7	19252	1002	0.20
宁夏	354.65	53.60	23285	31.0	21212	827	0.14
新疆	1058.91	46.07	22160	31.3	19176	1290	0.48

相关产业的7个三级指标	农林牧渔业增加值（亿元）	国内外旅游总收入（亿元）	农产品加工业主营业务收入（亿元）	移动电话与宽带用户之和（万户）	铁路+公路里程之和（万公里）	私人汽车拥有量（辆）	文化产业相关机构数量（个）
北京	161.3	4280.10	1435.57	4558.60	2.30	435.79	10775
天津	201.5	2491.52	3130.28	1560.59	1.71	235.15	2686
河北	3576.5	2561.50	7710.57	7356.70	18.55	834.90	8858
山西	828.2	2846.51	830.04	3903.40	14.54	367.02	3674
内蒙古	1651.7	1805.00	3362.37	2951.80	18.24	300.49	1802
辽宁	2403.2	5289.50	7863.21	5307.60	12.04	416.98	6765
吉林	1570.2	1846.79	6094.07	3026.90	10.05	242.18	2785
黑龙江	2659.6	1066.09	4383.74	3942.40	16.85	265.03	2692
上海	128.6	3415.96	3087.23	3824.94	1.34	183.30	8341
江苏	3835.2	8145.50	15517.05	9593.75	16.02	927.48	15405
浙江	1806.6	6300.00	8168.35	8647.10	11.87	869.95	13619
安徽	2481.9	3430.00	6636.81	4779.70	17.79	335.40	10335
福建	2085.0	2707.00	8078.04	5176.20	10.40	329.53	5257
江西	1735.3	2649.70	5051.69	3372.70	15.92	234.17	4213

续表

相关产业的7个三级指标	农林牧渔业增加值（亿元）	国内外旅游总收入（亿元）	农产品加工业主营业务收入（亿元）	移动电话与宽带用户之和（万户）	铁路+公路里程之和（万公里）	私人汽车拥有量（辆）	文化产业相关机构数量（个）
山东	4992.9	5877.96	34548.71	10188.00	26.45	1191.62	9479
河南	4261.7	4366.20	15085.54	8800.83	25.51	775.77	10167
湖北	3256.0	3752.86	10188.25	5476.50	24.10	349.64	5644
湖南	3266.9	3046.19	6983.55	5474.60	24.09	384.71	9825
广东	3242.6	9227.00	11359.68	17117.47	21.61	1149.83	11838
广西	2473.9	2601.00	4388.94	4146.18	11.96	266.87	4902
海南	832.6	506.53	336.10	1027.30	2.67	61.65	868
重庆	1076.7	2003.37	2125.27	3065.29	12.92	190.58	5881
四川	3594.2	4891.04	8842.66	7491.60	31.37	576.10	11806
贵州	1316.1	2895.98	1788.07	3370.75	18.15	207.47	4346
云南	2027.3	2665.74	2769.47	4173.44	23.33	373.78	9003
陕西	1635.8	2521.40	2535.78	4159.61	17.16	331.66	5179
甘肃	939.2	780.20	777.34	2272.90	14.15	141.96	2948
青海	219.0	201.89	157.18	605.39	7.48	54.10	1185
宁夏	229.6	112.49	539.09	766.50	3.26	77.61	1175
新疆	1574.6	650.07	940.07	2383.40	18.10	205.60	3598

企业战略与结构及同业竞争的7个三级指标	休闲农业年营业收入（万元）	休闲农业农副产品销售收入（万元）	休闲农业接待人次（万人次）	休闲农业经营主体数量（个）	农家乐数量（个）	休闲观光农园（庄）数量（个）	休闲农业从业人数（人）
北京	361698	58839	3825	10164	8863	1301	68581
天津	105000	291000	1473	2510	879	1631	52800
河北	207966	163348	2968	881	666	191	28326
山西	254811	111608	1472	1122	785	337	114626
内蒙古	496886	233854	1257	2240	1691	549	53887
辽宁	1620600	719000	8911	9146	7882	1210	290000
吉林	598023	36059	2950	2988	2335	653	115585
黑龙江	438124	66686	689	2711	2062	649	29383
上海	137500	53000	1801	249	74	175	27755
江苏	2650000	1477000	8600	5100	2811	2289	473355
浙江	1602641	563513	7663	14226	11836	2390	112142

附录 4　休闲农业产业竞争力评价体系各指标的原始数据（2014 年）　　257

续表

企业战略与结构及同业竞争的7个三级指标	休闲农业年营业收入（万元）	休闲农业农副产品销售收入（万元）	休闲农业接待人次（万人次）	休闲农业经营主体数量（个）	农家乐数量（个）	休闲观光农园（庄）数量（个）	休闲农业从业人数（人）
安徽	6025700	1064500	11095	10554	6336	4218	528425
福建	845695	418730	607	6888	5985	903	101629
江西	1060000	320000	1800	19400	16200	3200	800000
山东	2419423	1258861	6648	8124	6257	1814	489273
河南	929585	304697	3544	14352	10714	310	291277
湖北	2012827	1212840	9076	36193	31932	2953	511617
湖南	1553474	1035649	6227	20196	15879	4317	240687
广东	686216	226286	12030	6986	5488	1498	104528
广西	734971	171930	4535	3776	3233	543	165772
海南	89165	39018	1116	200	63	128	17204
重庆	1900000	600000	10000	18000	12000	6000	500000
四川	7501049	1342772	30004	30153	22776	7387	1023949
贵州	269031	59591	5320	3148	2676	472	52000
云南	904622	306143	4654	7919	6540	844	110305
陕西	500000	200000	5800	13979	13000	979	310000
甘肃	221416	120847	2802	8761	8260	501	83746
青海	125000	29750	1196	1594	1394	200	22000
宁夏	81474	44410	640	594	416	178	10952
新疆	245847	44512	1371	4640	4179	461	58878

参考文献

Alan M.R.and Joseph R.D., The Double Diamond Model' of International Competitiveness:The Canadian Experience, *Management International Review*, Vol.33, No.2, 1993.

Aliza and Daniel, Support for rural tourism: Does it make a difference?, *Annals of Tourism Research*, Vol.27, No.4, 2000.

Baez A.L., Sky Walk-Sky Trek: A successful Community Project in the Mountains of Monteverde, Costa Rica, *Mountain Research & Development*, Vol.22, No.2, 2002.

Bill Bramwellab, Rural Tourism and Sustainable Rural Tourism, *Journal of Sustainable Tourism*, Vol.2, No.1, 1994.

Bramwell B.and Lane B., *Rural Tourism and Sustainable Rural Development*, UK: Channel View Publications, 1994, p.129.

Brian Ilbery and Gunjan Saxena, Integrated Rural Tourism in the English-Welsh Cross-border Region: An Analysis of Strategic, Administrative and Personal Challenges, *Regional studies*, Vol.45, No.8, 2011.

Brian Ilbery and Gunjan Saxenal, Evaluating the Best Practice in Integrated Rural Tourism: Case Examples from the England-Wales Border Region, *Environment and Planning A*, Vol.41, No.9, 2009.

Brian Sparks, Lessons From A Beet Farmer, *Western Fruit Grower*, Vol.132, No.5, 2012.

Cai, Cooperative Branding for Rural Destinations, *Annals of Tourism Research*, Vol.29, No.3, 2002.

Chen Ping-Shun, Chen Yu-Hui, Yuan Chung and etc., Enhance the Competitiveness Analysis for Bed and Breakfast Experience Service on Leisure Agriculture, *International Journal of Organizational Innovation*, Vol.8, No.3, 2016.

Cho D. S., A Dynamic Approach to International Competitiveness: The case of Korea, *Journal of Far Eastern Business*, No.1, 1994.

David Gilbert, Rural Tourism and Marketing: Synthesis and New Ways of Working, *Tourism Management*, Vol.10, No.1, 1989.

Donald Getz and Jack Carlsen, Characteristics and Goals of Family and Owner-operated Businesses in the Rural Tourism and Hospitality Sectors, *Tourism Management*, No.21, 2000.

Dunning J.H., The Competitive Advantage of Countries and the Activities of Transnational Corporations, *Transnational Corporations*, No.1, 1992.

Frater J., Farm Tourism in England: Planning, Funding, Promotion and Some Lessons from Europe, *Tourism Management*, No.9, 1983.

Frochot I., A Benefit Segmentation of Tourists in Rural Areas: A Scottish Perspective, *Tourism Management*, No.26, 2005.

Gartner W C, Rural Tourism Development in the USA, *International Journal of Tourism Research*, Vol.6, No.3, 2004.

Hegarty C.and Przezborska L., Rural and Agritourism as a Tool for Reorganizing Rural Areas in Old and New Member States—A Comparison Study of Ireland and Poland, *International Journal of Tourism Research*, Vol.7, No.2, 2005.

Hohnhlz J.H., Agritourism-a New Sector of Rural Integrated Development: Malaysia and Germany as Case Studies, *Appl, Gergr & Develop*, No.44, 1994.

Ian Knowd, Ruraltourism: panacea and paradox (http://www.hsc.csu.edu.au/geography/activity/local/tourism/FRURALTO.pdf).

Jenny Briedenhann, The Role of the Public Sector in Rural Tourism: Respondents' Views, *Current Issues in Tourism*, Vol.10, No.6, 2007.

Lane B., *Rural Tourism and Sustainable Rural Development*, UK: Channel View Publications, 1994, p.129.

Laurie Murphy, Gianna Moscardo and Pierre Benckendorff, Evaluating Tourist Satisfaction with the Retail Experience in a Typical Tourist Shopping Village, *Journal of Retailing and Consumer Services*, Vol.18, No.4, 2011.

Macbeth J., *Planning in Action: A Report and Reflections on Sustainable*

Tourism in the Ex-Shire of Omeo, Australia Sydney: Irwin Publishers, 1997, pp.145-152.

Martha Sullins, Drew Moxon and Dawn Thilmany, Developing Effective Marketing Strategies for Agritourism: Targeting Visitor Segments, *Journal of Agribusiness*, Vol.28, No.2, 2010.

Moleral and Pilar Albaiadejo I., Profiling segments of tourists in rural areas of South-Eastern pain, *Tourism Management*, Vol.28, No.3, 2007.

Murphy A.and Williams P.W., Attracting Japanese Tourists into the Rural Hinterland: Implications for Rural Development and Planning, *Tourism Management*, Vol.20, No.4, 1999.

Nilsson P.A. , Staying on Farms—An Ideological Background, *Annals of Tourism Research*, Vol.29, No.1, 2002.

Oppermann M., Rural Tourism in Southern Germany, *Annals of Tourism Research*, Vol.23, No.1, 1996.

Paniagua A., "Urban-rural Migration, Tourism Entrepreneurs and Rural Restructuring in Spain", *Tourism Geographies*, Vol.4, No.4, 2002.

Park D.and Yoon Y., Segmentation by Motivation in Rural Tourism: A Korean Case Study, *Tourism Management*, Vol.30, No.1, 2009.

Pearce P.L., Farm Tourism in New Zealand: A Social Situation Analysis, *Annals of Tourism esearch*, Vol.17, No.3, 1990.

Pearce P.L., FarmTourism in New Zealand: A Social Situation Analysis, *Annals of Tourism esearch*, Vol.17, No.3, 1990.

Roberts L.and Hall D., Consuming the Countryside: Marketing for Rural Tourism, *Journal of Vacation Marketing*, Vol.10, No.3, 2004.

Sedef Altun, Guelin Beuhan and Recep Esengil, Sustainable Rural Tourism in Akseki Sarihacilar Village, *Open House International*, Vol.32, No.4, 2007.

Sharpley R.and Sharpley J., *Rural Tourism: an Introduction*, London: International Thomson Business Press, 1997, p.61.

Shermain D. Hardesty, Agritourism Operators Embrace Social Media for Marketing, *California Agriculture*, Vol.65, No.2, 2011.

ShferelL and Choi Y., Forging Nature-based Tourism Policy Issues: A

Case Study in Pennsylvania, *Tourism Management*, Vol.27, No.4, 2006.

Swarbrooke J., *Culture, Tourism and Sustainability of Rural Areas in Europe*, University of North Umbria, Newcastle, UK, 1996, p.453.

Tchetchik Anat, Fleischer Aliza, Finkelshtain and Israel, Differentiation and Synergies in Rural Tourism: Estimation and Simulation of the Israeli Market, *American Journal of Agricultural Economics*, Vol.90, No.2, 2008.

Vincent V.C.and Thompson W.T., Assessing Community Support and Sustainability for Ecotourism Development, *Journal of Travel Research*, No.41, 2002.

Walmsley D.J., Rural Tourism: a Case of Lifestyle-led Opportunities, *Australian Geographer*, Vol.34, No.1, 2003.

WooMi Jo Phillips, Kara Wolf and Nancy Hodur etc., Tourist Word of Mouth and Revisit Intentions to Rural Tourism Destinations: a Case of North Dakota, USA, *International Journal of Tourism Research*, Vol. 15, No. 1, 2013.

World Tourism Organization, *Rural Tourism: A Solution for Employment, Local Development and Environment*, Madrid: WTO1997.

Yasuo Ohe and Shinichi Kurihara, Evaluating the Complementary Relationship between Local Brand farm Products and Rural Tourism: Evidence from Japan, *Tourism management*, Vol.35, No.4, 2013.

Ying T.and Zhou Y., Community, Governments and External Capitals in China's Rural Cultural Tourism: A Comparative Study of Two Adjacent Villages, *Tourism Management*, Vol.28, No.1, 2007.

B. 约瑟夫·派恩、詹姆斯·吉尔摩:《体验经济》,机械工业出版社2012年版。

《辞海编写组·辞海》,上海辞书出版社1989年版。

[英] 大卫·李嘉图:《政治经济学及赋税原理》,郭大力译,译林出版社2014年版。

范水生:《休闲农业理论与实践》,中国农业出版社2011年版。

范子文:《北京休闲农业升级研究》,中国农业科学技术出版社2014年版。

高志强:《农业生态与环境保护》,中国农业出版社2011年版。

郭焕成、郑健：《海峡两岸观光休闲农业与乡村旅游发展》，中国矿业大学出版社 2004 年版。

《简明不列颠百科全书（7 卷）》，中国大百科全书出版社 1986 年版。

金碚：《中国工业国际竞争力——理论、方法与实证研究》，经济管理出版社 1997 年版。

梁兆基、冯子恩、叶柱均等：《农林经济管理概论》，华南农业大学出版社 1998 年版。

卢云亭、刘军萍：《观光农业》，北京出版社 1995 年版。

《马克思恩格斯全集》，人民出版社 1975 年版。

［美］迈克尔·波特：《国家竞争优势》，李明轩译，中信出版社 2007 年版。

［美］迈克尔·波特：《国家竞争优势》，李明轩译，华夏出版社 2002 年版。

裴长洪：《利用外资与产业竞争力》，社会科学文献出版社 1998 年版。

《世界旅游组织.旅游业可持续发展——地方旅游规划指南》，旅游教育出版社 1997 年版。

田翠琴、齐心：《农民闲暇》，社会科学文献出版社 2005 年版。

［美］托马斯·古德尔、杰弗瑞·戈比：《人类思想史中的休闲》，成素梅译，云南人民出版社 2000 年版。

吴必虎、黄琢玮、殷柏慧：《中国城郊型休闲农业吸引物空间布局研究·海峡两岸观光休闲农业与乡村旅游发展》，中国矿业大学出版社 2004 年版。

吴宗杰：《中日韩产业竞争力的比较研究》，中国经济出版社 2007 年版。

许以洪、刘玉芳：《市场营销学》，机械工业出版社 2012 年版。

［英］亚当·斯密：《国富论》，谢祖钧译，新世界出版社 2007 年版。

詹玲：《发展休闲农业的若干问题研究》，中国农业出版社 2009 年版。

章海荣、方起东：《休闲学概论》，云南大学出版社 2005 年版。

《中国休闲农业年鉴 2015》，中国农业出版社 2015 年版。

周寄中：《科技资源论》，陕西人民教育出版社 1999 年版。

邹统钎：《北京市郊区旅游发展战略：经验、误区和对策》，旅游教育出版社 2004 年版。

包书政、王志刚：《日本绿色观光休闲农业的发展及其对中国的启示》，《中国农学通报》2010 年第 20 期。

蔡碧凡：《浙江休闲农业 3 类典型经营模式比较分析》，《中国农学通报》2011 年第 26 期。

陈俊红、王亚芝、曹庆昌：《台湾都市农业发展经验对北京沟域经济建设的启示》，《生态经济》2011 年第 4 期。

陈磊、刘志青、赵邦宏：《中国休闲农业发展研究》，《湖北农业科学》2012 年第 12 期。

陈卫平、朱述斌：《国内关于产业国际竞争力研究综述》，《教学与研究》2002 年第 4 期。

程丽：《论乡村民俗文化在休闲农业发展中的作用、问题与对策》，《中国农业资源与区划》2016 年第 9 期。

戴美琪、游碧竹：《国内休闲农业旅游发展研究》，《湘潭大学学报》（哲学社会科学版）2006 年第 7 期。

戴炜：《江苏仪征休闲农业产业化现状与组织创新构想》，《江苏农业科学》2011 年第 1 期。

丁嘉伦：《基于钻石模型的中国旅游服务贸易竞争力分析》，《中国物价》2014 年第 12 期。

丁增富、郑钦玉、刘永文：《三峡库区观光休闲农业现状问题及调整对策》，《畜牧市场》2003 年第 8 期。

董志良、陆刚等：《网络经济背景下京津冀产业协同发展研究》，经济科学出版社 2015 年版。

董子铭、刘天军：《休闲农业产业集群动力机制分析》，《中国农学通报》2014 年第 2 期。

段小力：《都市休闲农业创意营销的策略研究》，《中国农学通报》2012 年第 9 期。

樊纲：《比较优势也是竞争力》，《企业天地》2003 年第 3 期。

范力勇：《河北民俗文化的传承与发展》，《大舞台》2013 年第 4 期。

范水生、朱朝枝：《休闲农业的概念与内涵原探》，《东南学术》2011

年第 2 期。

范欣:《发挥河北民俗文化优势满足群众文化生活需求》,《产业与科技论坛》2010 年第 7 期。

范子文:《观光休闲农业的主要形式》,《世界农业》1998 年第 1 期。

方慧、尚雅楠:《基于动态钻石模型的中国文化贸易竞争力研究》,《世界经济研究》2012 年第 1 期。

冯建国、杜姗姗、陈奕捷:《大城市郊区休闲农业园发展类型探讨——以北京郊区休闲农业园区为例》,《中国农业资源与区划》2012 年第 1 期。

高晓红:《古仓新韵——北京南新仓文化街》,《城建档案》2008 年第 11 期。

高秀艳、高亢:《区域高技术产业竞争力评价与对策分析——以辽宁省为例》,《企业经济》2012 年第 1 期。

高志强、高倩文:《休闲农业的产业特征及其演化过程研究》,《农业经济》2012 年第 8 期。

耿品富、梅素娟等:《乌当区休闲农业与乡村旅游管理经营模式探索》,《贵州农业科学》2012 年第 5 期。

郭焕成:《我国休闲农业发展的意义、态势与前景》,《中国农业资源与区划》2010 年第 2 期。

郭焕成、吕明伟:《我国休闲农业发展现状与对策》,《经济地理》2008 年第 4 期。

何平:《农业生态旅游资源及其分析》,《社会科学家》2002 年第 1 期。

何伟:《基于"融合双钻石模型"的西藏文化产业竞争力分析》,《西藏大学学报》2014 年第 4 期。

贺德红、周志宏:《论体验营销在休闲农业旅游市场的应用》,《江苏商论》2011 年第 1 期。

贺德红、周志宏:《论体验营销在休闲农业旅游市场的应用》,《江苏商论》2011 年第 1 期。

[德] 赫尔曼·哈肯:《协同学》,杨炳奕译,中国科学技术出版社 1990 年版。

胡爱娟:《休闲农业结构布局及发展模式研究——以杭州市为例》,

《生态经济》2011年第1期。

胡伟、张翔：《中国式休闲农业发展路径研究——基于中国台湾和国外发展模式对比分析》，《安徽农业科学》2012年第11期。

黄维琴、竺帅、周彬：《休闲农业发展综合评价及对策研究——以浙江省奉化市为例》，《科技与管理》2012年第6期。

黄映晖、唐衡、史亚军：《休闲农业的相关经济学理论探析》，《中国农学通报》2009年第17期。

贾若祥、刘毅：《产业竞争力比较研究——以我国东部沿海省市制造业为例》，《地理科学进展》2003年第2期。

江晶、史亚军：《北京都市型现代农业发展的现状、问题及对策》，《农业现代化研究》2015年第2期。

蒋和平、辛岭：《基于高科技建设的都市型现代农业》，《农业经济问题》2008年第1期。

蒋颖、聂华：《休闲农业市场客源行为分析研究——以北京市门头沟区为例》，《江苏农业科学》2014年第1期。

金碚、李钢：《中国企业营利能力与竞争力》，《中国工业经济》2007年第11期。

金碚、李钢、陈志：《加入WTO以来中国制造业国际竞争力的实证分析》，《中国工业经济》2006年第10期。

兰宗宝、秦媛媛等：《广西观光休闲农业可持续发展对策研究》，《广东农业科学》2013年第4期。

李创新、马耀峰、李振亭：《基于改进熵值法的旅游竞争力模型与聚类分析》，《软科学》2007年第6期。

李菁、揭筱纹：《基于钻石模型的农业产业集群模式体系研究——以甘肃陇南花椒产业为例》，《兰州大学学报》2014年第2期。

李澜：《关于观光农业理论研究与实践开发中的问题思考》，《广西师院学报》（自然科学版）2001年第2期。

李梅、苗润连：《北京山区休闲农业与乡村旅游现状及对策研究——以昌平区流村镇为例》，《广东农业科学》2010年第1期。

李雅芳、郭立新、陈阜：《北京郊区休闲农业发展现状及对策思考》，《中国农学通报》2010年第21期。

李志明：《休闲农业评价模型研究》，《中国商贸》2009年第9期。

李舟：《体验经济时代休闲农业旅游的发展策略》，《新疆农垦经济》2004年第3期。

栗进路：《河北休闲农业与乡村旅游的调查与思考》，《中国乡镇企业》2012年第8期。

梁辰浩、夏颖翀：《产业融合创意休闲农业旅游研究——以浙江休闲农业旅游为例》，《社会科学家》2016年第5期。

林炳坤、吕庆华：《双钻石模型视角下闽台创意农业合作研究》，《财经问题研究》2013年第4期。

林国华、曾玉荣、林卿：《从传统农业到现代休闲与旅游农业——提升海西休闲农业产业发展 层次的战略思考》，《福建论坛人文社会科学版》2010年第3期。

林国华、曾玉荣等：《实现海西休闲旅游农业跨越式发展的思考》，《农业经济问题》2011年第1期。

刘春香：《发展观光休闲农业，实现农业可持续发展》，《生态经济》2006年第2期。

刘红瑞、安岩、霍学喜：《休闲农业的组织模式及其效率评价》，《西北农林科技大学学报》（社会科学版）2015年第2期。

刘红瑞、霍学喜：《城市居民休闲农业需求行为分析——基于北京市的微观调查数据》，《农业技术经济》2015年第4期。

刘军：《关于湖南休闲农业与乡村旅游建设规划的思考》，《中国农业资源与区划》2010年第5期。

刘社、张发民、张承：《河南省休闲农业发展中存在的问题与对策》，《河南农业科学》2011年第3期。

刘天曌：《湖南省宁乡县红色旅游景区依托型休闲农业发展探索》，《安徽农业科学》2011年第21期。

刘秀艳、高国忠：《京津冀协同发展环境下河北省休闲农业与乡村旅游发展对策》，《城市旅游规划》2014年第11期。

刘英杰：《辽宁现代休闲农业差异化开发模式——基于市场细分》，《现代商贸工业》2014年第13期。

刘志茹、况明生、王爱玲：《北京农业文化与观光休闲农业开发探讨》，《安徽农业科学》2011年第20期。

卢锋、杨业伟：《中国农业劳动力占比变动因素估测：1990—2030

年》,《中国人口科学》2012年第4期。

毛帅:《休闲农业与观光农业、都市农业的联系与区别》,《特区经济》2008年第10期。

毛帅、宋阳:《论休闲农业在我国发展的现实意义及思路》,《郑州大学学报》(哲学社会科学版)2015年第3期。

彭瑛、张白平等:《安顺市农业结构调整与休闲农业旅游发展思路》,《贵州农业科学》2010年第12期。

皮埃尔·斯皮瑞特:《法国的绿色旅游:罗泽尔省范例》,《贵州乡村旅游国际论坛》2004年10月。

蒲彦伦:《全国休闲农业与乡村旅游示范县的休闲农业发展现状与对策研究——以天水麦积区为例》,《中国农学通报》2013年第2期。

邱生荣、梁康迳、黄秋莲:《生产要素对休闲农业经营收入影响的实证研究》,《江苏农业科学》2014年第7期。

任海平:《论国防科技工业竞争力》,《国防科技》2003年第3期。

任开荣、董继刚:《休闲农业研究述评》,《中国农业资源与区划》2016年第3期。

阮北平:《发展观光休闲农业的机遇与策略》,《农村经济》2010年第10期。

芮明杰:《产业竞争力的"新钻石模型"》,《社会科学》2006年第4期。

宋宁、崔从光:《烟台休闲农业发展与经营模式的探讨》,《北方园艺》2013年第5期。

孙文莲、王俊奇:《河北省庙会节庆活动所蕴含的民俗内容和文化价值研究》,《河北青年管理干部学院学报》2012年第2期。

孙中伟、王杨等:《石家庄市观光休闲农业开发的空间分区与培育路径》,《中国农学通报》2011年第29期。

[日]藤田武弘、杨月妮:《休闲农业发展之日本借鉴》,《农村工作通讯》2009年第7期。

汪海燕:《北京郊区创意农业发展趋势及对策研究》,《特区经济》2011年第6期。

王秉安:《区域竞争力的经济学本质》,《福建行政学院学报》1999年第3期。

王克柱、刘顺伶:《保定市休闲农业发展概况》,《贵州农业科学》2010年第7期。

王克柱、赵英杰、文庆:《保定市休闲农业对接京津发展研究》,《安徽农业科学》2011年第5期。

王丽丽、蔡丽红、王锦旺:《我国休闲农业产业化发展研究:述评与启示》,《中国农业资源与区划》2016年第1期。

王丽丽、李建民:《休闲农业消费升级的基础与对策研究》,《河北学刊》2015年第6期。

王丽丽、王锦旺、蔡丽红:《河北省休闲农业发展研究——以环首都经济圈为视角》,《河北经贸大学学报》2016年第3期。

王帅帅、刘晓东、赵邦宏:《河北省休闲农业发展现状研究》,《广东农业科学》2012年第4期。

王渝陵:《从国际经验看重庆市观光休闲农业发展》,《重庆社会科学》2003年第3期。

卫玲、邱德钧:《现代产业集群理论的新进展及其述评》,《兰州大学学报》(社会科学版) 2007年第2期。

文学艳、史亚军:《休闲农业产业体系形成机制研究》,《中国集体经济》2014年第25期。

肖海林:《休闲农业及其在中国的发展前景》,《适用技术市场》1999年第8期。

谢莉、刘昭云:《湘南观光休闲农业发展研究》,《热带地理》2003年第4期。

谢立新:《论地区竞争力本质》,《福建师范大学学报》2003年第5期。

许芬、时保国:《生态补偿与理性选择》,《求知》2012年第8期。

许先升、郭少贞:《休闲农业的可持续发展探讨》,《热带农业科学》2000年第2期。

杨荣荣、王红姝、高阳、何兢:《我国休闲农业发展评价体系构建与应用研究》,《东北农业大学学报》(社会科学版) 2013年第5期。

杨英法、袁彪:《关于河北休闲农业发展的思考》,《农业经济》2010年第8期。

於飞燕、周彬等:《休闲农业竞争力评价与提升路径——以浙江省奉化市为例》,《科技与管理》2014 年第 3 期。

俞文正:《休闲农业的功能及发展前景》,《青海农林科技》2000 年第 4 期。

喻江平:《基于产业链的休闲农业产业体系构建及发展策略》,《农业经济》2013 年第 7 期。

袁久和、祁春节:《基于熵值法的湖南省农业可持续发展能力动态评价》,《长江流域资源与环境》2013 年第 2 期。

袁鹏:《休闲观光农业发展的态势及制度创新分析——以湖南衡阳市为例》,《农业考古》2010 年第 6 期。

张凤梅、侯铁珊:《技术创新理论述评》,《东北大学学报》(社会科学版) 2008 年第 2 期。

张广海、包乌兰托亚:《我国休闲农业产业化及其模式研究》,《经济问题探索》2012 年第 10 期。

张桂华:《基于 AHP 的湖南休闲农业发展评价》,《安徽农业科学》2010 年第 11 期。

张桂华:《休闲农业品牌形象结构模型与实证研究》,《湖南师范大学自然科学学报》2012 年第 3 期。

张玲:《基于"回归自然"生态理念的休闲农业发展构想》,《安徽农业科学》2010 年第 21 期。

张满园、张学鹏:《基于博弈视角的农业产业链延伸主体选择》,《安徽农业科学》2009 年第 1 期。

张攀春:《资源禀赋与贫困地区休闲农业的路径选择》,《特区经济》2012 年第 6 期。

张全胜:《企业如何定战略》,《企业改革与管理》2015 年第 2 期。

张占耕:《休闲农业的对象、本质和特征》,《中国农村经济》2006 年第 3 期。

赵仕红:《休闲农业市场供求规模与主要影响因素分析》,《江苏农业科学》2016 年第 7 期。

赵仕红、常向阳:《休闲农业游客满意度实证分析——基于江苏省南京市的调查数据》,《农业技术经济》2014 年第 4 期。

赵毅:《休闲农业发展的国际经验及其现实操作》,《改革》2011 年第 7 期。

周彬、黄维琴:《论休闲农业发展与社会主义新农村建设的互动关系》,《生态经济》2012年第2期。

周淑景:《农业转型阶段休闲农业发展研究》,《经济研究参考》2010年第56期。

周薇、李筱菁:《基于信息熵理论的综合评价方法》,《科学技术与工程》2010年第23期。

朱建国、苏涛:《产业国际竞争力内涵初探》,《世界经济文汇》2001年第1期。

后　　记

本书是在我撰写的博士学位论文基础上修改而成的。在书稿完成之际，内心充满了感激之情。

感谢我的第一导师赵慧峰教授。赵老师广博的知识体系，严谨的治学态度，卓越的学术水平，敏锐的洞察能力，对我的影响潜移默化且至深至远。论文写作过程中，深深感受到赵老师身上那种磅礴大气与细致入微的感染力。在构思论文框架时，赵老师提出要以一个成熟的理论体系作为整体框架，有利于建立各章节之间清晰的逻辑关系；在安排每一章的内容时，针对每级标题都认真审核，一丝不苟；在没有写作灵感时，就会想起赵老师"没有思路就下去调研，答案就在调研之中"的谆谆教诲；日常工作中，赵老师一旦发现新的政策、实例、新闻线索，都会及时提醒我注意相关资料的搜集。在赵老师的严格要求和耐心指导下，才有了这篇论文的顺利完成。赵老师不仅教会我如何做一个严谨的学者，还教给我如何做一个智慧女人，平衡事业与家庭的关系，以及大量为人处世的哲理，所有这些都将让我受益终生！

感谢第二导师李建民教授。在开题之际见到思维敏捷、充满活力的李老师的场景如今仍历历在目。精通战略管理并在休闲农业与乡村旅游方面积累了丰富实战经验的李老师听了我的开题思路之后，马上建议我除了精读钻石理论外，还要认真学习《体验经济》《定位》等经典，对论文的写作起到了画龙点睛的指导作用。此外，为人热情直率的李老师经常主动询问写作的进程，对存在的问题一针见血地进行批评指正，对小论文的写作和发表也提出了宝贵的意见，并给予了大力地帮助。这些雪中送炭般的无私帮助我将终生铭刻于心。

感谢院系领导、其他博导、同学、同事、朋友及家人的大力支持和帮助。首先，河北农业大学的许月明院长、王建忠院长、赵邦宏院长，河北经贸大学旅游学院的程瑞芳院长、祁红梅院长、高宏院长所给予的精神鼓励和条件支持，为顺利完成博士学位论文打下了坚实的基础。其次，王健教授、张润清教授、孙文生教授、梁山教授、王爱民教授等不仅传授了专业知识，更教会了我宝贵的科学研究方法，受益匪浅。感谢校外五位评审专家对论文的评阅和提出的修改意见，使我在认识上发现不足，论文更加完善。感谢答辩委员会郭沛教授、王余丁教授等七位专家在百忙之中前来参加我的毕业论文答辩，从更高的层面帮助我找出论文中存在的问题，使论文水平得到提升。最后，读博期间与胡建、王晓亚、乔丽娟、李名威、邵红岭、赖光宝一起度过了一段终生难忘的美好时光，结下了深厚的同学情谊。感谢李珍、张艳欣、姚红召、陈猛超、卢亚妹帮我做了大量辅助性工作。此外，还要感谢我的同事蔡丽红、王锦旺、张军毅、赵立辉等老师在调研过程中的支持与协助，大学同学任文海对写作与发表提出了非常专业的意见和大力帮助，施俊庄研究员提供了大量宝贵的相关资料。还有家人的理解与全力支持，在此一并表示深深的谢意！

借此机会，谨向所有关心和帮助过我的老师、同学、朋友、同事和家人表达最诚挚的感谢与祝福！

王丽丽

2018 年 8 月 6 日